MONNAIES
ROMAINES IMPERIALES

PROVENANT DES COLLECTIONS
DE
M. PAUL VAUTIER
ET
de feu le Prof. MAXIME COLLIGNON
de l'Institut de France

DONT LA VENTE AURA LIEU AUX ENCHÈRES PUBLIQUES

LES **12, 13** et **14 JUIN 1922**

de 9 h. à midi et de 14 à 18 heures

DANS LES GALERIES FISCHER
(EN FACE DE L'HÔTEL NATIONAL)

A **LUCERNE** (SUISSE)

SOUS LA DIRECTION DE M. W. KÜNDIG, LIBRAIRE-ANTIQUAIRE
A GENÈVE, ASSISTÉ DE M. LUCIEN NAVILLE DE LA MAISON
NAVILLE ET Cⁱᵉ A GENÈVE

CONDITIONS DE LA VENTE

Elle sera faite au comptant.

Les acquéreurs paieront dix pour cent en sus des prix d'adjudication.

Les pièces pourront être réunies en lots.

La collection sera visible au local de vente les 9 et 10 Juin 1922.

L'authenticité des pièces est garantie.

L'exposition mettant le public à même de se rendre compte de l'état et de la nature
des pièces, il ne sera admis aucune réclamation huit jours après l'adjudication.

M. W. KÜNDIG, libraire-antiquaire, 1 Place du Lac à Genève et
M. LUCIEN NAVILLE, 6 rue Pécolat à Genève,

se chargeront, aux conditions habituelles, soit cinq pour cent (5 %) sur le chiffre
des adjudications, de l'exécution des ordres qu'on voudra bien leur confier; ils
donneront en outre, tous les renseignements qui pourraient être désirés.

Pour les ordres télégraphiques ou autres le
présent catalogue sera désigné par le mot:
« CAPITOLE »

II

Monnaies
Romaines Impériales

PROVENANT DES COLLECTIONS
DE
M. PAUL VAUTIER
ET
de feu le Prof. MAXIME COLLIGNON
de l'Institut de France.

GENÈVE
NAVILLE & Cⁱᵉ
AGENCE DES JOURNAUX
6 et 8, RUE PÉCOLAT
1922

La série de Monnaies Romaines dont nous donnons ici le catalogue est formée par la réunion des collections de M. Paul Vautier et de feu Maxime Collignon, de l'Institut de France.

Ces deux collections se complètent l'une l'autre admirablement, car elles ont été formées d'après des principes semblables. En recherchant les monnaies romaines, MM. Vautier et Collignon se sont donné pour tâche de réunir des exemplaires de parfaite conservation et du meilleur style. M. Vautier, qui est fils et frère de peintres de grand renom, était servi par un goût très sûr. Quant à feu Maxime Collignon, ses ouvrages célèbres sur l'art grec, spécialement sur la sculpture, lui ont assuré une réputation universelle parmi les plus grands connaisseurs, de l'art antique.

On pourra juger, par les reproductions que nous donnons, combien l'état de conservation des pièces est remarquable, mais ce que la photographie n'a pas pu rendre, c'est la patine hors de pair de presque tous les bronzes.

Les amateurs discerneront, parmi toutes ces belles pièces, de très grandes raretés que nous ne mentionnerons pas en détail. Notons seulement, parmi les pièces en or les plus extraordinaires, les nos. suivants : n. 44 Sex. Pompée, Pompée et Cn. Pompée fils ; n. 677 Plotine et Trajan ; n. 678 Plotine et Matidie ; n. 679 Marciane, n. 680 Matidie ; n. 1338 Julie Paule ; n. 1605 Victorin, au revers duquel se trouve mentionnée la IIe légion trajane.

Ce catalogue a été dressé d'après les méthodes qui ont servi lors de la rédaction du catalogue de la vente Pozzi. Le poids de toutes les pièces isolées a été soigneusement relevé, ce qui n'a jamais été fait jusqu'ici pour les pièces romaines de bronze et d'argent. Ainsi donc, malgré la dispersion de ces deux collections, il subsistera de cet ensemble de pièces, un souvenir durable, et un instrument scientifique d'une réelle valeur.

N. B. Les numéros des pièces reproduites sur les planches sont précédés d'une astérisque.
Les références indiquées dans le texte se rapportent à la seconde édition de l'ouvrage de Cohen.

No.	Poids en grammes	Metal et Mill.	
			Pompée. † *en 48 a. C.* **(Cnaeus Pompeius Magnus.)**
*1	3.88	Æ 19	Tête de Pallas à dr., avec un casque à crinière. ℞. Pompée debout à g., et présentant une palme à une femme. C. I. 1. T. B.
*2	4.02	Æ 17	Buste barbu à dr. de Jupiter en Terme. ℞. Sceptre entre un dauphin et un aigle. C. I. 3. T. B.
*3	4.36	Æ 18	Tête de Numa Pompilius à dr.; sur le diadème, on lit NVMA · ℞. Proue de vaisseau. C. I. 4 (Frs. 15.—). Superbe.
*4	3.85	Æ 19	Tête nue de Pompée à dr., entre un vase à sacrifice et le bâton d'augure. ℞. Anapus et Amphinome portant leurs parents sur leurs épaules; entre eux, Neptune debout à g. C. I. 17. Très haut relief. Superbe.
*5	3.92	Æ 20	Un deuxième exemplaire. T. B.
*6	4.—	Æ 18	Un troisième exemplaire. T. B
*7	4.15	Æ 20	NEPTVNI · Tête nue de Pompée à dr.; devant, un trident; dessous, un dauphin. ℞. Q · NASIDIVS · Galère à la voile avec des rameurs; dans le champ, une étoile. C. I. 20. Superbe.
*8	3.56	Æ 20	Un deuxième exemplaire. Superbe.
			Jules César. † *en 44 a. C.* **(Caius Julius César.)**
*9	7.98	N 20—22	C. CAESAR COS · TER · Tête voilée de la Piété jeune à dr. ℞. A · HIRTIVS PR · Bâton d'augure, vase à sacrifice et hache. C. I. 2. F. D. C.
10	4.15	Æ 20	Tête de Cérès à dr. ℞. Simpule, aspersoir, vase à sacrifice et bâton d'augure. C. I. 4. Superbe.
11	—	M. B. 28—30	Buste ailé de la Victoire à dr. ℞. Pallas marchant à g.; à ses pieds, un serpent. C. I. 7. T. B. et B. (2)
*12	4.15	Æ 19	Sa tête voilée et laurée à dr. ℞. C · MARIDIANVS · Vénus debout à g., tenant une Victoire et un bouclier; à ses pieds, un globe. C. I. 9 (Frs. 35.—). Superbe.
13	—	Æ 18	Tête de Vénus à dr. ℞. Énée portant Anchise et le palladium. — Tête de la Piété à dr. ℞. Trophée; à dr., une hache. C. I. 12 et 18. Superbe et T. B. (2)
*14	4.26	Æ 19	Sa tête laurée à dr. ℞. Vénus debout à g., tenant une Victoire et un sceptre. C. I. 22. T. B.
*15	3.77	Æ 18	Sa tête laurée à dr ℞. L · BVCA · Caducée et faisceaux en sautoir; en haut, un globe; dessous, une hache; à côté, deux mains jointes. C. I. 25. T. B.
*16	3.25	Æ 20—22	Sa tête laurée à dr. ℞. L · FLAMINVS IIII · VIR · Femme debout à g., tenant un caducée et une haste C. I 26. Superbe.
*17	4.13	Æ 19	Sa tête à dr., entre une branche de laurier et un caducée ailé. ℞. L · LIVI NEIVS REGVLVS · Taureau courant à dr. C. I. 27. Superbe.

No.	Poids	Métal et Mill.	
*18	3.97	Æ 19	Sa tête à dr. ℞ L · MVSSIDIVS LONGVS · Gouvernail, globe, corne d'abondance, caducée, et bonnet de flamine. C. I. 29. **T. B.**
*19	8.98	N 21	C · CAES · DIC · TER · Buste ailé de la Victoire à dr. ℞ L · PLANC · PR · VRB · Vase à sacrifice. C. I. 30. **Superbe.**
*20	3.80	Æ 19	CAESAR IMPER · Sa tête laurée a dr. ℞ M · METTIVS · Vénus Nicéphore debout à g.; à ses pieds, un globe. C. I. 34. **Superbe.**
*21	4.10	Æ 18	CAESAR DICT · QVART · Sa tête à dr.; derrière, le bâton d'augure. ℞ M · METTIVS Junon Sispita dans un bige au galop à dr. C. I. 36 (Frs. 40.—). **Superbe.**
*22	3.80	Æ 20	CAESAR DICT · PERPETVO · Sa tête laurée et voilée à dr. ℞ P · SEPVLLIVS MACER · Vénus debout à g., tenant une Victoire et un sceptre. C. I. 39. **T. B.**
*23	3.58	Æ 20	Sa tête laurée à dr. ℞ Q · VOCONIVS VITVLVS Q · DESIGN · Veau marchant à g.; dans le champ S — C · C. I. 45. **T. B.**
*24	3.79	Æ 20	S — C · Sa tête à dr. ℞ TI · SEMPRONIVS GRACCVS Q · DESIG · Enseigne militaire, aigle, charrue et sceptre. C. I. 47. **T. B.**
25	—	Æ 20	Éléphant marchant à dr. ℞ Simpule, aspersoir, hache et bonnet de flamine. C. I. 49. **Superbe et T. B. (2)**

Jules César et Marc Antoine. *43 a. C.*

No.	Poids	Métal et Mill.	
*26	4.31	Æ 20	CAESAR DIC · Sa tête à dr.; derrière, un vase à sacrifice. ℞ M · ANTON · IMP · Tête barbue de Marc Antoine à dr.; derrière, le bâton d'augure. C. I. 2. **Superbe.**
*27	3.86	Æ 19	Même droit. ℞ M · ANTON · IMP · R · P · C · Tête barbue de Marc Antoine à dr.; derrière, le bâton d'augure. C. I. 3. **T. B.**

Jules César et Octave. *44—16 a. C.*

No.	Poids	Métal et Mill.	
*28	3.70	Æ 19	M · SANQVINIVS III · VIR · Tête laurée de Jules César à dr.; en haut, une comète. ℞ AVGVST · DIVI F · Tête nue d'Auguste à dr. C. I. 1. **Superbe.**
*29	22.74	G.B. 31	DIVVS IVLIVS · Tête laurée de Jules César à dr. ℞ CAESAR DIVI F · Tête nue d'Octave à dr. C. I. 3. Superbe pat. vert-foncé. **Superbe.**
30	15.25	G.B. 31	Un deuxième exemplaire. Pat. vert-olive. **B.**
*31	19.08	G.B. 31	DIVI IVLI CAESAR DIVI F · IMP · Têtes nues adossées de Jules César et d'Auguste. ℞ Proue de vaisseau à dr., ornée de construction. C. I. 7. Superbe patine vert-olive. **Superbe.**

Brutus. † en 42 a. C.
(Marcus Junius Brutus.)

No.	Poids	Métal et Mill.	
*32	3.77	Æ 20	L · PLAET · CEST · Buste de femme à dr., voilé et lauré, avec le modius sur la tête. ℞ BRVT · IMP · Hache et vase à sacrifice. C. I. 2. **Superbe.**
*33	3.74	Æ 20	CASCA LONGVS · Tête de Neptune à dr.; dessous, un trident. ℞ Victoire à dr., marchant sur un sceptre brisé. C. I. 3 (Frs. 25.—). **T. B.**
*34	3.93	Æ 20	COSTA LEG · Tête de femme (la Liberté?) à dr.; le tout dans un grènetis radié. ℞ BRVTVS IMP · Trophée avec un bouclier et deux javelots. C. I. 4. **Superbe.**
*35	3.74	Æ 18	L · SESTI PRO · Q · Buste voilé de la Liberté à dr. ℞ Q · CAEPIO BRVTVS PRO · COS · Trépied entre une hache et un simpule. C. I. 11. **F. D. C.**

No.	Poids	Métal et Mill.	
•36	1.71	Æ 15	L · SESTI PRO · Q · Table avec une haste. R̸. Q · CAEPIO BRVTVS PRO · COS · Trépied entre le simpule et un bonnet de flamine. C.I. 13. Quinaire. Superbe.
•37	3.82	Æ 20	BRVT · IMP · L · PLAET · CEST · Sa tête nue à dr. R̸. EID · MAR · Bonnet entre deux poignards. C.I. 15 (Frs. 350.—). De toute rareté et de toute beauté.

Cassius. † en 42 a. C.
(Caïus Cassius Longinus.)

No.	Poids	Métal et Mill.	
•38	4.08	Æ 20	Tête de la Liberté à dr. R̸. Vase à sacrifice et bâton d'augure. C.I. 4. Superbe.
•39	3 93	Æ 19	Même type, mais le buste diadémé. C. I. 6. T. B.
•40	8.08	N 21	C · CASSI · IMP · Tête laurée de la Liberté à dr. R̸. M · SERVILIVS LEG · Acrostolium. C. I. 8 (Frs. 300.—). Très rare. F. D. C.
•41	3.93	Æ 20	Type semblable en denier. C. I. 9 (Frs. 150.—). Très rare. Superbe.

Sexte Pompée. † en 35 a. C.
(Sextus Pompeius)

No.	Poids	Métal et Mill.	
•42	3.97	Æ 18	Tête de Neptune à dr. avec un trident. R̸. PRAEF · CLAS · ET ORAE MARIT · EX · S · C · Trophée naval. C. I. 1. Superbe.
•43	3.92	Æ 20	Le phare de Messine sur une galère; à la poupe, un acrostolium, un trident et un thyrse. R̸. Le monstre Scylla. C. I. 2. T. B.

Sexte Pompée, Pompée et Cn. Pompée Fils.

No.	Poids	Métal et Mill.	
•44	8.20	N 20	MAG · PIVS IMP · ITER · Tête nue de Sexte Pompée à dr.; le tout dans une couronne de chêne. R̸. PRAEF · CLAS · ET ORAE MARIT · EX S · C · Têtes nues du grand Pompée et de Cnéus en regard; à g., le bâton d'augure; à dr., un trépied. C. I. p. 32. 1. De toute rareté. Superbe.

Marc Antoine. † en 30 a. C.
(Marcus Antonius.)

No.	Poids	Métal et Mill.	
•45	3.43	Æ 20	Sa tête nue à dr. R̸. ANTONIVS AVG · IMP · III. En deux lignes. C.I. 2. T. B.
•46	3.88	Æ 19	Sa tête nue à dr. R̸. CAESAR IMP · Caducée ailé. C. I. 5. T. B.
•47	3.58	Æ 18	Galère prétorienne. R̸. CHORTIS SPECVLATORVM · Trois enseignes. C.I. 6. B.
•48	3.71	Æ 19	Même type avec CHORTIVM PRAETORIARVM dans le revers. C. I. 7. B.
•49	3.50	Æ 19	Sa tête nue à dr.; derrière, le bâton d'augure. R̸. CN · DOMIT · AHENO- BARBVS IMP · Proue de vaisseau; dessus, un astre. C. I. 10 (Frs. 25.—). B.
•50	3.85	Æ 19	Sa tête nue à dr. R̸. D · TVR · (en monogramme). Victoire debout à g., tenant une palme et une couronne, à laquelle sont attachés des rubans. Le tout dans une couronne de laurier. C. I. 11 (Frs. 60.—). Très rare. B.
•51	3.72	Æ 18	Sa tête barbue à dr. R̸. III · VIR · R · P · C · Tête radiée du Soleil de face, dans un temple à deux colonnes. C. I. 12. T. B.
52	3.66	Æ 17	Galère prétorienne. R̸. LEG · VII · Aigle entre deux enseignes militaires. C.I. 34. T.B.
53	—	Æ 13	Tête voilée de la Concorde à dr. R̸. Deux mains jointes, tenant un caducée. C. I. 67. Quinaire. T. B. et B. (2)
54	4.04	Æ 21	Sa tête barbue à dr.; derrière, le bâton d'augure. R̸. Tête radiée du Soleil à dr. C. I. 68. B.
•55	3.73	Æ 19	Sa tête nue à dr. R̸. M · SILANVS AVG · Q · PRO · COS · En deux lignes. C. I. 71. B.

No.	Poids	Métal et Mill.	
*56	3.37	Æ 20	Tête voilée et barbue de Marc Antoine à dr., entre le bâton d'augure et un vase. R. P · SEPVLLIVS MACER · Cavalier, conduisant deux chevaux; dans le champ, une palme et une couronne. C. I. 74. T. B.
*57	3.78	Æ 19	Sa tête nue à dr. R. PIETAS COS · La Piété debout à g.; à ses pieds, une cigogne. C. I. 77. Superbe.
*58	3.76	Æ 19	Sa tête nue à dr. R. Sans légende. Victoire debout à g., tenant une palme et une couronne, à laquelle sont attachés des rubans. Le tout dans une couronne de laurier. C. I. 81 (Frs. 50.—). Rare. T. B.
*59	3 81	Æ 20	Un deuxième exemplaire. T. B.
60	3.24	Æ 19	Galère prétorienne. R. LEG · VI · Aigle légionnaire entre deux enseignes. C. I. 83 (Frs. 10.—). B.

Marc Antoine et Octave. *43 a. C.*

No.	Poids	Métal et Mill.	
*61	3.85	Æ 19	La tête nue de Marc Antoine à dr. R. La tête nue d'Octave à dr. C. I. 8 (Frs. 30.—). Rare. T. B.

Fulvie. *Femme de Marc Antoine. † en 40 a. C.*

No.	Poids	Métal et Mill.	
*62	1.84	Æ 12	III · VIR · P · C · Tête ailée de la Victoire à dr., sous les traits de Fulvie. R. ANTONI IMP · Lion marchant à dr. C. I. 3. Quinaire. T. B.

Octavie et Marc Antoine. *40—32 a. C.*

No.	Poids	Métal et Mill.	
*63	11.27	Æ 27	Tête de Marc Antoine à dr., couronnée de lierre; dessous, le bâton d'augure. Le tout dans une couronne de lierre et de raisins. R. III · VIR · R · P · C · Tête d'Octavie à dr. sur la ciste mystique, autour de laquelle sont deux serpents entrelacés. C. I. 2. Æ-Médaillon. T. B.
*64	11.77	Æ 27	Têtes accolées à dr. de Marc Antoine, couronné de lierre, et d'Octavie coiffée en cheveux. R. III · VIR · R · P · C · Bacchus debout, en habit de femme, tenant un thyrse et un vase, sur la ciste mystique, autour de laquelle sont deux serpents entrelacés. C. I. 3. Æ-Médaillon. T. B.
*65	10.92	Æ 27	Un deuxième exemplaire. T. B.

Cléopatre et Marc Antoine. *35 ou 34 a. C.*

No.	Poids	Métal et Mill.	
*66	3.50	Æ 19	CLEOPATRAE REGINAE REGVM FILIORVM REGVM · Son buste diadémé à dr.; dessous, une proue de vaisseau. R. ANTONI ARMENIA DEVICTA · Tête nue de Marc Antoine à dr.; derrière, une tiare. C. I. 1. Très rare. Superbe.

Lucius Antoine et Marc Antoine. *41 a. C.*

No.	Poids	Métal et Mill.	
*67	3.88	Æ 20	L · ANTONIVS COS · Sa tête nue à dr. R. Tête nue de Marc Antoine à dr. C. I 2 (Frs. 40.—). Rare. T. B.

Octave Auguste. *30 a. C.—14 A. D.*
(Caius Octavius Caepias.)

No.	Poids	Métal et Mill.	
*68	3.70	Æ 21	CAESAR COS · VI · Sa tête nue à dr. R. AEGYPTO CAPTA · Crocodile à dr. C. I. 2 (Frs. 25.—). B.
*69	3.74	Æ 20	AVGVSTVS · Sa tête nue à dr. R. ARMENIA CAPTA · Tiare, deux carquois et un arc. C. I. 11. Superbe.
70	1.62	Æ 15	Sa tête nue à dr. R. Victoire debout à g., sur la ciste mystique. C. I. 14. Æ-Quinaire. T. B.

No.	Poids	Métal et Mill.	
*71	12.08	Æ 27	IMP · CAESAR · Sa tête nue à dr. R⁄. AVGVSTVS · Capricorne à dr., se retournant, et ayant une corne d'abondance sur le dos. Le tout dans une couronne de laurier. C. I. 16. Æ-Médaillon. Très haut relief. Style superbe et de toute beauté.
*72	12.00	Æ 28	Un deuxième exemplaire. T. B.
73	3.83	Æ 19	Sa tête nue à dr. R⁄. Capricorne à dr. C. I. 21. T. B.
*74	3.82	Æ 20	CAESAR · Sa tête nue à dr. R⁄. AVGVSTVS · Vache debout à dr. C.I.28. Superbe.
75	2.51	P.B. 21	Sa tête à dr. R⁄. Aigle de face. C. I. 29. Pat. verte. B.
*76	11.96	Æ 25	IMP · CAESAR · Sa tête nue à dr., avec le bâton d'augure. R⁄. AVGVSTVS · Six épis en faisceau. C. I. 32. Æ-Médaillon. Superbe.
*77	12.22	Æ 26	Un deuxième exemplaire. Superbe.
*78	11.88	Æ 27	IMP · CAESAR · Sa tête nue à dr. R⁄. Autel entouré de guirlandes et orné de deux cerfs. C. I. 33. Æ-Médaillon. T. B.
*79	7.76	N 21	CAESAR AVGVSTVS DIVI F · PATER PATRIAE · Sa tête laurée à dr. R⁄. C · L · CAESARES AVGVSTI F · COS · DESIG · PRINC · IVVENT · Caius et Lucius debout, tenant chacun une haste et un bouclier; dans le champ, le simpule et le bâton d'augure. C. I. 42. De très beau style et de toute beauté.
*80	7.88	N 20	Un deuxième exemplaire. T. B.
*81	7.88	N 20	Un troisième exemplaire. T. B.
82	—	Æ 19	Sa tête à dr. R⁄. Caius César galopant à dr. — Sa tête à dr. R⁄. Caius et Lucius debout. — Tête casquée de Mars à dr. R⁄. Bouclier rond; au milieu, une étoile. C. I. 40 (Frs. 6.—), 43, 44 (Frs. 10.—). Superbe et T. B. (3)
*83	3.72	Æ 21	Sa tête laurée à dr. R⁄. CAESAR AVGVSTVS au-dessus et au-dessous de deux branches de laurier. C. I. 47. Superbe.
*84	3.53	Æ 19	Même droit. R⁄. CAESAR AVGVSTVS S · P · Q · R · Deux branches de laurier; au milieu, un bouclier. C. I. 51. Superbe.
*85	3.99	Æ 20	CAESAR III · VIR · R · P · C · Sa tête nue à dr. R⁄. CAESAR DIC · PER · Sur une chaise curule. C. I. 55. Superbe.
86	—	Æ 19—22	Buste ailé de la Victoire. R⁄. Neptune debout à g. — Sa tête à dr. R⁄. Apollon à dr., assis sur un rocher. C. I. 60 et 61. T. B. et B. (2)
87	4.04	Æ 20	Sa tête nue à g. R⁄. CAESAR DIVI F · Victoire debout à g. sur un globe. C. I. 64. Superbe.
88	3.83	Æ 20	Sa tête nue à dr. R⁄. CAESAR DIVI F · La Paix debout à g., tenant une branche d'olivier et une corne d'abondance. C. I. 69. Beau style. T. B.
*89	3.85	Æ 19	Tête diadémée de Vénus à dr. R⁄. CAESAR DIVI F · Octave marchant a. g., étendant le bras droit. C. I. 70. Superbe.
*90	3.92	Æ 20	Tête de Vénus à dr., entre une corne d'abondance et une branche de laurier. R⁄. CAESAR DIVI F · Octave debout à dr., en habit militaire, levant la main dr. et tenant une haste. C. I. 72. De toute beauté.
*91	7.91	N 21	Sa tête nue à dr. R⁄. CAESAR DIVI F · Octave courant à cheval à g. et levant la main dr. C. I. 73. T. B.
92	3.89	Æ 20	Aigle romaine, manteau impérial et couronne. R⁄. Quadrige à dr. C. I. 78. T. B.

Nr.	Poids	Métal et Mill.	
*93	7.83	*N* 20	S · P · Q · R · IMP · CAESARI AVG · COS · XI · TR · POT · VI · Sa tête nue à dr. R̥. CIVIB · ET SIGN · MILIT · A PART · RECVP · Arc de triomphe sur lequel se voit Auguste dans un quadrige entre deux Parthes qui tiennent l'un une enseigne, et l'autre une aigle légionnaire. C. I. 82. Superbe.
*94	11.86	Æ 26	IMP · IX · TR · PO · V · Sa tête nue à dr. R̥. COM · ASIAE · Temple à six colonnes, sur le fronton duquel se lit: ROM · ET AVGVST · C. I. 86. Æ · Médaillon. T. B.
*95	16.33	M.B. 29	DIVVS AVGVSTVS S · C · Sa tête radiée à g. R̥. CONSENSV SENAT · ET EQ . ORDIN · P · Q · R · Auguste assis à g., tenant une patère et une branche de laurier. C. I. 87. Superbe patine vert-foncé. De toute beauté.
*96	15.62	M.B. 30	Un deuxième exemplaire. Superbe patine noire. Superbe.
97	—	Æ 19	Sa tête nue et barbue, à dr. R̥. Jules César debout dans un temple à quatre colonnes; Simpule, aspersoir, vase à sacrifice et bâton d'augure. C. I. 90 et 91. T. B. et B. (2)
*98	15.01	M.B. 29	DIVVS AVGVSTVS S · C · Sa tête radiée à g. R̥. DIVA AVGVSTA · Livie assise à g., tenant un épi avec un pavot et un flambeau. C. I. 93. Belle patine brune. Superbe.
99	17.42	G.B 33	Sa tête nue à dr.; devant, une étoile. R̥. DIVOS IVLIVS · Dans une couronne de laurier. C. I. 95. Pat. brune. B.
*100	3.97	Æ 19	CAESAR AVGVSTVS · Sa tête laurée à dr. R̥. DIVVS IVLIVS · Comète. C. I. 98. Superbe.
101	—	Æ 19	Sa tête à g. ou à dr. R̥. Comète ou légende sur un autel. C. I. 97 et 104. T. B. et B. (2)
*102	3.71	Æ 18	Sa tête nue à dr. R̥. IMP · CAESAR · Octave avec la tête radiée en Terme sur un foudre. Les parties viriles comme sur les Termes de Priape. C. I. 114. De toute beauté.
*103	3.69	Æ 20	Sa tête laurée à dr. en Terme; derrière, un foudre. R̥. IMP · CAESAR · Octave assis à g., sur une chaise curule. C. I. 116. Superbe.
104	—	Æ 18—20	Victoire debout à dr. sur une proue de vaisseau. R̥. Octave dans un quadrige à dr. — Tête d'Apollon à dr., sous les traits d'Octave. R̥. Prêtre con-duisant deux boeufs, à dr. — Sa tête à dr. R̥. Trophée naval. C. I. 115, 117 et 119. Superbe et T. B. (3)
*105	3.77	Æ 20	Sa tête nue à dr. R̥. IMP · CAESAR · Sur la frise d'un édifice. C. I. 122. Beau style. T. B.
*106	3.79	Æ 20	Sa tête nue à dr. R̥. IMP · CAESAR · Sur le fronton d'un arc de triomphe, surmonté d'un quadrige de face, dans lequel on voit Octave. C. I. 123. F. D. C.
*107	3.57	Æ 21	Sa tête laurée à dr. R̥. IMP · CAESAR · Statue debout sur une colonne rostrale, ornée de deux ancres. C. I. 124. Superbe.
*108	3.72	Æ 20	Sa tête nue à dr. R̥. IMP · X · Soldat présentant une branche d'olivier à Auguste, assis à g. sur une estrade. C. I. 131. Superbe.
*109	7.84	*N* 20	AVGVSTVS DIVI F · Sa tête nue à dr. R̥. IMP · X · Taureau cornupète à dr. C. I. 136. Superbe.
*110	7.82	*N* 19	Un deuxième exemplaire. T. B.
111	—	Æ 19	Sa tête nue à dr. R̥. Deux soldats présentant chacun une branche d'olivier à Auguste; taureau cornupète à dr.; Apollon, tenant une lyre et le plectrum. C. I. 133, 137 et 144. F. D. C. (3)

Nr.	Poids	Métal et Mill.	
*112	3.78	Æ 20	Sa tête nue à dr. R⁄. IMP · X · SICIL · Diane chasseresse debout de face, tenant un javelot et un arc; à côté d'elle, un chien. C. I. 146. Superbe.
113	—	Æ 18·19	Sa tête à dr. R⁄. Taureau cornupète à g. ou à dr. C. I. 155 et 158. F. D. C. et T. B. (2)
*114	7.86	AV 20	AVGVSTVS DIVI F · Sa tête nue à dr. R⁄. IMP · XII · Taureau cornupète à dr. C. I. 158 Var. De toute beauté.
115	—	Æ 18—20	Sa tête à dr. R⁄. Diane chasseresse debout et un chien; Diane marchant à dr., et tenant un arc; Jupiter debout à g., dans un temple à six colonnes. C. I. 168, 172 et 179. T. B. (3)
*116	3.82	Æ 19	Sa tête nue à g. R⁄. IOV · TON · Jupiter debout à g. dans un temple à six colonnes. C. I. 180. T. B.
*117	4.00	Æ 19	Sa tête laurée à dr. MAR·VLT · Temple rond à six colonnes, dans lequel sont deux enseignes et une aigle. C. I. 190. De toute beauté.
*118	3.87	Æ 18	Sa tête nue à dr. R⁄. OB CIVIS SERVATOS · En dehors d'une couronne de chêne. C. I. 210. Superbe.
119	—	Æ 18—20	Sa tête à dr. ou à g. R⁄. Temple rond à six colonnes; OB CIVIS SERVATOS dans une couronne de chêne ou en dehors d'une couronne de chêne. C. I. 170, 208 et 211. F. D. C. et T. B. (3)
*120	3.93	Æ 18	Sa tête nue à dr. R⁄. OB CIVIS SERVATOS · Couronne de chêne dans laquelle est un bouclier qui porte l'inscription : S·P·Q·R·CL·V· C. I. 215. Superbe.
*121	12.06	Æ 27	Sa tête laurée à dr. R⁄. PAX · La Paix debout à g., tenant un caducée; à côté d'elle, la ciste mystique. Le tout dans une couronne de laurier. C. I. 218. Æ · Médaillon. B.
*122	10.95	M.B. 29	Sa tête radiée à g. R⁄. PROVIDENT · S · — C · Autel · C. I. 228. Superbe patine verte. Superbe.
*123	10.95	M.B. 30	Un deuxième exemplaire. Jolie pat. vert-foncé. Superbe.
*124	11.56	M.B. 30	Un troisième exemplaire. Belle pat. vert-foncé. Superbe.
*125	3.84	Æ 20	Sa tête nue à g. R⁄. QVOD VIAE MVN · SVNT · Arc de triomphe sur un pont. C. I. 231 (Frs. 25.—). T. B.
*126	3.83	Æ 19	Sa tête nue à dr. R⁄. Même légende et même type. C. I. 233 (Frs. 25.—). T. B.
127	10.61	M.B. 28	Sa tête radiée à g.; dans le champ, foudre. R⁄. S·—C· Livie voilée, assise à dr. C. I. 244. Belle patine vert-foncé. B.
*128	3.39	Æ 18	Sa tête nue à dr. R⁄. S·C· Statue équestre d'Octave à g., le bras levé. C. I. 246. T. B.
*129	10.40	M.B. 29	Sa tête radiée à g. R⁄. S·—C· Aigle éployé sur un globe, regardant à dr. C. I. 247. Belle patine vert-foncé. T. B.
*130	3.55	Æ 19	CAESAR III · VIR · R · P · C · Buste de Mars à dr. avec une haste. R⁄. S·C· Aigle surmonté d'un trophée, entre deux enseignes militaires. C. I. 248. Superbe.
*131	10.77	M.B. 28	Sa tête radiée à g. R⁄. S·—C· Foudre ailé. C. I. 249. Jolie patine verte. Superbe.
*132	11.03	M.B. 27	Un deuxième exemplaire. Belle patine noire. Superbe.
*133	14.46	M.B. 30	Sa tête radiée à g. R⁄. S·C· Dans une couronne de chêne. C. I. 252. Jolie patine brun-foncé. T. B.
*134	3.84	Æ 19	Sa tête nue à dr. R⁄. SIGNIS RECEPTIS · Mars debout de face, tenant une aigle romaine et une enseigne. C. I. 258. Superbe.
*135	3.87	Æ 20	Sa tête nue à dr. R⁄. SIGNIS RECEPTIS S·P·Q·R· Bouclier entre une aigle romaine et une enseigne militaire. Sur le bouclier, CL·V· C. I. 265. Superbe.

Nr.	Poids	Metal et Mill.	
136	—	Æ 18	Sa tête à g. ou à dr. R⁄. Bouclier entre une enseigne militaire et une aigle romaine; Quadrige au pas à dr. C. I. 267 et 274. Superbe et T. B. (2)
*137	3.75	Æ 18	Sa tête laurée à dr. R⁄. S · P · Q · R · Quadrige au pas à dr., orné de deux Victoires, et sur lequel on voit une aigle romaine et un petit quadrige lancé. C. I. 274. F. D. C.
*138	3.78	Æ 18	Sa tête laurée à dr. R⁄. S · P · Q · R · Temple rond à quatre colonnes; au milieu, un char, dans lequel sont une aigle romaine et un petit quadrige. C. I. 279. Superbe.
*139	4.03	Æ 17	Sa tête nue à dr. R⁄. S · P · Q · R · Victoire volant à dr., et posant une couronne sur un bouclier suspendu à une colonne. Sur le bouclier, CL · V · C. I. 289. Superbe.
*140	3.86	Æ 20	Sa tête nue à dr. R⁄. S · P · Q · R · CL · V · sur un bouclier. C. I. 294. Superbe.
*141	3.77	Æ 18	Un deuxième exemplaire. F. D. C.
*142	11.80	Æ 25	IMP · IX · TR · PO · V · Sa tête nue à dr. R⁄. S · P · Q · R · SIGNIS RECEPTIS entre les arches d'un arc de triomphe orné de deux aigles romaines. Sur le fronton on lit: IMP · IX · TR · POT · V ·; au-dessus, Auguste dans un quadrige. C. I. 298. Æ-Médaillon. B.
143	26.87	G.B. 35	Bouclier entouré d'une couronne de chêne, sur lequel on lit: OB CIVIS SER · R⁄. Légende autour de S · C · C. I. 304. Patine verte. B.
*144	28.26	G.B. 36	DIVVS AVGVSTVS PATER · Auguste radié, assis à g., tenant une branche de laurier et un long sceptre; devant lui, un autel allumé. R⁄. TI · CAESAR DIVI · AVG · F · AVGVST · P · M · TR · POT · XXIIII autour de S · C · C. I. 309. Patine et conservation superbes.
*145	27.82	G.B. 35	DIVO AVGVSTO S · P · Q · R · Auguste assis sur un char traîné par quatre éléphants, à g., montés par quatre cornacs. R⁄. TI CAESAR DIVI AVG · F · AVG · AVGVST · P · M · TR · POT · XXXVII · autour de S · C · C. I. 307. Jolie pat. vert-foncé. T. B.
*146	3.89	Æ 18	Sa tête nue à dr. R⁄. VOT · P · SVSC · PRO SAL · ET RED · I · O · M · SACR · Mars debout, tenant un étendard et un parazonium. C. I. 325. Superbe.
*147	3.90	Æ 20	Sa tête nue à dr. R⁄. C · ANTISTIVS REGINVS III · VIR · Simpule, bâton d'augure, trépied et patère. C. I. 347. T. B.
148	––	P.B. 17	Deux mains jointes tenant un caducée, ou simpule et bâton d'augure. R⁄. Légende autour de S · C. — Corne d'abondance, dans le champ, S · C · R⁄. Enclume. — Enclume. R⁄. Légende autour de S · C · C. I. 338, 339, 340 et 352. Pat. noire et verte. Superbe et T. B. (4)
*149	4.04	Æ 18	Buste casqué de la Valeur à dr. R⁄. AVGVSTVS CAESAR · Auguste dans un bige d'éléphants à g., tenant un sceptre et une palme. C. I. 354 (Frs. 20.—). Superbe.
*150	3.78	Æ 18	Tête radiée du Soleil à dr. R⁄. CAESAR AVGVSTVS S · C · Quadrige, sur lequel est une fleur, au pas, dr. C. I. 357 (Frs. 25.—). T. B.
*151	3.91	Æ 19	Sa tête nue à dr. R⁄. L · AQVILLIVS FLORVS III · VIR · Fleur. C. I. 364 (Frs. 30 —). T. B.
*152	3.98	Æ 20	Sa tête nue à dr. R⁄. L · AQVILLIVS FLORVS III · VIR · À l'exergue SICIL · Soldat debout, armé d'un bouclier et relevant une femme à genoux à g. C. I. 366. Superbe.
*153	3.99	Æ 20	Sa tête nue à dr. R⁄. L · CANINVS GALLVS III · VIR · Parthe à genoux, à dr., présentant une enseigne militaire. C. I. 383. Superbe.

No.	Poids	Metal et Mill.	
154	1.70	Æ 13	Sa tête nue à dr. R̨. Victoire debout à dr., couronnant un trophée. C. I. 386. Æ-Quinaire. B.
*155	3.92	Æ 20	IMP · CAESAR AVGVST · Sa tête nue à dr. R̨. P · CARISIVS LEG · PRO · PR · Porte de ville, sur laquelle on lit EMERITA · C. I. 397. T. B.
*156	3.78	Æ 21	Sa tête nue à g. R̨. P · CARISIVS LEG · PRO · PR · Trophée sur un monceau de boucliers et d'armes espagnoles. C. I. 402. T. B.
*157	3.87	Æ 20	Même type, mais la tête à dr. C. I. 403. Superbe.
*158	3.95	Æ 18	Sa tête nue à dr. R̨. BALBVS PRO · PR · Massue. C. I. 417. T. B.
*159	3.44	Æ 20	Sa tête nue à dr. R̨. L · LENTVLVS FLAMEN MARTIALIS · Deux figures debout de face; l'une pose une couronne en forme d'étoile sur la tête d'une autre figure. C. I. 419 (Frs. 50.—). T. B.
*160	3.54	Æ 18	Tête diadémée de l'Honneur à dr. R̨. AVGVSTVS CAESAR · Auguste dans un bige d'éléphants à g., tenant une palme. C. I. 427 (Frs. 25.—). T. B.
*161	3.97	Æ 20	CAESAR AVGVSTVS · Sa tête nue à dr. R̨. M · DVRMIVS III · VIR · Sanglier à dr., percé d'une flèche. C. I. 430. De toute beauté.
*162	4.10	Æ 19	Sa tête nue à dr. R̨. M · DVRMIVS III · VIR · Lion à g., dévorant un cerf. C. I. 431 (Frs. 40.—). B.
163	27.34	G.B. 38	OB CIVIS SERVATOS · Couronne de chêne. R̨. Légende autour de S · C · C. I. 434. Pat. noire. T. B.
*164	4.06	Æ 20	AVGVSTVS TR · POT · Sa tête nue à dr. R̨. P · STOLO III · VIR · Bonnet de flamine entre deux ancilles. C. I. 438 (Frs. 50.—). Superbe.
*165	8.90	M.B. 26	Sa tête nue à dr. R̨. M · MAECILIVS TVLLVS III · VIR · A · A · A · F · F · Autour de S · C · C. I. 448. Superbe patine verte. T. B.
*166	3.98	Æ 19	Sa tête nue à dr.; derrière, le bâton d'augure. R̨. C · MARIVS C · F · TRO · III · VIR · Quadrige dans lequel est une palme, au galop à dr. C. I. 456. T. B.
*167	3.78	Æ 20	Sa tête laurée à dr. R̨. MESCINIVS RVFVS · Mars debout de face sur un cippe, tenant une haste et un parazonium. Sur le cippe on lit: S · P · Q · R · V · P · RED · CAES · C. I. 463. Superbe.
*168	4.11	Æ 18	Tête de Féronie à dr. R̨. CAESAR AVGVSTVS SIGN · RECE · Parthe à genoux à dr., présentant une enseigne militaire. C. I. 484. T. B.
169	3.81	Æ 19	Tête de Bacchus à dr. R̨. Comme au n. précédent. C. I. 485. T. B.
*170	3.67	Æ 19	Sa tête nue à dr. R̨. P · PETRON · TVRPILIAN · III · VIR · Pégase marchant à dr. C. I. 491. T. B.
*171	3.83	Æ 19	Sa tête à dr. R̨. TVRPILIANVS III · VIR · Tarpeia de face, écrasée par des boucliers, et levant les mains au ciel. C. I. 494. T. B.
*172	3.56	Æ 18	Sa tête nue à dr. R̨. TVRPILIANVS III · VIR · Astre sur un croissant. C. I. 495. T. B.
*173	3.83	Æ 20	Deux bustes de femmes accolés à dr. R̨. CAESARI AVGVSTO · Autel sur lequel on lit FOR · RE · à l'exergue, EX S · C · C. I. 513. F. D. C.
*174	4.00	Æ 20	Sa tête nue à dr. R̨. Q · SALVIVS IMP · COS · DESIG · Foudre ailé. C. I. 514. T. B.
175	10.45	M.B. 26	Sa tête nue à g. R̨. M · SALVIVS OTHO III · VIR A · A · A · F · F · Autour de S · C · C. I. 516. Patine noire. T. B.

No.	Poids	Métal et Mill.	
*176	24.52	*G.B.*35	CAESAR AVGVST · PONT · MAX · TRIBVNIC · POT · Sa tête laurée à g.; derrière, une Victoire debout, tenant une corne d'abondance, lui attache sa couronne. R⨍. M · SALVIVS OTHO III · VIR A · A · A · F · F · Autour de S · C · C. I. 518/519. Magnifique patine foncée. *De toute rareté et de toute beauté.*
*177	3.54	*Æ*18	Sa tête nue à dr. R⨍. C · SVLPICIVS PLATORIN · Auguste et Agrippa assis à g. C. I. 529 (Frs. 30.—). T. B.
*178	3.74	*Æ*18	Sa tête nue à dr. R⨍. L · VINICIVS · Arc de triomphe sur lequel est Auguste dans un quadrige de face. Sur le fronton on lit: S · P · Q · R · IMP · CAES · C. I. 544. T. B.
179	3.84	*Æ*20	Sa tête nue à dr. R⨍. M · AGRIPPA COS · DESIG · Dans le champ. C. I. 545 (Frs. 20.—). B.
*180	27.65	*G.B.*35	DIVVS AVGVSTVS PATER · Auguste radié, assis à g., tenant une branche de laurier et un sceptre; devant lui, un autel allumé. R⨍. IMP · T · CAES. DIVI VESP · F · AVG · P · M · TR · P · P · P · COS · VIII · REST · Autour de S · C · C. I. 548. Jolie pat. vert foncé. T. B.
*181	14.34	*M.B.*28	Sa tête radiée à g. R⨍. IMP · T · VESP · AVG · REST · S · C · Aigle debout sur un foudre. C. I. 554. Superbe patine verte. Superbe.
*182	11.39	*M.B.*27	Sa tête radiée à g. R⨍. IMP · T · CAES · AVG · REST · S · C · À l'exergue, PROVIDENT · Autel. C. I. 558. Jolie patine verte. T. B.
*183	8.21	*M.B.*26	Sa tête nue à dr. R⨍. IMP · NERVA CAES · AVG · REST · S · C · Foudre. C. I. 567. Jolie patine noire. Très beau style. T. B.
*184	28.05	*G.B.*34	DIVVS AVGVSTVS · Sa tête laurée à dr. R⨍. IMP · NERVA CAESAR AVGVSTVS REST · Autour de S · C · C. I. 570. Jolie patine verte. T. B.
185	3.51	*Æ*22	Sa tête radiée à dr. R⨍. Autel allumé. C. I. 578. *Antoninien.* T. B.

Livie. *Femme d'Auguste. † en 29 A. D.*

No.	Poids	Métal et Mill.	
*186	14.77	*M.B.*29	PIETAS · Buste voilé et diadémé de Livie à dr. R⨍. DRVSVS CAESAR TI · AVGVSTI F · TR · POT · ITER · Dans le champ S · C · C. I. 1. Belle patine brune. Superbe.
*187	14.08	*M.B.*27	Un deuxième exemplaire. Jolie patine verte. Superbe.
188	13.81	*M.B.*29	Un troisième exemplaire. Jolie patine brune. T. B.
*189	14.83	*M.B*29	IVSTITIA · Buste diadémé à dr. R⨍. TI · CAESAR DIVI AVG · P · M · TR · POT · XXIIII · Dans le champ, S · C · C. I. 4. Jolie patine brune. T. B.
*190	15.07	*M.B.*29	SALVS AVGVSTA · Buste à dr., coiffé en cheveux. R⨍. TI · CAESAR DIVI AVG · P · M · TR · POT · XXIIII · Dans le champ, S · C · C. I. 5. Superbe patine vert-foncé. De toute beauté.
*191	14.40	*M.B.*20	Un deuxième exemplaire. Superbe patine brun-foncé. De toute beauté.
*192	14.00	*M.B.*29	Un troisième exemplaire. Patine brune. T. B.
*193	17.77	*G.B.*35	S · P · Q · R · IVLIAE AVGVST · Carpentum attelé de deux mules à dr. R⨍. TI · CAESAR DIVI AVG · F · AVGVST · P · M · TR · POT · XXIIII · Dans le champ, S · C · C. I. 6. Superbe patine brun-vert. De toute beauté.
*194	15.24	*G.B*35	Un deuxième exemplaire. Jolie patine brune. T. B.

No.	Poids	Métal et Mill.	
			Agrippa. *† en 12 a. C.*
			(Marcus Vipsanius Agrippa.)
*195	10.95	M.B.30	Sa tête à g., avec la couronne rostrale. Rͮ. S · – C · Neptune debout, nu, avec un manteau sur les épaules, tenant un dauphin et un trident. C. I. 3. Magnifique patine vert-foncé. D'une beauté extraordinaire.
*196	10.83	M.B.29	Un deuxième exemplaire. Superbe patine brun-foncé. Superbe.
*197	10.58	M.B.29	Un troisième exemplaire. Superbe patine verte. T. B.
			Agrippa et Auguste. *18 a. C.*
*198	3.95	Æ 18	M · AGRIPPA PLATORINVS III · VIR · Tête nue d'Agrippa à dr. Rͮ. CAESAR AVGVSTVS · Tête nue d'Auguste à dr. C. I. 3 (Frs. 150.—). De la plus grande rareté. T. B.
199	13.24	M.B.29	Têtes adossées d'Auguste et d'Agrippa. Rͮ. COL · NEM · Crocodile à dr., enchaîné à un palmier; en haut, une couronne. C. I. 8. *Frappée à Nimes.* Superbe pat. vert-foncé. T. B.
			Julie et Auguste. *Vers 17—13 a. C.*
*200	3.73	Æ 19	C · MARIVS TRO · III · VIR · Buste de Julie à dr., représentée comme Diane, avec un carquois. Rͮ. AVGVSTVS · Tête nue d'Auguste à dr.; derrière, le bâton d'augure. C. I. p. 180. 1 (Frs. 120.—). De la plus grande rareté. Superbe.
			Caius César. *Fils d'Agrippa et Julie. † en 2 a. C.*
*201	3.73	Æ 18	CAESAR · Sa tête nue, très jeune, à dr. Le tout dans une couronne de chêne. Rͮ. AVGVST · Grand candélabre dans une couronne composée de fleurs, de bucranes et de patères. C. I. 1. Très rare. Superbe.
202	3.29	Æ 19	Un deuxième exemplaire. A. B.
			Agrippa César. *† en 14 A. D.*
			(Posthume.)
*203	6.26	M.B.23	AGRIPPA CAESAR CORINTHI Sa tête nue à dr. Rͮ. C · HEIO POL ǀ LIONE ITER ǀ C · MVSSIDI P ǀ RISCO II · VIR · dans une couronne d'ache C. I. 1 (Frs. 100.—). De la plus grande rareté. Droit, A. B.; revers, B.
			Tibère. *14 – 37 A. D.*
			(Tiberius Claudius Nero.)
*204	25.20	G.B.36	TI · CAESAR DIVI AVG · F · AVGVST · P · M · TR · POT · XXIIII autour de S · C · Rͮ. CIVITATIBVS ASIAE RESTITVTIS · Tibère lauré, assis à g. sur une chaise curule, tenant une patère et un sceptre. C. I. 3. Magnifique patine brun-rougeâtre. Superbe.
205	11.39	M.B.29	Sa tête laurée à g. Rͮ. PONTIF · MAX TR · POT · XXXVI · S · C · Globe auquel est attaché un gouvernail. C. I. 12 Var. Pat. verte. B.
206	11.59	M.B.29	La même monnaie avec TR · POT · XXXVII · C. I. 13 Var. Jolie pat. verte. T. B.
207	11.00	M.B.27	La même monnaie. Patine verte. T. B.
*208	7.73	N 19	TI · CAESAR DIVI AVG · F · AVGVSTVS · Sa tête laurée à dr. Rͮ. PONTIF · MAXIM · Livie assise à dr., tenant un sceptre et une fleur. C. I. 15. T. B.
209	3.67	Æ 20	Type semblable en denier. C. I. 16. Superbe.
210	11.12	M.B.28	Sa tête nue à g. Rͮ. Livie, voilée, assise à dr., tenant une patère et un sceptre. C. I. 18. Patine verte. B.

No.	Poids	Metal et Mill.	
*211	11.44	M.B.26	Sa tête laurée à dr. R⁄. PONTIF · MAXIM · TRIBVN · POTEST · XXXVII · S · C · Caducée ailé. C. I. 22. Jolie patine verte. T. B
*212	11.55	M.B.24	La même monnaie. Jolie pat. vert-olive. Superbe.
*213	10.73	M.B.31	La même monnaie avec TRIBVN · POTEST · XXIIII · C. I. 25. Belle patine verte. T. B.
*214	10.67	M.B.29	La même monnaie. Belle patine noire. T. B.
*215	11.93	M.B.29	Sa tête laurée à dr. R⁄. ROM · ET AVG · Autel entre deux colonnes surmontées chacune d'une Victoire. C. I. 33. Pat. vert-clair. B.
216	4.80	P.B.19	Sa tête laurée à dr. R⁄. Autel entre deux colonnes. C. I. 39. Pat. brune. B.
*217	7.74	N 20	TI · CAESAR DIVI AVG · F · AVGVSTVS · Sa tête laurée à dr. R⁄. TR · POT · XVII · IMP · VII · Tibère dans un quadrige à dr., tenant un sceptre surmonté d'un aigle et un rameau. C. I. 47. Superbe.
218	3.05	Æ 19	Type semblable en denier. C. I. 48 (Frs. 5.—). B.
*219	28.80	G.B.35	TI · CAESAR DIVI AVG · F · AVGVST · P · M · TR · POT · XXXIIX · Autour de S · C . R⁄. Quadrige à dr., orné de couronnes, d'une Victoire, de deux trophées et d'un captif à genoux. C. I. 67 (Frs. 25.—). Patine brun-clair. B.
*220	24.29	G.B.34	Un deuxième exemplaire. Jolie pat. verte. B.
221	24.48	G.B.37	CIVITATIBVS ASIAE RESTITVTIS · Tibère assis à g., tenant une patère et un sceptre. R⁄. IMP · T · CAES · DIVI VESP · F · AVG · P · M · TR · P · P · P · COS · VIII · REST · Autour de S · C · C. I. 71 (Frs. 30.—). Pat. verte. B.
*222	22.77	G.B.39	Le même droit. R⁄. Le droit incus. Curiosité de frappe. Superbe patine vert-olive. Superbe.
223	10.64	M.B.27	Sa tête nue à g. R⁄. Légende autour de S · C · C. I. 73 (Frs. 10.—). Pat. noire. B.

Tibère et Auguste. *13 A. D.*

No.	Poids	Metal et Mill.	
*224	7.88	N 20	TI · CAESAR DIVI AVG · F · AVGVSTVS · Tête laurée du Tibère à dr. R⁄. DIVOS AVGVST · DIVI F · Tête laurée d'Auguste à dr.; dessus, un astre. C. I. 3. Très rare. Superbe.

Drusus. *† en 9 a. C.*

No.	Poids	Metal et Mill.	
*225	28.08	G.B.37	Tête des deux enfants de Drusus sur deux cornes d'abondance; au milieu, un caducée ailé. R⁄. DRVSVS CAESAR TI · AVG · F · DIVI AVG · N · PONT · TR · POT · II · Dans le champ, S · C · C. I. 1. Superbe patine vert-rouge. Superbe.
*226	11.35	M.B.30	Sa tête nue à g. R⁄. PONTIF · TRIBVN · POTEST · ITER · Dans le champ S · C · C. I. 2. Jolie patine vert-foncé. Superbe.
*227	11.29	M.B.29	Un deuxième exemplaire. Jolie pat. vert-olive. T. B.
228	11.14	M.B.30	Un troisième exemplaire. Pat. verte. B.

Néron Drusus. *† en 9 a. C.*
(Nero Claudius Drusus.)

No.	Poids	Metal et Mill.	
*229	3.82	R 20	NERO CLAVDIVS DRVSVS GERMANICVS IMP · Sa tête laurée à g. R⁄. DE GERMANIS · Sur un arc de triomphe surmonté de la statue équestre de Drusus à g., entre deux trophées. C. I. 4. Très rare. T. B.
*230	7.82	N 10	Même droit. R⁄. DE GERMANIS · Drapeau au milieu de deux boucliers, quatre hastes et deux trompettes. C. I. 5. Superbe.

No.	Poids	Métal et Mill.	
*231	3.71	Æ 19	Type semblable en denier. C. I. 6. Rare. B.
*232	27.17	G.B.36	NERO CLAVDIVS GERMANICVS IMP · Sa tête nue à g. R⸎. TI CLAVDIVS CAESAR AVG · P · M · TR · P · IMP · P · P · Claude assis à g. sur une chaise curule, tenant un rameau; devant lui, un bouclier et un casque; sous la chaise, une cuirasse, deux boucliers, un globe et une épée; derrière, deux javelots et deux boucliers. C. I. 8. Belle patine brun-rougeâtre. T. B.
*233	31.25	G.B.35	Un deuxième exemplaire. Superbe patine vert-foncé. T. B.
*234	31.53	G.B.36	Un troisième exemplaire. Jolie patine brun-rouge. T. B.

Antonia. *Femme de Néron Drusus. † en 39 A. D.*

No.	Poids	Métal et Mill.	
*235	7.74	N 19	ANTONIA AVGVSTA · Son buste à dr., couronné d'épis. R⸎. SACERDOS DIVI AVGVSTI · Deux torches allumées, réunies par des bandelettes et une guirlande. C. I. 4. Superbe.
*236	16.03	M.B.30	ANTONIA AVGVSTA · Son buste à dr., coiffé en cheveux. R⸎. TI CLAVDIVS CAESAR AVG · P · M · TR · P · IMP · S · C · Antonia voilée debout à g., tenant le simpule. C. I. 6. Belle patine brun-vert. T. B.
*237	14.20	M.B.29	Un deuxième exemplaire. Jolie patine noire. T. B.
*238	15.34	M.B.29	Un troisième exemplaire. Patine rouge et verte. T. B.
239	12.81	M.B.29	Un quatrième exemplaire avec deux contremarques. Patine verte. B.

Germanicus. *† en 19 A. D.*

No.	Poids	Métal et Mill.	
240	10.88	M.B.28	Sa tête nue à g. R⸎. Légende autour de S · C · C. I. 1. Patine noire. B.
*241	12.08	M.B.28	Sa tête nue à g. R⸎. C · CAESAR DIVI AVG · PRON · AVG · P · M · TR · P · IIII · P · P · Dans le champ, S · C · C. I. 4. Jolie patine verte. Superbe.
*242	12.13	M.B.32	GERMANICVS CAESAR · Germanicus debout à dr., dans un quadrige, tenant un sceptre surmonté d'un aigle; le quadrige est orné d'une Victoire et d'une couronne en bas-reliefs. R⸎. SIGNIS RECEPT · DEVICTIS GERM · S · C · Germanicus debout à g., levant le bras droit et tenant un sceptre surmonté d'un aigle. C. I. 7. Magnifique patine brun-vert. D'une beauté extraordinaire.
*243	14.10	M.B.30	Un deuxième exemplaire. Belle patine verte. T. B.
*244	11.29	M.B.28	Sa tête nue à dr. R⸎. TI · CLAVDIVS CAESAR AVG · GERM · P · M · TR · P · IMP · P · P · Dans le champ, S · C · C. I. 9. Patine vert-foncé. T. B.
*245	10.12	M.B.29	Un deuxième exemplaire. Superbe patine vert-clair. T. B.
246	9.70	M.B.29	Un troisième exemplaire. Patine verte. B.

Germanicus et Caligula. *Vers 40 A. D.*

No.	Poids	Métal et Mill.	
*247	3.79	Æ 19	GERMANICVS CAES · P · C · CAES · AVG · GERM · Sa tête nue à dr. R⸎. C · CAESAR AVG · GERM · P · M · TR · POT · Tête laurée de Caligula à dr. C. I. 2 (Frs. 25. —). T. B.
*248	7.73	N 20	Même droit. R⸎. C · CAESAR AVG · PON · M · TR · POT · III · COS · III. Tête laurée de Caligula à dr. C. I. 6. Gr. 7,70. Très rare. T. B.

Agrippine mère. *Femme de Germanicus. † en 33 A. D.*
(Agrippina.)

No.	Poids	Métal et Mill.	
*249	33.99	G.B.35	AGRIPPINA M · F · MAT · C · CAESARIS · AVGVSTI · Son buste à dr. R⸎. S · P · Q · R · MEMORIAE AGRIPPINAE · Carpentum à g., attelé de deux mules. C. I. 1. Magnifique patine vert-olive. De toute beauté.

No.	Poids	Métal et Mill	
*250	22.61	*G.B.*36	Un deuxième exemplaire. Patine verte. B.
*251	27.08	*G.B.*36	Un troisième exemplaire. Belle patine brune. T. B.
*252	27.63	*G.B.*36	Même droit. ℞. TI · CLAVDIVS CAESAR AVG · GERM · P · M · TR · P · IMP · P · P · Dans le champ S · C · C. I. 3 Belle patine brun-rougeâtre. T. B.
253	28.31	*G.B.*36	Un deuxième exemplaire. Patine brun-foncé. B.

Agrippine mère et Caligula. Vers 37 A. D.

No.	Poids	Métal et Mill	
*254	7.73	*N* 19	AGRIPPINA MAT · C · CAES · AVG · GERM · Buste d'Agrippine à dr. ℞. C · CAESAR AVG · GERM · P · M · TR · POT · Tête laurée de Caligula à dr. C. I. p. 233. 1. Très rare. T. B.
*255	3.67	*Æ* 19	Type semblable en denier. C. I. 2. Très rare. T. B.
*256	3.67	*Æ* 19	La même monnaie avec la tête nue de Caligula. C. I 4. Très rare. T. B.

Néron et Drusus. Frappé en 37 A. D.

No.	Poids	Métal et Mill	
257	13.40	*M.B.*29	Néron et Drusus, avec une tunique et une ceinture, galopant à dr. ℞. C · CAESAR AVG · GERMANICVS PON · M · TR · POT · Dans le champ, S · C · C. I. 1. Patine brune. B.

Caligula. 37—41.
(Caïus.)

No.	Poids	Métal et Mill	
*258	26.93	*G.B.*36	Sa tête laurée à g. ℞. ADLOCVT · COH · Caligula debout sur une estrade, haranguant cinq soldats. C. I. 1. Belle patine brune. T. B.
*259	26.69	*G.B.*35	Un deuxième exemplaire. Belle patine vert-olive. T. B.
*260	31.03	*G.B.*36	C · CAESAR AVG · GERMANICVS PON · M · TR · POT · Sa tête laurée à g. ℞. AGRIPPINA DRVSILLA IVLIA S · C · Les trois sœurs de Caligula debout, sous les images de la Sécurité, de la Concorde et de la Fortune. C. I. 4. Belle patine verte. T. B.
261	3.75	*P.B.*19	Bonnet de Liberté. ℞. Légende autour de S · C · C. I. 7. Belle patine verte. Superbe.
*262	27.95	*G.B.*35	C · CAESAR AVG · GERMANICVS P · M · TR · POT; à l'exergue, PIETAS. La Piété assise à g., tenant une patère; derrière elle, une statue de femme. ℞. DIVO AVG · S · C · Temple à six colonnes, orné de guirlandes, sur la frise, des petites figures. Au-dessus du fronton, un quadrige de face; devant, Caligula debout sacrifiant près d'un autel, auquel un victimaire amène un taureau; derrière, une figure tenant une patère. C. I. 9. Superbe patine vert-olive. Superbe.
*263	3.83	*N* 15	C · CAESAR AVG · GERMANICVS · Sa tête nue à dr. ℞. P · M · TR · POT · COS · Victoire à dr., assise sur un globe, tenant une couronne. C. I. 14. *N* · Quinaire. De la plus grande rareté. T. B.
*264	3.62	*Æ* 19	Se tête laurée à dr. ℞. S · P · Q · R ·	P · P ·	OB · C · S · Dans une couronne de chêne. C. I. 19 (Frs. 20.—). B.
*265	29.15	*G.B.*35	C · CAESAR AVG · GERMANICVS PON · M · TR · POT · Sa tête laurée à g. ℞. S · P · Q · R ·	P · P	OB CIVES	SERVATOS dans une couronne de chêne. C. I. 24. Belle patine brune. T. B.
266	29.14	*G.B.*35	La même monnaie avec TR · P · IIII · C. I. 26. Patine vert-foncé. B.
*267	10.67	*M.B.*29	Sa tête nue à g. ℞. VESTA S · C · Vesta voilée, assise à g., tenant une patère et un sceptre. C. I. 27. Superbe patine noire. Superbe.

No.	Poids	Metal et Mill.	
*268	11.14	M.B.29	Un deuxième exemplaire. Belle patine verte. **Superbe.**
*269	11.48	M.B.29	Type semblable. C. I. 28. Belle patine verte. B.
*270	10.35	M.B.29	Type semblable. C. I. 29. Belle patine vert-clair. B.
			Caligula et Auguste. *Frappé en 37 A. D.*
*271	3.64	Æ 18	C · CAESAR AVG · GERM · P · M · TR · POT · Tête de Caligule à dr. R⁄. DIVVS AVG · PATER PATRIAE. Tête radiée d'Auguste à dr. C. I. p. 244. 2. B.
*272	7.74	N 19	C · CAESAR AVG · GERM · P · M · TR · POT · COS. Tête nue de Caligule à dr. R⁄. Sans légende. Tête radiée d'Auguste à dr., entre deux étoiles. C. I. 10. B.
*273	3.63	Æ 18	Type semblable en denier. C. I. 11. T. B.
			Claude Ier. *41—54.* (Tiberius Claudius Drusus.)
274	16.36	M.B.31	Sa tête nue à g. R⁄. Cérès assise à g. C. I. 1. Pat. verte. A. B.
*275	10.90	Æ 27	TI · CLAVD · CAES · AVG · Sa tête nue à g. R⁄. COM · ASI · Temple à deux colonnes; au milieu, Claude debout et couronné par la Fortune ou la Paix; sur la frise on lit: ROM · ET AVG · C. I. 3. Æ·Médaillon. T. B.
*276	3.71	Æ 19	Sa tête laurée à dr. R⁄. CONSTANTIAE AVGVSTI · La Constance assise à g. sur une chaise curule. C. I. 6. T. B.
277	3.40	Æ 19	Type semblable. C. I. 8 (Frs. 12.—). B.
*278	10.87	M.B.29	Sa tête nue à g. R⁄. CONSTANTIAE AVGVSTI S · C · Pallas (?) casquée debout à g., tenant une haste. C. I. 14. Superbe patine noire. De toute beauté.
*279	3.57	Æ 19	DIVVS CLAVDIVS AVGVSTVS · Sa tête laurée à g. R⁄. EX S · C. Carpentum à dr., attelé de quatre chevaux; sur le char on voit deux Victoires, un quadrige et des bas-reliefs. C. I. 32 (Frs. 80.—). Très rare. B.
280	31.60	G.B.36	Sa tête laurée à dr. R⁄. EX S · C	P · P	OB CIVES	SERVATOS · Dans une couronne de chêne. C. I. 38. Jolie patine brune. T. B.
*281	7.78	N 20	TI · CLAVD · CAESAR AVG · P · M · TR · P · Sa tête laurée à dr. R⁄. IMPER · RECEPT · Écrit sur un camp prétorien à la porte duquel est un soldat debout, près d'une enseigne militaire. C. I. 40. Rare. T. B.
*282	3.60	Æ 19	Sa tête laurée à dr. R⁄. IMPER · RECEPT · Écrit sur un camp prétorien à la porte duquel est un soldat debout, près d'une enseigne militaire. C. I. 44. Très rare. B.
*283	13.17	M.B.30	Sa tête nue à g. R⁄. LIBERTAS AVGVSTA S · C · La Liberté debout à dr., tenant un bonnet et tendant la main g. C. I. 47. Magnifique patine brun-clair. Superbe.
*284	13.30	M.B.30	Un deuxième exemplaire. Superbe patine vert-foncé. Superbe.
*285	10.46	M.B.30	Un troisième exemplaire. Superbe patine brun-foncé. Superbe.
286	26.95	G.B.35	Sa tête laurée à dr. R⁄. Arc de triomphe, surmonté d'une statue équestre placée entre deux trophées. C. I. 48. Patine verte. A. B.
*287	7.75	N 19	TI · CLAVD · CAESAR AVG · P · M · TR · P · Sa tête laurée à dr. R⁄. PACI AVGVSTAE · La Paix avec les emblèmes de Némésis, marchant à dr. et tenant un caducée; elle est précédée par un serpent. C. I. 50. Superbe.
*288	7.73	N 20	Type semblable avec P · M · TR · P · VI · IMP · XI · C. I. 57. T. B.

No.	Poids	Métal et Mill.	
289	3.78	Æ 20	Type semblable en denier. C. I. 58 (Frs. 10.—). T. B.
*290	7.78	N 19	TI · CLAVD · CAESAR AVG · P · M · TR · P · VIIII · IMP · XVI · Sa tête laurée à dr. Ŗ. PACI AVGVSTAE· La Paix avec les emblèmes de Némésis, marchant à dr. et tenant un caducée; elle en est précédée par un serpent. C. I. 60. T. B.
291	2.92	P.B. 19	Modius. Ŗ. Légende autour de S · C · C. I. 72. Pat. verte. T. B.
*292	10.56	M.B. 20	Sa tête nue à g. Ŗ. S · C · Pallas debout à dr., lançant un javelot et tenant un bouclier. C. I. 84. Superbe patine verte. T. B.
*293	9.35	M.B. 30	Un deuxième exemplaire. Superbe patine verte. T. B.
*294	30.15	G.B. 36	TI · CLAVDIVS CAESAR AVG · P · M · TR · P · IMP · P · P · Sa tête laurée à dr. Ŗ. SPES AVGVSTA S · C · L'Espérance marchant à dr., tenant une fleur et relevant sa robe. C. I. 85. Belle patine vert-foncé. Superbe.
295	29.07	G.B. 36	Un deuxième exemplaire. Patine foncée. B.
296	22.22	G.B. 36	Un troisième exemplaire. Pat. verte. B.
*297	25.23	G.B. 35	Type semblable avec la légende TI · CLAVDIVS CAESAR AVG · IMP · P · M · TR · P · C. I. 85 Var. Jolie pat. verte. B.
*298	7.79	N 20	TI · CLAVD · CAESAR AVG · P · M · TR · P · VI · IMP · XI · Sa tête laurée à dr. Ŗ. S · P · Q · R ·	P · P ·	OB C · S · Dans une couronne de chêne. C. I. 86. T. B.
*299	3.68	Æ 18	Type semblable en denier. C. I. 96. B.
*300	9.67	M.B. 20	TI · CLAVDIVS CAESAR AVG · P · M · TR · P · IMP · Sa tête nue à g. Ŗ. IMP · T · VESP · AVG · REST · S · C · Pallas debout à dr., tenant un bouclier et lançant un javelot. C. I. 106 Var. Restitution de Titus. Belle patine vert-olive. T. B.

Claude et Néron.

No.	Poids	Métal et Mill.	
*301	3.78	Æ 17—20	TI · CLAVD · CAESAR · AVG · GERM · P · M · TRIB · POT · P · P · Tête laurée de Claude à dr. Ŗ. NERO CLAVD · CAES · DRVSVS GERM · PRINC · IVVENT · Buste jeune paludé de Néron à g. C. I. 5. Très rare. T. B.

Agrippine jeune et Claude. *Frappé vers 50.*

No.	Poids	Métal et Mill.	
*302	10.81	Æ 25	TI · CLAVD · CAES · AVG · AGRIPP · AVGVSTA · Buste d'Agrippine et tête laurée de Claude accolés à g. Ŗ. DIANA EPHESIA · Diane d'Ephèse debout. C. I. 1. Æ-Médaillon. Très rare. T. B.
*303	7.59	N 20	AGRIPPINAE AVGVSTAE · Buste d'Agrippine à dr., couronné d'épis. Ŗ. TI · CLAVD · CAESAR AVG · GERM · P · M · TRIB · POT · P · P · Tête laurée de Claude à dr. C. I. p. 274. 3. F. D. C.
*304	3.73	Æ 19	Type semblable en denier. C. I. 4. B.

Agrippine jeune et Néron.

No.	Poids	Métal et Mill.	
*305	7.37	Æ 22	AGRIPPINA AVGVSTA · Buste d'Agrippine à dr. Ŗ. NERO CLAVD · DIVI CLAVD · F · CAESAR AVG · GERMANI · Tête laurée de Néron à dr. C. I. 1. Æ-Médaillon. Très rare. T. B.
*306	7.49	Æ 21	Type semblable avec le buste d'Agrippine diadémé et voilé. C. I. 2. Æ-Médaillon. Très rare. B.
307	3.48	Æ 17	Tête nue de Néron et buste d'Agrippine accolés à dr. Ŗ. Auguste (?) et Livie (?) dans un quadrige d'éléphants à g. C. I. 4 (Frs. 30.—). A. B.

No.	Poids	Métal et Mill.	
*308	3.30	Æ 18	Buste d'Agrippine et tête nue de Néron en regard. R̷. NERONI CLAVD · DIVI F · CAES · AVG · GERM · IMP · TR · P · Couronne de chêne dans laquelle on lit: EX S · C · C. I. 7 (Frs. 30.—). Haut relief. Rare. B.
*309	14.13	Æ 26	Buste d'Agrippine à dr. R̷. Tête laurée de Néron à dr. Æ-Médaillon. *Frappé à Antiochia ad Orontem.* T. B.

Néron. *54—68.*

No.	Poids	Métal et Mill.	
310	25.20	G.B. 37	Sa tête laurée à dr. R̷. ANNONA AVGVSTI CERES S · C · Cérès assise à g., tenant une torche et des épis; devant elle, l'Abondance tenant la corne d'Amalthée. Entre les deux, un autel orné; dans le lointain, un vaisseau. C. I. 14. Patine verte. A. B.
*311	28.35	G.B. 35	Type semblable. C. I. 16. Jolie patine brune. Superbe.
*312	26.35	G.B. 35	Son buste lauré à dr. avec l'égide. R̷. AVGVST · (en haut) POR · OST · (dessous) entre les lettres S · C · L'enceinte des murs du port d'Ostie; en haut, un phare surmonté de la statue de Neptune; dessous, le Tibre couché, tenant un rame et un dauphin; dans l'intérieur, sept navires. C. I. 37. Jolie patine brune. T. B.
*313	23.26	G.B. 37	Même type avec huit navires. C. I. 38. Patine brune. Retouchée. T. B.
314	3.32	Æ 19	Sa tête laurée à dr. R̷. AVGVSTVS AVGVSTA · Auguste radié, tenant un sceptre et une patère, et Livie voilée, tenant une patère et une corne d'abondance; tous deux debout à g. C. I. 42 (Frs. 10.—). T. B.
*315	7.32	N 19	NERO CAESAR · Sa tête laurée à dr. R̷. AVGVSTVS GERMANICVS · Néron radié debout de face, tenant une branche de laurier et une Victoire. C. I. 44. — Trouvaille de Bosco Reale. — T. B.
316	3.35	Æ 19	Type semblable en denier. C. I. 45. F. D. C.
*317	3.42	P.B. 19	Sa tête laurée à dr. R̷. CER · QVINQ · ROM · CO · S · C · Table de jeux, ornée d'un bas relief représentant deux griffons; au dessus, un vase, une couronne et la lettre S; dessous, un disque. C. I. 47. Jolie patine verte. Superbe.
*318	3.56	P.B. 19	Un deuxième exemplaire. Jolie pat. vert-olive. T. B.
319	—	P.B. 19	Deux autres exemplaires. Jolie pat. noire ou verte. T. B. et B. (2)
*320	2.67	P.B. 18	Type semblable. C. I. 62. Jolie pat. noire. T. B.
*321	6.57	P.B. 21	Sa tête laurée à dr. R̷. CERTAMEN · QVINQ · ROM · CON · Table de jeux. C. I. 65. Pat. brune. B.
*322	25.87	G.B. 36	NERO CLAVDIVS CAESAR AVG · GER · P · M · TR · P · IMP · P · P · Son buste lauré à dr. avec l'égide. R̷. DECVRSIO S · C · Néron galopant à dr. et portant une haste, suivi d'un soldat à cheval qui porte un étendard. C. I. 83. Magnifique patine vert-olive. D'une extrême beauté.
*323	27.48	G.B. 35	Un deuxième exemplaire. Jolie patine brun-foncé. T. B.
324	25.02	G.B. 36	Type semblable. C. I. 86. Patine brune. A. B.
*325	26.10	G.B. 35	Son buste lauré à g. R̷. Néron et un soldat galopant à g. C. I. 91 Var. Jolie patine noire. T. B.
*326	3.68	Æ 20	Son buste jeune, nu-tête et drapé, à dr. R̷. EQVESTER I ORDO I PRINCIPI I IVVENT · Sur un bouclier derrière lequel est une haste. C. I. 97 (Frs. 20.—). Rare. B.

No.	Poids	Métal et Mill.	
*327	13.23	M.B.25	Sa tête laurée à dr. R⁄. GENIO AVGVSTI S·C· Génie debout à g. auprès d'un autel allumé, tenant une patère et une corne d'abondance. C. I. 107. Patine brun clair. Superbe.
*328	14.44	M.B.25	Un deuxième exemplaire avec la tête radiée à dr. C. I. 108. Superbe patine verte. T. B.
*329	7.28	N 18	NERO CAESAR AVGVSTVS · Sa tête laurée à dr. R⁄. IVPPITER CVSTOS· Jupiter assis à g., tenant un foudre et un sceptre. C. I. 118. F. D. C.
*330	7.33	N 18	Un deuxième exemplaire. T. B.
331	3.39	R 19	Type semblable en denier. C. I. 119. T. B·
*332	14.20	M.B.28	Sa tête radiée à dr. R⁄. MAC·AVG·S·C· Edifice à double rang de colonnes sur la hauteur, dans l'intérieur, la statue de Neptune. C. I. 130. Jolie patine verte. T. B.
*333	26.19	G.B.34	NERO CLAVD·CAESAR AVG·GER·P·M·TR·P·IMP·P·P· Sa tête laurée à g. R⁄. PACE P·R·TERRA MARIQ·PARTA IANVM CLVSIT S·C· Temple de Janus fermé avec la porte à g. Cohen—, cf. C.I. 144. Superbe patine vert-olive. De toute beauté.
334	27.31	G.B.34	Son buste lauré à dr. R⁄. La même légende. Temple de Janus fermé avec la porte à dr. C.I. 152. Patine brun-foncé. B.
*335	26.15	G.B.35	Type semblable. C. I. 161. Patine brun-clair. B.
*336	10.91	M.B.27	Sa tête laurée à dr. R⁄. PACE P·R·VBIQ·PARTA IANVM CLVSIT S·C· Temple de Janus avec la porte à dr. C.I. 171. Patine vert-foncé. T. B.
337	1.63	P.B.16	Casque sur une colonne; derrière, une haste; à dr., l'égide. R⁄. Branche d'olivier. C. I. 179. P. B. Quinaire. Patine brune. T. B.
338	4.00	P.B.17	Autel sur lequel est une chouette. R⁄. Branche d'olivier. C. I. 185. Belle patine verte. Superbe.
339	3.55	P.B.17	Sa tête laurée à dr. R⁄. Rome assise à g. sur une cuirasse et des boucliers. C. I. 190 Var. Jolie patine verte. B.
*340	7.69	N 19	NERO CAESAR AVG· IMP· Sa tête nue à dr. PONTIF·MAX·TR·P·II· P·P· Autour d'une couronne de chêne dans laquelle on lit: EX S·C· C. I. 204. Superbe.
*341	3.54	R 19	Type semblable en denier. C. I. 207. Superbe.
342	3.50	R 18	Type semblable. C. I. 216. B.
343	3.37	R 18	Sa tête nue à dr. R⁄. Cérès debout à g., tenant deux épis avec un pavot et un flambeau. C. I. 218 (Frs. 10.—). T. B.
*344	7.77	N 19	NERO CAESAR AVG·IMP· Sa tête nue à dr. R⁄. PONTIF·MAX·TR· P·VII·COS·IIII·P·P· Mars debout à g., le pied sur une cuirasse, tenant une haste et un parazonium; à terre, un bouclier. C. I. 219. F. D. C.
*345	7.64	N 20	NERO CAESAR AVG·IMP· Sa tête nue à dr. R⁄. PONTIF·MAX·TR· P·X·COS·IIII P·P·EX S·C· Rome debout à dr. en habit militaire, le pied sur une cuirasse et tenant un bouclier; à terre, des boucliers et une épée. C. I. 234. — Trouvaille de Bosco Reale. — F. D. C.
*346	10.89	M.B.29	Sa tête nue à dr.; dessous, un globe. R⁄. Néron lauré en habit de femme, debout à dr., chantant et s'accompagnant sur la lyre. C. I. 247. Superbe patine verte. T. B.
347	7.75	M.B.24	Type semblable avec sa tête laurée à dr. C. I. 248 Var. Patine brune. B.

No.	Poids	Métal et Mill.	
348	26.46	*G.B.*31	Sa tête laurée à dr. R⁄. ROMA S · C · Rome assise à g. sur une cuirasse, tenant une Victoire et un parazonium. C. I. 261. Jolie patine verte. B.
•349	26.81	*G.B.*36	Même type, mais sa tête laurée à g. C. I. 262. Patine vert-olive. B.
•350	26.41	*G.B.*35	Même type, mais son buste lauré à dr. avec l'égide. C. I. 264. Magnifique patine brun-noir. Superbe.
•351	27.55	*G.B.*31	Un deuxième exemplaire. Belle patine verte. Superbe.
•352	26.80	*G.B.*37	Même type avec sa tête laurée à dr. C. I. 266. Superbe patine verte. De toute beauté.
353	25.27	*G.B.*35	Sa tête laurée à g. R⁄. ROMA S · C · Rome assise à g. sur une cuirasse, tenant une Victoire et une haste; derrière elle, plusieurs boucliers. C. I. 277 Var. Patine vert-clair. B.
•354	12.22	*M.B.*27	Sa tête radiée à g. R⁄. Rome assise à g. sur une cuirasse, tenant une couronne et un parazonium. C. I. 281. Jolie patine vert-olive. T. B.
•355	24.62	*G.B.*35	IMP · NERO CLAVD · CAESAR AVG · GERM · P · M · TR · P · XIII · P · P · Sa tête laurée à dr. R⁄. ROMA S · C · Rome assise à dr. sur une cuirasse, tenant une haste et appuyant le bras g. sur un bouclier; une jambière et un casque sont placés contre le bouclier. C. I. 287. Superbe patine verte. De toute beauté.
356	25.78	*G.B.*35	Même type, avec sa tête laurée à g. C. I. 287 Var. Patine foncée. A. B.
•357	11.15	*M.B.*30	Sa tête nue à dr. R⁄. S · – C · Victoire s'élevant en l'air, à g., et tenant un bouclier sur lequel on lit: S · P · Q · R · C. I. 302. Belle patine vert-clair. B.
358	11.41	*M.B.*28	Même type, avec sa tête nue à g. C. I. 303. Jolie patine vert-olive. B.
359	26.37	*G.B.*33	Sa tête laurée à g. R⁄. S · – C · Arc de triomphe; sur la plate-forme, on voit Néron dans un quadrige, les statues de la Paix et de la Victoire; à chaque angle du fronton, deux soldats; entre les colonnes, à g., la statue de Mars debout. C. I. 306. Patine vert olive. B.
360	22.75	*G.B.*35	Un deuxième exemplaire. Patine brune. B.
•361	19.18	*G.B.*33	Type semblable. C. I. 309. Patine brune. T. B.
•362	7.50	*N* 19	NERO CLAVD · CAES · DRVSVS GERM · PRINC · IVVENT · Son buste jeune, drapé à g., nu-tête. R⁄. SACERD · COOPT . IN OMN · CONL · SVPRA NVM · EX S · C · Simpule sur un trépied, et bâton d'augure sur une patère. C. I. 311. T. B.
•363	7.26	*N* 19	NERO CAESAR AVGVSTVS · Sa tête laurée à dr. R⁄. SALVS · La Santé assise à g., tenant une patère. C. I. 313. F. D. C.
•364	7.41	*N* 20	Un deuxième exemplaire. T. B.
365	3.53	*R* 18	Type semblable en denier. C. I. 314. B.
•366	13.77	*M.B.*29	Sa tête laurée à dr. R⁄. SECVRITAS AVGVSTI S · C · La Sécurité assise à dr. devant un autel, tenant une haste de la main gauche et soutenant sa tête avec la main dr. Devant l'autel, une torche enflammée. C. I. 324. Belle patine vert-olive. Superbe.
367	13.00	*M.B.*29	Même type, mais sa tête laurée à g. C. I. 325. Patine verte. B.
•368	7.31	*N* 19	NERO CAESAR AVGVSTVS · Sa tête laurée à dr. R⁄. VESTA · Temple rond à six colonnes; au milieu, Vesta assise, tenant un sceptre. C. I. 334. F.D.C.
			— Trouvaille de Bosco Reale. —
369	3.52	*R* 17	Sa tête laurée à dr. R⁄. VESTA · Temple rond à six colonnes; au milieu, Vesta assise, tenant un sceptre. C. I. 335 (Frs. 10.—). B.

3*

No.	Poids	Métal et Mill.	
*370	12.25	M.B.29	Sa tête laurée à g. R⁄. VICTORIA AVGVSTI S · C · Victoire marchant à g.. tenant une couronne et une palme. C. I. 344. Belle patine brun-foncé. Superbe.
*371	14.29	M.B.29	Même type, mais sa tête radiée à dr. C. I. 347. Superbe patine vert-foncé. T. B.
*372	14.78	M.B.28	Un deuxième exemplaire. Superbe patine verte. Superbe.
*373	15.40	M.B.28	Type semblable, mais sa tête radiée à g. C. I. 348. Jolie patine vert-foncé. T. B.
374	9.37	M.B.27	NERO CAESAR AVG · GERM IMP · Sa tête laurée à dr. R⁄. Type du droit incus. Patine verte. A. B.
375	1.41	Æ 15	Sa tête laurée à dr. R⁄. Victoire assise à dr. sur un globe, tenant un diadème. C. I. 352. Æ · Quinaire. Rare. A. B.
376	3.26	Æ 19	Sa tête laurée à dr. R⁄. Aigle romaine entre deux enseignes militaires. C. I. 356 (Frs. 10.—.) B.

Néron et Claude. *Frappé en 41.*

No.	Poids	Métal et Mill.	
*377	7.65	Æ 28	NERO CLAVD · DIVI CLAVD · F · CAESAR AVG · GERM · Tête laurée de Néron à dr. R⁄. DIVOS CLAVD · AVGVST · GERMANIC · PATER AVG. Tête laurée de Claude à dr. C. I. 1. Æ · Médaillon. Très rare. B.
*378	14.92	Æ 18	Type semblable. Æ · Médaillon. *Frappé à Antiochia ad Orontem.* Inédit (?). T. B.

Galba. *68—69.*
(Servius Sulpicius Galba.)

No.	Poids	Métal et Mill.	
*379	24.90	G.B.34	IMP · SER · GALBA CAES · AVG · TR · P · Sa tête laurée à dr. R⁄. CONCORD · AVG · S · C · La Concorde assise à g., tenant une branche d'olivier et un sceptre. C. I. 22. Belle patine vert-foncé. T. B.
*380	26.70	G.B.35	Même type, mais sa tête laurée à g. C. I. 28. Superbe patine verte. Superbe.
*381	3.63	Æ 19	Sa tête laurée à dr.; dessous, un globe. R⁄. DIVA AVGVSTA · Livie debout à g., tenant une patère et un sceptre. C. I. 43 (Frs. 10.—). Superbe.
*382	3.17	Æ 19	Type semblable. C. I. 55 (Frs. 10.—). T. B.
*383	7.17	N 22	IMP · SER · GALBA CAESAR AVG · P · M · Sa tête laurée à dr. R⁄. DIVA AVGVSTA · Livie debout à g., tenant une patère et un sceptre. C. I. 57. T. B.
*384	23.59	G.B.35	SER · GALBA IMP · CAES · AVG · TR · P · Sa tête laurée à dr. R⁄. LIBERT · AVG · S · C · La Liberté debout à g., tenant un bonnet et un sceptre. C. I. 100. Belle patine vert-clair. T. B.
*385	12.36	M.B.17	Sa tête nue à dr. R⁄. LIBERTAS PVBLICA S · C · La Liberté debout à g., tenant un bonnet et un sceptre. C. I. 127. Belle patine verte. T. B.
*386	13.81	M.B.30	Sa tête laurée à dr. R⁄. PAX AVGVST · S · C · La Paix debout à g., tenant une branche d'olivier et une corne d'abondance. C. I. 155. Superbe patine verte. T. B.
*387	14.59	M.B.30	Son buste lauré et drapé à dr. R⁄. PAX AVGVSTA S · C · La Paix debout à g., tenant une branche d'olivier et un caducée. C. I. 158. Patine brun-foncé. T. B.
*388	25.99	G.B.35	SER · GALBA IMP CAES · AVG · TR · P · Sa tête laurée à dr. R⁄. ROMA S · C · Rome assise à g. sur une cuirasse et des armes, tenant une haste et appuyée sur un bouclier. C. I. 168. Superbe patine vert-olive. Superbe
*389	29.50	G.B.35	Même type avec la légende SER · GALBA IMP · CAES · AVG · C. I. 170. Superbe patine gris-vert. De toute beauté.
*390	26.54	G.B.35	Un deuxième exemplaire. Belle patine vert-foncé. T. B.
*391	3.40	Æ 18	Sa tête laurée à dr.; dessous, un globe. R⁄. ROMA RENASC · Rome marchant à dr., tenant une petite Victoire et une haste. C. I. 196 (Frs. 10.—). B.

No.	Poids	Métal et Mill.	
*392	7.10	*N* 20	IMP · SER · GALBA CAESAR AVG · Sa tête laurée à dr. ℞. ROMA RENASCES · Rome debout en habit militaire, à g., tenant une petite Victoire et une haste surmontée d'un aigle. C. I. 205. Rare. B.
*393	27.45	*G.B.*37	SER · GALBA IMP · CAES · AVG · TR · P · Sa tête laurée à dr. ℞. S · — C · Victoire marchant à g., tenant une statuette de Pallas combattant et une palme. C. I. 256. Très beau portrait. Superbe patine vert-olive. Superbe.
*394	24.54	*G.B.*36	Type semblable. C. I. 261. Beau portrait. Belle patine brun-vert. T. B.
*395	9.96	*M.B.*29	Sa tête laurée à dr. ℞. S · — C · Victoire marchant à g. et tenant une couronne et une palme. C. I. 264 Var. Jolie patine brune. B.
396	12.20	*M.B.*28	Sa tête laurée à dr. ℞. Aigle romaine sur un foudre, entre deux enseignes militaires. C. I. 277. Patine brune. A. B.
*397	7.36	*N* 19	IMP · SER · GALBA AVG · Sa tête nue à dr. ℞. S · P · Q · R · | OB C · S · Dans une couronne de chêne. C. I. 286. Superbe.
*398	7.34	*N* 19	Un deuxième exemplaire. T. B.
*399	3.42	*Æ* 19	Type semblable en denier. C. I. 287. F. D. C.
*400	3.56	*Æ* 18	Un deuxième exemplaire. F. D. C.
*401	26.79	*G.B.*37	IMP · SER · GALBA AVG · TR · P · Son buste lauré et drapé à dr. ℞. S · P · Q · R · | OB | CIV · SERV · Dans une couronne de chêne. C. I. 297. Magnifique patine noire. Beau portrait. De toute beauté.
*402	26.86	*G.B.*35	Un deuxième exemplaire. Belle patine vert-olive. Superbe.
*403	26.63	*G.B.*36	Même type, mais son buste nu-tête et drapé à dr. C. I. 302. Jolie patine vert olive. T. B.
*404	11.87	*M.B.*27	Sa tête nue à dr. ℞. VESTA S · C · Vesta voilée, assise à g., tenant le palladium et un sceptre. C. I. 309. Patine brune. B.
*405	12.34	*M.B.*28	Même type, mais la tête laurée à dr. C. I. 313. Belle patine verte. T. B.
*406	1.58	*Æ* 15	Sa tête laurée à dr. ℞. VICTORIA GALBAE AVG · Victoire debout à dr. sur un globe, tenant une couronne et une palme. C. I. 317 (Frs. 30.—). Æ · Quinaire. T. B.
*407	1.69	*Æ* 14	Même type, mais la Victoire debout à g. sur un globe. C. I. 318. Æ · Quinaire. B.
408	3.57	*Æ* 18	Sa tête laurée à dr. ℞. VICTORIA P · R · Victoire debout à g. sur un globe. C. I. 320 (Frs. 12.—). T. B.
*409	3.57	*Æ* 19	Type semblable. C. I. 322 (Frs. 12.—). T. B.
*410	3.60	*Æ* 19	BON · EVENT · Tête diadémée de Bonus Eventus à dr. ℞. ROM · RENASC · Rome, en habit militaire, debout à dr., tenant une haste et une Victoire. C. I. 396 (Frs. 40.—). Très rare. T. B.
411	3.31	*Æ* 18	SALVS GENERIS HUMANI · Victoire à g. debout sur un globe, tenant une couronne et une palme. ℞. S · P · Q · R · Dans une couronne de chêne. C. I. 421 (Frs. 10.—). B.

Othon. † *en 69.*
(Marcus Salvius Otho.)

No.	Poids	Métal et Mill.	
*412	7.28	*N* 20	IMP · OTHO CAESAR AVG · TR · P · Sa tête nue à dr. ℞. PONT · MAX · L'Abondance debout à g., tenant deux épis avec un pavot et une corne d'abondance. C. I. 10. Très rare. F. D. C.

No.	Poids	Métal et Mill.	
*413	7.25	N 20	Même droit. R/. SECVRITAS P·P· La Sécurité debout à g., tenant une couronne et un sceptre. C. I. 14. **Très rare. Superbe.** — Trouvaille de Bosco Reale. —
*414	7.39	N 19	Un deuxième exemplaire, mais la tête plus grande. **T. B.**
*415	7.38	N 20	IMP·M·OTHO CAESAR AVG·TR·P· Sa tête nue à dr. R/. Comme auparavant. C. I. 16. **Très rare. F. D. C.**
*416	3.41	R 19	Type semblable en denier. C. I. 17. **T. B.**
*417	3.41	R 17	Un deuxième exemplaire. **F. D. C.**
*418	3.41	R 19	Sa tête nue à dr. R/. VICTORIA OTHONIS· Victoire volant à dr. et tenant une couronne et une palme. C. I. 27 (Frs. 30.—). **Rare. T. B.**

Vitellius. † en 69.
(Aulus Vitellius.)

No.	Poids	Métal et Mill.	
419	8.63	M.B.17	Sa tête laurée à dr. R/. L'Équité debout à g., tenant une balance et un sceptre. C. I. 1 (Frs. 15.—). Pat. verte. **A. B.**
*420	13.14	M.B.29	A·VITELLIVS GERMA·IMP·AVG·P·M·TR·P· Son buste lauré et drapé à dr. R/. CONCORDIA AVGVSTI S·C· La Concorde assise à g., auprès d'un autel allumé, tenant une patère et une corne d'abondance. C. I. 15. Jolie patine verte. **Superbe.**
421	3.07	R 19	Type semblable, en denier. C. I. 18. **B.**
*422	3.34	R 19	Type semblable. C. I. 21. **F. D. C.**
*423	3.57	R 19	Sa tête laurée à g. R/. CONSENSVS EXERCITVVM· Mars nu, marchant à g. et portant une haste et une enseigne surmontée d'un aigle. C. I. 24. **Rare. T. B.**
*424	3.58	R 18	Même type, mais sa tête laurée à dr. C. I. 28. **Rare. T. B.**
*425	3.41	R 18	Sa tête laurée à dr. R/. FIDES EXERCITVVM· Deux mains jointes. C. I. 31 (Frs. 25.—). **Très rare. B.**
*426	3.53	R 18	Sa tête laurée à dr. R/. I·O·MAX·CAPITOLINVS· Jupiter assis à g. dans un temple à deux colonnes, tenant un foudre et un sceptre. C. I. 39 (Frs. 30.—). **Très rare. T. B.**
*427	3.18	R 19	Sa tête laurée à dr. R/. IVPPITER VICTOR· Jupiter assis à g., tenant une petite Victoire et un sceptre. C. I. 44. **T. B.**
*428	7.33	N 20	A·VITELLIVS GERMAN·IMP·TR·P· Sa tête laurée à dr. R/. LIBERTAS RESTITVTA· La Liberté debout à dr., tenant un bonnet et un sceptre. C. I. 46 Var. **T. B.**
*429	3.41	R 19	Type semblable en denier. C. I. 47. **T. B.**
*430	25.09	G.B.35	A·VITELLIVS GERMANICVS IMP·AVG·P·M·TR·P· Son buste lauré et drapé à dr. R/. S·C· Mars nu, le manteau flottant, marchant à dr., portant une haste transversale et une aigle romaine. C. I. 80. Belle patine brun-foncé. **Rare. T. B.**
*431	3.31	R 19	Sa tête laurée à dr. R/. S·P·Q·R· | OB | C·S· Dans une couronne de chêne. C. I. 86. **F. D. C.**
*432	3.43	R 19	Sa tête laurée à g.; devant, une palme. R/. VICTORIA AVGVSTI· Victoire marchant à g. et tenant un bouclier sur lequel on lit: S·P·Q·R· C. I. 101. **Rare. T. B.**

No.	Poids	Métal et Mill.	
*433	27.77	*G.B.*85	A·ViTELLIVS GERMANICVS IMP·AVG·P·M·TR·P· Son buste lauré et drapé à dr. R̸. VICTORIA AVGVSTI S·C· Victoire debout à dr., le pied posé sur un casque, écrivant OB CIVIS SERV· sur un bouclier attaché à un palmier. C. I. 105. Magnifique patine brun-noir. Très rare et d'une extrême beauté.
*434	7.26	*N* 19	A·VITELLIVS GERM·IMP·AVG·TR·P· Sa tête laurée à dr. R̸. XV·VIR·SACR·FAC· Trépied; dessus, un dauphin; dans l'intérieur, un corbeau. C. I. 110. F. D. C.
435	3.34	Æ 18	Type semblable en denier. C. I. 111. B. T.
436	3.24	Æ 18	Type semblable, mais sa tête nue à dr. C. I. 112. B.
*437	3.12	Æ 19	Sa tête nue à dr. R̸. Sans légende. Victoire assise à g., tenant une patère et une palme. C. I. 121. Rare. T. B.

Vitellius Père. † en 48 ou 49.
(Lucius Vitellius.)

No.	Poids	Métal et Mill.	
*438	2.85	Æ 19	L·VITELLIVS COS·III·CENSOR· Buste lauré et drapé de Vitellius père à dr.; devant, un sceptre surmonté d'un aigle. R̸. A·VITELLIVS GERM·IMP·AVG·TR·P· Tête laurée de Vitellius à dr. C. I. 2 (Frs. 300.—). De toute rareté. A. B.
*439	7.00	*N* 19	L·VITELLIVS COS·III·CENSOR· Même droit. R̸. A·VITELLIVS GERMAN·IMP·TR·P· Tête de Vitellius à dr. C. I. 3. (Frs. 1500.—). De la plus grande rareté. T. B.

Vespasien. 69—79.
(Flavius Vespasianus.)

No.	Poids	Métal et Mill.	
*440	10.25	*M.B.*27	IMP·CAESAR·VESP·AVG·COS·V·CENS· Sa tête laurée à g. R̸. AEQVITAS AVGVST·S·C· L'Équité debout à g., tenant une balance et un sceptre. C. I. 1. Jolie patine verte. Superbe.
*441	10.10	*M.B.*19	Type semblable, mais sa tête laurée à dr. C. I. 13 (Frs. 12.—). Jolie patine vert-foncé. Rare. T. B.
*442	7.41	*N* 20	CAESAR VESPASIANVS AVG· Sa tête laurée à dr. R̸. ANNONA AVG· Femme assise à g., tenant de la main dr. la draperie de sa robe et appuyant le bras g. sur son siège. C. I. 27. Superbe.
*443	14.57	*M.B.*19	Sa tête radiée à dr. R̸. CONCORDIA AVGVSTI S·C· La Concorde assise à g. auprès d'un autel allumé, tenant une patère et une corne d'abondance. C. I. 71. Jolie patine vert-clair. T. B.
*444	7.30	*N* 21	IMP·CAESAR VESPASIANVS AVG· Sa tête laurée à dr. R̸. COS·ITER TR·POT· L'Équité debout à g., tenant une balance et un sceptre. Cohen —. Très rare. T. B.
445	—	Æ 18—19	Sa tête laurée à dr. R̸. Simpule, aspersoir, vase à sacrifice et bâton d'augure; la Fortune debout à g.; deux lauriers. C. I. 42, 100 Var. et 110. T. B. (3)
*446	7.23	*N* 20	IMP·CAESAR VESPASIANVS AVG· Sa tête laurée à dr. R̸. COS·VII. Vache marchant à dr. C. I. 117. F. D. C.
			— Trouvaille de Bosco Reale. —
447	—	Æ 18—20	Sa tête laurée à dr. R̸. Aigle éployé sur un autel; Mars debout à g.; deux mains jointes, tenant deux épis, deux pavots et un caducée. C. I. 121, 125 et 164. T. B. et B. (3)

No.	Poids	Métal et Mill.	
*448	11.54	M.B.28	Sa tête laurée à dr. R⁄. FIDES PVBLICA S·C· La Bonne Foi debout à g., tenant une patère et une corne d'abondance. C. I. 166. Belle patine vert-foncé. T. B.
*449	7.22	N 20	IMP·CAESAR VESPASIANVS AVG· Sa tête laurée à dr. R⁄. FORTVNA AVGVST· La Fortune debout à g., sur un autel de guirlandes, tenant un gouvernail et une corne d'abondance. C. I 172. F. D. C.
450	12.42	M.B.28	Sa tête laurée à dr. R⁄. La Fortune debout à g. C. I. 181. Patine verte. T. B.
*451	21.29	G.B.35	DIVO ǀ AVG· ǀ VESP· ǀ S·P·Q·R· Vespasien tenant un sceptre et une Victoire, assis sur un quadrige d'éléphants à dr., montés par quatre cornacs. R⁄. IMP·T·CAES·DIVI VESP·F·AVG·P·M·TR·P·P·P·COS·VIII· Dans le champ, S·C· C. I. 205. Jolie patine brun-noir. T. B.
*452	27.17	G.B.34	Un deuxième exemplaire avec DIVO AVG·VESPAS·S·P·Q·R· C. I. 206. Jolie patine noire. T. B.
453	·—	Æ 18—19	Sa tête laurée à dr. R⁄. Truie avec trois petits; modius avec sept épis; la Judée assise à dr., pleurant au pied d'un trophée. C. I. 213, 216 et 226. F. D. C. — B. (3)
*454	25.25	G.B.31	Sa tête laurée à dr. R⁄. IVDAEA CAPTA S·C· Palmier; à g. un Juif debout, les mains liées derrière le dos; derrière lui, un bouclier; à dr. une Juive assise sur une cuirasse, pleurant. C. I. 233. Jolie patine brun-olive. T. B.
*455	24.85	G.B.31	Sa tête laurée à dr. R⁄. IVDAEA CAPTA S·C· Palmier; à g. Vespasien debout en habit militaire, tenant une haste et un parazonium, le pied posé sur un casque; à dr. la Judée en pleurs, assise sur une cuirasse. C. I. 239. Belle patine verte. T. B.
*456	7.21	N 20	IMP·CAES·VESP·AVG·P·M· Sa tête laurée à dr. R⁄. NEP·RED· Neptune debout à g., le pied posé sur un globe, tenant l'acrostolium et un sceptre. C. I. 272. — Trouvaille de Bosco Reale. — F. D. C.
*457	7.28	N 10	IMP·CAES·VESPASIAN·AVG·P·M·TR·P·P·P·COS·III· Sa tête laurée à dr. R⁄. PACI AVGVSTI· Némésis marchant à dr. et tenant un caducée; à ses pieds, un serpent. C. I. 283. Superbe. — Trouvaille de Bosco Reale. —
*458	7.35	N 21	Un deuxième exemplaire. F. D. C. — Trouvaille de Bosco Reale. —
*459	3.45	Æ 17	Sa tête laurée à dr. R⁄. PACI ORB·TERR·AVG· Buste tourelé de la Paix à dr. C. I. 289. Très rare. T. B.
*460	7.29	N 20	IMP·CAESAR VESPASIANVS AVG· Sa tête laurée à dr. R⁄. PAX AVGVST· La Paix assise à g., tenant une branche d'olivier et un sceptre. C. I. 319. F. D. C.
461	26.80	G.B.33	Sa tête laurée à dr. R⁄. La Paix debout à g., tenant une branche d'olivier et une corne d'abondance. C. I. 326. Patine brune. B.
462	24.21	G.B.33	Une monnaie semblable. C. I. 326. Patine brune. B.
463	25.45	G.B.35	Sa tête laurée à dr. R⁄. PAX P·ROMANI S·C· La Paix debout à g., tenant une branche d'olivier et une corne d'abondance. C. I. 338 Var. (Frs. 15.—). Patine brune. B.
464	—	P. B. 15—16	Gouvernail sur un globe. R⁄. Caducée. – Palmier. R⁄. Aspersoir, patère et bâton d'augure. C. I. 348 et 355. Patine verte. B. et superbe. (2)
465	—·	Æ 18	Sa tête laurée à dr. R⁄. Caducée ailé; femme assise à g., tenant un rameau; Némésis marchant à dr.; Vespasien assis à dr. C. I. 362, 366 385 et 386. F. D. C. (3) et T. B. (1)

No.	Poids	Métal et Mill.	
*466	14.19	M.B.29	Sa tête radiée à dr. ℞. ROMA S · C · Rome assise à g. sur une cuirasse et des boucliers, tenant une Victoire et un parazonium. C. I. 409. Superbe patine verte. T. B.
*467	24.13	G.B.35	IMP · CAES · VESPASIAN · AVG · P · M · TR · P · P · P · COS · III · Sa tête laurée à dr. ℞. ROMA S · C · Rome debout à g., en habit militaire, tenant une Victoire sur un globe et une haste. C. I. 419. Superbe patine vert-foncé. Beau portrait. De toute beauté.
*468	27.59	G.B.36	Un deuxième exemplaire. Magnifique patine vert-olive foncé. De toute beauté.
*469	26.27	G.B.33	Un troisième exemplaire. Patine vert-olive. B.
*470	9.53	M.B.27	Sa tête laurée à dr. ℞. S · — C · Temple à six colonnes; au milieu, Jupiter debout entre Junon et Minerve. C. I. 486 (Frs. 20.—). Patine verte. Rare. B.
471	2.17	P.B.16	Caducée ailé entre deux cornes d'abondance. ℞. S · C · Dans une couronne de laurier. C. I. 503. Patine verte. T. B.
*472	23.06	G.B.35	Sa tête laurée à dr. ℞. S · P · Q · R · OB CIVES SERVATOS · Dans une couronne de chêne. C. I. 529. Belle patine vert-clair. T. B.
473	3.30	ℛ 17	Sa tête laurée à g. ℞. Statue à tête radiée, debout sur une colonne rostrale. C. I. 560 (Frs. 6.—). F. D. C.
474	—	ℛ 19	Sa tête laurée à dr. ℞. Vesta debout à g.; capricorne à g. sur un globe. C. I. 554 et 574. F. D. C. et T. B. (2)
*475	1.51	ℛ 15	Sa tête laurée à dr. ℞. VICTORIA AVGVST · Victoire assise à g., tenant une couronne et une palme. C. I. 594 (Frs. 20.—). ℛ · Quinaire. Rare. T.B.
*476	1.59	ℛ 16	Un deuxième exemplaire. T. B.
477	10.92	M.B.29	Sa tête laurée à dr. ℞. VICTORIA AVGVSTI S · C · Victoire marchant à g., tenant une palme et une couronne. C. I. 610. Jolie patine noire. T. B.
*478	26.90	G.B.33	Sa tête laurée à dr. ℞. VICTORIA AVGVSTI S · C · Victoire debout à dr., le pied posé sur un casque, écrivant OB CIV · SER · sur un bouclier attaché à un palmier. C. I. 621. Jolie patine vert-clair. T. B.
479	—	ℛ 18—21	Sa tête laurée ou radiée à dr. ℞. La Santé assise à g.; S · C · sur un bouclier soutenu par deux capricornes; aigle debout; autel allumé. C. I. 431, 432, 497, 651 et 652 (Frs. 4.—). F. D. C. — B. (5)

Vespasien, Tite et Domitien.

| *480 | 2.94 | ℛ 17 | IMP · CAESAR VESPAS · AVG · COS · III · TR · P · P · P · Sa tête laurée à dr. ℞. AVG · VESPAS · LIBERI IMP · Têtes nues en regard de Titus et de Domitien; dans le champ, EPE · C. I. 2 Var. Très rare. T. B. |

Domitille jeune. *Fille de Vespasien. † avant 69.*

| *481 | 24.80 | G.B.35 | MEMORIAE DOMITILLAE S · P · Q · R · Char attelé de deux mules à dr., et orné de cinq figures. ℞. IMP · T · CAES · DIVI VESP · F · AVG · P · M · TR · P · P · P · COS · VIII · Dans le champ S · C · C. I. 1. Jolie patine brun-foncé. B. |

Titus. *79—81.*
(Titus Flavius Vespasianus.)

| *482 | 12.72 | M.B.28 | IMP · T · CAES · VESP · AVG · P · M · TR · P · COS · VIII · Sa tête laurée à dr. ℞. AEQVITAS AVGVST · S · C · L'Équité debout à g., tenant une balance et un sceptre. C. I. 4. Belle patine brun-foncé. Superbe. |

No.	Poids	Métal et Mill.	
* 483	10.41	M.B. 30	Type semblable avec sa tête laurée à g. C. I. 5. Superbe patine vert-foncé. *Superbe.*
* 484	11.82	M.B. 26	Sa tête laurée à g. R̸. AETERNIT · AVGVST · S · C · L'Éternité debout à dr., le pied sur un globe, tenant un sceptre et une corne d'abondance. C. I. 12. Patine verte. B.
485	3.58	AR 19	Sa tête laurée à dr. R̸. L'Abondance assise à g. C. I. 17. F. D. C.
* 486	7.35	N 21	T · CAESAR IMP · VESPASIAN · Sa tête laurée à dr. R̸. COS · IIII · Taureau cornupète à dr. C. I. 48. F. D. C.
			— Trouvaille de Bosco Reale. —
* 487	7.41	N 20	Le même droit. R̸. COS · V · Vache marchant à dr. C. I. 51. F. D. C.
* 488	7.26	N 20	T · CAESAR IMP · VESPASIANVS · Sa tête laurée à dr. R̸. COS · VI · Rome assise à dr. sur des boucliers, tenant une haste; à dr. et à g., un oiseau volant; à ses pieds, Romulus et Rémus allaités par la louve. C. I. 64. T. B.
* 489	12.60	M.B. 25	Sa tête radiée à dr. R̸. FELICITAS PVBLICA S · C · La Félicité debout à g., tenant un caducée et une corne d'abondance. C. I. 77. Jolie patine verte. B.
* 490	9.70	M.B. 26	Sa tête laurée à g. R̸. GENIO P · R · S · C · Génie debout à g., tenant une patère et une corne d'abondance; à ses pieds, un autel allumé. C. I. 97. Patine verte. B.
* 491	3.59	AR 19	Sa tête laurée à dr. R̸. IOVIS CVSTOS · Jupiter debout de face, nu, tenant un sceptre et une patère; à ses pieds, un autel allumé. C. I. 106. Superbe.
* 492	24.82	G.B. 32	T · CAES · VESPASIAN · IMP · PON · TR · POT · COS · II · Sa tête laurée à dr.; derrière la tête, l'aigle d'Este, incrusté en argent. R̸. IVDAEA CAPTA S · C · La Judée en pleurs, assise sur une cuirasse, au pied d'un palmier; derrière, Titus debout, en habit militaire, le pied sur un casque, tenant une haste et un parazonium. C. I. 113. Patine du Tibre. Rare. T. B.
			— Collection d'Este. —
* 493	22.31	G.B. 35	Sa tête laurée à g. R̸. PAX AVGVST · S · C · La Paix debout à g., tenant une branche d'olivier et une corne d'abondance. C. I. 140. Belle patine noire. T. B.
* 494	27.02	G.B. 33	Sa tête laurée à dr. R̸. PAX AVGVSTI S · C · Même type. C. I. 150. Patine brun-clair. T. B.
* 495	23.77	G.B. 33	Type semblable. C. I. 150 Var. Jolie patine vert-olive. T. B.
* 496	7.35	N 21	T · CAESAR IMP · VESP · Sa tête laurée à dr. R̸. PONTIF · TR · POT · La Fortune debout à g., sur un cippe entouré de guirlandes, tenant une corne d'abondance et un gouvernail. C. I. 165 Var. F. D. C.
* 497	7.34	N 20	Une deuxième monnaie avec T · CAESAR IMP · VESPASIAN · C. I. 166. F. D. C.
			— Trouvaille de Bosco Reale. —
* 498	7.16	N 20	Un deuxième exemplaire. F. D. C.
499	12.62	M.B. 28	Sa tête radiée à dr. R̸. Rome assise à g. sur une cuirasse, tenant une Victoire et une haste. C. I. 191 Patine brun foncé. B.
* 500	9.69	M.B. 27	Sa tête laurée à g. R̸. S · C · L'Espérance marchant à g., tenant une fleur et relevant sa robe. C. I. 220. Superbe patine verte. *Superbe.*
* 501	25.23	G.B. 36	Sa tête laurée à dr. R̸. Même revers. C. I. 221. Jolie patine noire. B.
* 502	26.43	G.B. 34	La même monnaie, mais sa tête laurée à g. C. I. 222. Jolie patine noire. T. B.
* 503	7.20	N 18	IMP · TITVS CAES · VESPASIAN · AVG · P · M · Sa tête laurée à dr. R̸. TR · P · VIIII · IMP · XIIII · COS · VII · Juif à genoux à dr., soutenant un trophée. C. I. 273 Var. Rare. B.

No.	Poids	Métal et Mill.	
•504	7.13	M.B.22	Sa tête laurée à dr. R⁄. S · C · dans une couronne de laurier. C. I. 250. Patine brun-clair. B.
505	—	Æ 18	Sa tête laurée à dr. R⁄. Vénus debout à dr., appuyée sur une colonne; capricorne à g. C. I. 268 (Frs. 6.—) et 280. F. D. C. et T. B. (2)
506	3.46	Æ 19	Sa tête laurée à g. R⁄. Capricorne à g. sur un globe. C. I. 282. F. D. C.
507	—	Æ 18	Sa tête laurée à dr. R⁄. Cérès assise à g.; éléphant sanglé à g.; trophée au pied duquel sont une femme assise à g. et un homme assis à dr. C. I. 287, 303 et 306. F. D. C. (2) et T. B. (1)
508	—	Æ 18	Sa tête laurée à g. R⁄. Ancre autour de laquelle est enlacé un dauphin; trône. C. 309, 311 et 313. F. D. C. (3)
509	—	Æ 18	Sa tête laurée à g. R⁄. Foudre sur un trône; chaise curule sur laquelle est une couronne. C. I. 316 et 319. F. D. C. et T. B. (2)
510	—	Æ 18	Sa tête laurée à dr. R⁄. Chaise curule sur laquelle est une couronne; trépied surmonté d'un dauphin. C. I. 318 et 321. F. D. C. (2)
•511	13.11	M.B.28	T · CAESAR IMP · PONT · Sa tête laurée à dr. R⁄. TR · POT · COS · III · CENSOR · Caducée ailé entre deux cornes d'abondance. C. I. 326 Var. Jolie patine vert olive. T. B.
512	—	Æ 18—20	Sa tête laurée à dr. R⁄. Vénus debout à dr., appuyée sur une colonne; juif à genoux à dr., soutenant un trophée; quadrige à g. sur lequel est une fleur. C. I. 332 (6.—), 334 (6.—) et 336 (8.—). F. D. C. (3)
•513	1.80	Æ 15	Sa tête laurée à dr. R⁄. VICTORIA AVGVST · Victoire assise à g., tenant une couronne et une palme. C. I. 370. Æ·Quinaire. B.
•514	1.50	Æ 15	Sa tête laurée à dr. R⁄. VICTORIA AVGVSTI · Victoire marchant à dr. et tenant une couronne et une palme. C. I. 373. Quinaire. T. B.
•515	11.51	M.B.28	Sa tête laurée à dr. R⁄. VICTORIA NAVALIS S · C · Victoire à dr., debout sur une proue terminée par un serpent, tenant une couronne et une palme. C. I. 386. Superbe patine verte. Superbe.
•516	3.11	Æ 18	Son buste lauré et drapé à dr. R⁄. Titus dans un quadrige à dr., tenant un rameau et un sceptre. C. I. 395. Rare. T. B.
•517	19.57	G.B.36	DIVO AVG · T · DIVI VESP · F · VESPASIAN · S · C · Titus assis à g. sur une chaise curule, tenant un volume roulé; derrière, deux boucliers et deux hastes; dessous, une cuirasse, un bouclier et un globe; devant, un bouclier surmonté d'un casque et deux hastes. R⁄. Sans légende. Amphithéâtre (le Colysée); à g. une pyramide (la *Meta sudans*); à dr. une portion de la Maison d'or. C. I. 399. Magnifique patine brune. D'une suprême rareté et de toute beauté.
518	3.85	Æ 22	Sa tête radiée à dr. R⁄. CONSECRATIO · Autel. C. I. 405. *Antoninien.* T. B.

Julie. *Fille de Titus. † avant 90.*
(Julia.)

No.	Poids	Métal et Mill.	
•519	13.41	M.B.29	IVLIA IMP · T · AVG · F · AVGVSTA · Son buste à dr. R⁄. CERES AVGVST · S · C · Cérès debout, à g., tenant deux épis et un flambeau. C. I. 2. Jolie patine vert-foncé. T. B.
•520	25.21	G.B.36	DIVAE IVLIAE AVG · DIVI TITI F · S · P · Q · R · Carpentum attelé de deux mules, à dr., et orné de trois statuettes et d'un bas-relief au milieu. C. I 9. Jolie patine vert-olive. Superbe.
•521	18.99	G.B.38	Un deuxième exemplaire. Patine verte. B.

4*

No.	Poids	Metal et Mill.	
*522	3.02	R 19	IVLIA AVGVSTA T · AVG · F · Son buste diadémé à dr. Ɽ. VENVS AVG · Vénus debout, à moitié nue, vue par derrière, appuyée sur une colonne et tenant un casque et un sceptre. C. I. 12. **Rare. T. B.**
*523	3.50	R 19	IVLIA AVGVSTA TITI AVGVSTI F · Son buste diadémé à dr. Ɽ. VENVS AVGVST · Même revers. C. I. 14. **Rare. T. B.**
*524	15.96	M.B.27	Son buste à dr. Ɽ. VESTA S · C · Vesta voilée assise à g., tenant le palladium et un sceptre. C. I. 18. Patine brune. **B.**

Domitien. *81—96.*
(Domitianus.)

No.	Poids	Metal et Mill.	
*525	14.39	M.B.28	Sa tête radiée à dr. Ɽ. ANNONA AVG · S · C · L'Abondance assise à dr. et tenant des épis; devant elle, un enfant debout; dans le lointain, un vaisseau. C. I. 11. Jolie patine verte. **B.**
*526	7.28	N 20	CAESAR AVG · F · DOMITIANVS · Sa tête laurée, barbue, à dr. Ɽ. COS · IIII · Corne d'abondance remplie de fruits. C. I. 46. **F. D. C.**
			— Trouvaille de Bosco Reale. —
*527	7.39	N 20	Le même droit. Ɽ. COS · V · Sarmate à genoux à dr., présentant une enseigne militaire. C. I. 48. **F. D. C.**
528	—	R 18—19	Sa tête laurée à dr. Ɽ. Cérès debout à g.; Pégase marchant à dr.; cavalier casqué à dr.; la louve à g., allaitant Romulus et Rémus. C. I. 30, 47, 49 (Frs. 6.—) et 51. **F. D. C. (4)**
*529	3.50	R 19	Sa tête laurée à dr. Ɽ. COS · — XIIII · Cippe sur lequel on lit: LVD · | SAEC · | FEC · Le tout dans une couronne de laurier. C. I. 70 (Frs. 20.—). **Rare. T. B.**
*530	3.32	R 20	Sa tête laurée à dr. Ɽ. COS · | XIIII · | LVD · | SAEC · | FEC · sur un cippe; à dr., un prêtre salien debout à g., tenant un bouclier sur lequel on voit la tête de Mars; au milieu, un candélabre. C. I. 73 (Frs. 25.—). **Rare. T. B.**
*531	1.63	R 15	Sa tête laurée à dr. Ɽ. COS · XIIII · LVD · SAEC · FEC · Prêtre salien marchant à g. et tenant un bouclier et un flambeau. C. I. 78 (Frs. 25.—). R · Quinaire. **B.**
*532	25.30	G.B.35	IMP · CAES · DOMIT · AVG · GERM · P · M · TR · P · VIII · CENS · PER · P · P · Son buste lauré à dr. avec l'égide. Ɽ. COS · XIIII · LVD · SAEC · FECIT · S · C · Domitien debout à dr., tenant une patère, et sacrifiant près d'un autel, auquel un victimaire amène un cochon; derrière, on voit un joueur de flûte et un joueur de lyre; devant l'autel, le Tibre assis à terre, tenant une corne d'abondance. C. I. 84. **Magnifique patine vert-rougeâtre. Rare et de toute beauté.**
*533	10.18	M.B.28	Sa tête laurée à dr. Ɽ. COS · XIIII · LVD · SAEC · FEC · S · C · Domitien debout à g., sacrifiant auprès d'un autel allumé; à g., un joueur de flûte suivi d'un joueur de lyre; dans le fond, un temple à six colonnes. C. I. 85. **Superbe patine brune. Superbe.**
*534	12.12	M.B.29	Un deuxième exemplaire. Jolie patine vert-foncé. **B.**
*535	11.24	M.B.27	Un troisième exemplaire. Jolie patine verte. **B.**
*536	12.30	M.B.29	Son buste lauré à dr. avec l'égide. Ɽ. FORTVNAE AVGVSTI S · C · La Fortune debout à g., tenant un gouvernail et une corne d'abondance. C. I. 122. Belle patine verte. **Superbe.**
*537	13.01	M.B.29	Type semblable. C. I. 126. Jolie patine vert-olive. **T. B.**
*538	7.65	N 21	DOMITIANVS AVGVSTVS · Sa tête laurée à dr. Ɽ. GERMANICVS COS · XV · Pallas debout à g., tenant un foudre et une haste; à terre, un bouclier. C. I. 151. **F. D. C.**

No.	Poids	Métal et Mill.	
*539	7.68	*N* 21	IMP·CAES·DOMIT·AVG·GERM·P·M·TR·P·IIII· Son buste lauré à dr. avec l'égide. R̨. IMP·VIIII·COS·XI·CENS·POTES·P·P· Esclave germaine en pleurs, assise à dr. sur un bouclier; dessous, une haste brisée. C. I. 181. T. B.
*540	7.51	*N* 21	IMP·CAES·DOMIT·AVG·GERM·P·M·TR·P·V· Sa tête laurée à dr. R̨. IMP·VIIII·COS·XI·CENS·POT·P·P· Esclave germaine en pleurs, assise à dr. C. I. 188. Superbe.
*541	1.61	*R* 15	Sa tête laurée à dr. R̨. IMP·XI·COS·XII·CENS·P·P·P· Victoire marchant à dr., tenant une couronne et une palme. C. I. 197. *R*·Quinaire. Rare. T. B.
*542	7.50	*N* 20	IMP·CAES·DOMIT·AVG·GERM·P·M·TR·P·V· Sa tête laurée à dr. R̨. IMP·XI·COS·XII·CENS·P·P·P· Esclave germaine en pleurs, assise à dr. sur un bouclier; dessous, une haste brisée. C. I. 199. Superbe.
*543	1.60	*R* 15	Sa tête laurée à dr. R̨. IMP·XIIII·COS·XIII·CENS·P·P·P· Victoire assise à g., tenant une couronne et une palme. C. I. 220. *R*·Quinaire. Rare. T. B.
544	3.60	*R* 19	Sa tête laurée à dr. R̨. Pallas debout à g., tenant le foudre et une haste. C. I. 234. Superbe.
*545	1.67	*R* 18	Sa tête laurée à dr. R̨. Victoire marchant à dr., et tenant une couronne et une palme. C. I. 239. Quinaire. Rare. T. B.
546	—	*R* 19	Sa tête laurée à dr. R̨. Pallas debout à g.; Pallas combattant à dr. C. I. 271, 273, 274 et 283. T. B. (4)
*547	25.27	G.B. 35	Sa tête laurée à dr. R̨. IOVI VICTORI S·C· Jupiter assis à g., tenant une Victoire et un sceptre. C. I. 313. Jolie patine vert-olive. T. B.
*548	27.81	G.B. 35	Type semblable. C. I. 314. Patine brun-clair. B.
*549	27.53	G.B. 35	Type semblable. C. I. 315. Jolie patine verte. B.
550	11.35	M.B. 29	Son buste lauré à dr. R̨. MONETA AVGVSTI S·C· La Monnaie debout à g., tenant une balance et une corne d'abondance. C. I. 327. Patine verte. B.
*551	7.26	*N* 19	CAESAR AVG·F·DOMITIANVS COS·VI· Sa tête laurée, barbue, à dr. R̨. PRINCEPS IVVENTVTIS· Vesta assise à g, tenant le palladium et une haste. C. I. 377. F. D. C.
552	—	*R* 19	Sa tête laurée à dr. R̨. Vesta assise à g.; Pallas debout à dr.; la Santé debout à dr. C. I. 378, 381 et 384. F. D. C. et T. B. (3)
*553	3.49	*R* 18	Sa tête laurée à dr. R̨. PRINCEPS IVVENTVTIS· Chèvre debout à g., dans une couronne de laurier. C. I. 390. Rare. T. B.
554	—	*R* 19	Sa tête laurée à dr. R̨. Deux mains jointes; trône surmonté d'un casque; la Santé assise à g. C. I. 393, 399 (Frs. 6.—), 412. F. D. C. (3)
*555	10.47	M.B. 27	Son buste lauré à dr. avec l'égide. R̨. SALVTI AVGVSTI S·C· Grand autel. C. I. 417. Jolie patine verte. T. B.
556	10.87	M.B. 27	Son buste lauré à dr. avec l'égide. R̨. S···C· Mars en habit militaire, marchant à g., tenant une Victoire et un trophée. C. I. 430. Patine noire. B.
*557	8.91	M.B. 27	Son buste lauré à dr. avec l'égide. R̨. S·–C· Victoire marchant à g. et tenant un bouclier sur lequel on lit: S·P·Q·R· C. I. 468. Jolie patine verte. T.B.
*558	36.48	G.B. 38	IMP·CAES·DOMIT·AVG·GERM·COS·XI·CENS·POT·P·P· Son buste lauré à dr. avec l'égide. R̨. S·C· Domitien au galop à dr., tenant un bouclier germain et frappant de sa haste un Germain terrassé. C. I. 484. Jolie patine vert-olive. Sur flan de médaillon. Très rare. B.

No.	Poids	Métal et Mill.	
*559	26.33	G.B.33	Son buste lauré à dr. avec l'égide. Ŗ. S·—C· Domitien debout à g., voilé, tenant une patère et sacrifiant devant un autel placé à l'entrée d'un temple, dans lequel est la statue de Pallas debout. C. I. 491. Jolie patine brun-vert. B.
*560	26.19	G.B.33	Son buste lauré à dr. avec l'égide. Ŗ. S·C· Domitien debout à dr., donnant la main à un homme debout, accompagné de deux soldats; entre eux, un autel allumé. C. I. 497. Jolie patine brune. B.
*561	21.55	G.B.37	IMP·CAES·DOMIT·AVG·GERM·COS·XIII·CENS·PER·P·P· Son buste lauré à dr. avec l'égide. Ŗ. S·—C· Domitien debout à g., en habit militaire, tenant un parazonium et une haste; à ses pieds, le Rhin couché, tenant une branche. C. I. 506. Superbe patine verte. T. B.
*562	26.88	G.B.36	Le même droit avec COS·XIIII· Ŗ. S·C· Domitien debout à g., en habit militaire, tenant une haste et un foudre, couronné par la Victoire debout qui tient une palme. C. I. 512. Jolie patine vert-foncé. Superbe.
*563	25.08	G.B.34	La même monnaie avec COS·XV· C. I. 513. Joli patine verte. T. B.
*564	4.68	P.B.22	Buste de Pallas à dr. avec un casque à crinière. Ŗ. S·—C· Chouette à g., regardant de face. C. I. 523. Patine vert-foncé. T. B.
*565	3.11	P.B.19	Buste lauré de femme à dr.; devant, une branche de laurier. Ŗ. S·C· Corbeau à dr. sur une branche de laurier. C. I. 527. Pat. verte. Superbe.
566	3.46	P.B.19	Un deuxième exemplaire. Patine brune. T. B.
*567	2.68	P.B.18	Sa tête laurée à dr. Ŗ. S·—C· Corne d'abondance remplie de fruits, d'épis et de pavots. C. I. 543. Patine noire. Superbe.
568	4.53	P.B.21	Un deuxième exemplaire. Patine vert-clair. B.
569	—	P.B.18	Buste casqué de Pallas à dr. Ŗ. S·—C· Branche d'olivier. C. I. 544. Patine verte et noire. T. B. (2)
570	2.93	P.B.19	IMP·DOMIT·AVG·GERM· Trophée. Ŗ. S·C· Branche d'olivier. C. I. 545 Pat vert-foncé. T. B.
571	2.96	P.B.19	Son buste lauré à dr. sous l'emblème d'Apollon. Ŗ. S·—C· Trépied autour duquel est enlacé un serpent. C. I. 546. Pat. verte. B.
*572	7.35	N 19	IMP·CAES·DOMITIANVS AVG·P·M· Sa tête laurée à dr. Ŗ. TR·POT· COS·VIII·P·P· Pallas debout à dr., lançant un javelot et tenant un bouclier. Cohen —, cf. C. I. 592 (en denier). Superbe.
573	—	Ŗ 18	Sa tête laurée à dr. Ŗ. Pallas marchant à dr; autel paré et allumé; la Fortune debout à g. C. I. 560. 598 et 610. Superbe. (3)
*574	1.75	Ŗ 14	Sa tête laurée à dr. Ŗ. VICTORIA AVGVST· Victoire assise à g., tenant une couronne et une palme. C. I. 625. Quinaire. Rare. T. B.
*575	10.98	M.B.28	Son buste lauré à dr. Ŗ. VICTORIAE AVGVSTI S·C· Victoire debout à g., tenant une palme et se disposant à écrire sur un bouclier germain attaché à un trophée. C. I. 641. Jolie patine verte. T. B.
*576	13.14	M.B.30	Sa tête laurée à dr. Ŗ. VIRTVTI AVGVSTI S·C· La Valeur debout à dr., le pied sur un casque, tenant une haste et un parazonium. C. I. 651. Jolie patine verte. T. B.
*577	12.15	M.B.28	Sa tête radiée à dr. Ŗ. Le même revers. C. I. 659. Patine verte. B.
*578	13.35	M.B.26	IMP·CAES·DOMITIAN·AVG·GERM·COS·X· Sa tête laurée à dr. Ŗ. Le droit incus. Jolie patine verte. Superbe.
*579	2.62	P.B.16	IMP·DOMIT·AVG·GERM· Dans le champ, S·C· Ŗ. Rhinocéros à dr. C. I. 673. Jolie pat. noire. T. B.

No.	Poids	Métal et Mil.	
580	2.35	*P.B.* 17	Même type, mais le Rhinocéros à g. C. I. 674. Pat. vert-foncé. **T. B.**
581	2.04	*P.B.* 16	Un deuxième exemplaire. Patine verte. **T. B.**
*582	2.46	*P.B.* 19	IMP·DOMIT·AVG·GERM· Tête de Pallas à dr. ℞. S·C· dans une couronne de laurier. C. — Jolie patine verte. **Superbe.**
583	2.50	*P.B.* 11	IMP·DOM·AVG· Tête de Pallas à dr. ℞. S·C· dans une couronne de laurier. C. — Pat. verte. **T. B.**
584	2.74	*P.B.* 16	Un deuxième exemplaire. Patine verte. **B.**
585	2.28	*P.B.* 14	. . . AVG· Tête de Pallas à g. ℞. S·C· dans une couronne de laurier. C. — Jolie pat. verte. **T. B.**

Domitia. *Femme de Domitien.* † *en 140.*
(Domitia Longina.)

No.	Poids	Métal et Mil.	
*586	3.38	*Æ* 19	DOMITIA AVGVSTA IMP·DOMIT· Son buste à dr. avec la queue. ℞. PIETAS AVGVST· Domitia voilée assise à g. et tenant un sceptre; devant elle, un enfant debout. C. I. 12 (Frs. 150.—). Très rare. **T. B.**
*587	2.19	*P.B.* 16	IMP·DOMIT·AVG·GERM·COS·XI· Son buste à dr., couronné d'épis. ℞. S·—C· Corbeille remplie d'épis. C. I. 13 (Frs. 20.—). Jolie patine verte. **T. B.**

Nerva. *96 — 98.*
(Marcus Cocceius Nerva.)

No.	Poids	Métal et Mil.	
588	3.08	*Æ* 17	Sa tête laurée à dr. ℞. AEQVITAS AVGVST· L'Équité debout à g. C. II. 6. **F. D. C.**
*589	7.61	*N* 19	IMP·NERVA CAES·AVG·P·M·TR·P·COS·III·P·P· Sa tête laurée à dr. ℞. CONCORDIA EXERCITVVM· Deux mains jointes. C. II. 19. **Superbe.**
590	3.34	*Æ* 17	Type semblable. C. II. 22. **F. D. C.**
*591	7.49	*N* 19	IMP·NERVA·CAES·AVG·P·M·TR·P·COS·III·P·P· Sa tête laurée à dr. ℞. CONCORDIA EXERCITVVM· Deux mains jointes, tenant une aigle légionnaire posée sur une proue. C. II. 28. **Superbe.**
592	3.08	*Æ* 17	Type semblable en denier. C. II. 29. **T. B.**
*593	13.30	*M.B.* 27	Sa tête radiée à dr. ℞. CONCORDIA EXERCITVVM S·C· Même revers. C. II 32. Jolie patine verte. **T. B.**
*594	13.67	*M.B.* 27	Un deuxième exemplaire. Patine brune. **B.**
*595	7.34	*N* 19	IMP·NERVA CAES·AVG·P·M·TR·POT· Sa tête laurée à dr. ℞. COS·III·PATER PATRIAE· Simpule, aspersoir, vase à sacrifice et bâton d'augure. C II. 47. **Superbe.**
596	3.15	*Æ* 18	Type semblable en denier. C. II. 49. **T. B.**
597	3.47	*Æ* 18	Type semblable. C. II. 51. **T. B.**
*598	11.06	*M.B.* 27	Sa tête radiée à dr. ℞. FORTVNA AVGVST· La Fortune debout à g., tenant un gouvernail et une corne d'abondance. C. II 62. Jolie patine verte. **T. B.**
599	3.14	*Æ* 18	Sa tête laurée à dr. ℞. La Fortune debout à g. C. II. 66. **F. D. C.**
*600	24.60	*G.B.* 33	Sa tête laurée à dr. ℞. FORTVNA AVGVST·S·C· La Fortune debout à g., tenant un gouvernail et une corne d'abondance. C. II. 67. Patine brune. **B.**
*601	13.01	*M.B.* 28	Type semblable avec la tête radiée à dr. C. II. 69. Jolie patine verte. **T. B.**
*602	1.68	*Æ* 15	IMP·NERVA CAES·AVG·GERM·P·M·TR·P·II· Sa tête laurée à dr. ℞. IMP·II·COS·IIII·P·P· Victoire marchant à dr., tenant une couronne et une palme. C. II. 93. *Æ*·Quinaire. **Très rare. T. B.**

No.	Poids	Metal et Mill.	
603	26.95	G.B.35	Sa tête laurée à dr. R⁄. LIBERTAS PVBLICA S · C · La Liberté debout à g., tenant un bonnet et un sceptre. C. II. 110. Patine vert-foncé. B.
*604	7.65	N 20	IMP · NERVA CAES · AVG · P · M · TR · P · COS · III · P · P · Sa tête laurée à dr. R⁄. Type pareil au précédent. C. II. 112. De toute beauté.
605	24.73	G.B.34	Type semblable avec S · C · C. II. 114. Patine verte. A. B.
*606	11.75	M.B.25	Type semblable avec sa tête radiée à dr. C. II. 116. Jolie patine verte. B.
*607	23.07	G.B.34	IMP · NERVA CAES · AVG · P · M · TR · P · II · COS · III · P · P · Sa tête laurée à dr. R⁄. LIBERTAS PVBLICA S · C · La Liberté debout à g., tenant un bonnet et un sceptre. C. II. 118. Jolie patine vert-olive. T. B.
*608	3.10	ÆR 19	Sa tête laurée à dr. R⁄. P · M · TR · P · COS · III · P · P · L'Abondance assise à g. sur un siège dont les pieds se terminent en cornes d'abondance, tenant un sceptre. C. II. 128. T. B. — Médaille hybride. Le revers appartient à Trajan. —
609	3.32	ÆR 19	Sa tête laurée à dr. R⁄. SALVS PVBLICA · La Santé assise à g. C. II. 132. T. B.
*610	21.72	G.B.33	Sa tête laurée à dr. R⁄. VEHICVLATIONE ITALIAE REMISSA S · C · Deux mules en sens contraire paissant; derrière elles, on voit les deux timons d'un char avec les traits et les harnais. C. II. 143. Jolie patine noire. B.
611	3.59	ÆR 21	Sa tête radiée à dr. R⁄. CONSECRATIO · Autel. C. II. 153. *Antoninien.* B.

Trajan. *98—117.*
(Marcus Ulpius Traianus.)

No.	Poids	Metal et Mill.	
*612	7.26	N 20	IMP · TRAIANO AVG · GER · DAC · P · M · TR · P · Son buste lauré et drapé à dr. R⁄. COS · V · P · P · S · P · Q · R · OPTIMO PRINC · Jupiter assis à g., tenant une Victoire et un sceptre. C. II. 62. F. D. C.
613	—	ÆR 18	Sa tête laurée à dr. R⁄. Mars marchant à g.; Rome assise à g.; Victoire debout à g. C. II. 63, 69, 74 et 76 (Frs. 10.—). F. D. C. et T. B. (4)
614	1.19	ÆR 15	Son buste lauré à dr. R⁄. Victoire marchant à dr., tenant une couronne et une palme. C. II. 79. ÆR-Quinaire. A. B.
*615	8.37	M.B.25	Son buste radié à dr. R⁄. DAC · PARTHICO P · M · TR · POT · XX · COS · VI · P · P · Autour d'une couronne de chêne, dans laquelle on lit: S · C · C. II. 122. Jolie patine noire. Superbe.
*616	6.77	M.B.22	La même monnaie, avec son buste radié et drapé à dr. C. II. 123. Patine brun-clair. B.
617	—	ÆR 18—19	Sa tête laurée à dr. R⁄. Victoire debout à dr., écrivant sur un bouclier; l'Équité assise à g.; trophée; le Danube couché à g. C. II. 80, 86, 98 et 136 (Frs. 5.—). F. D. C. et T. B. (4)
*618	7.30	N 19	IMP · CAES · NER · TRAIANO OPTIMO AVG · GER · DAC · Son buste lauré et drapé à dr. R⁄. FORT · RED · (à l'exergue) P · M · TR · P · COS · VI · P · P · S · P · Q · R · La Fortune assise à g., tenant un gouvernail et une corne d'abondance. C. II. 153. Superbe.
*619	7.32	N 20	IMP · TRAIANO AVG · GER · DAC · P · M · TR · P · COS · VI · P · P · Son buste lauré et drapé à dr. R⁄. FORT · RED · (à l'exergue) S · P · Q · R · OPTIMO PRINCIPI (à l'entour). Même type. C. II. 155. T. B.
*620	26.61	G.B.33	IMP · CAES · NER · TRAIANO OPTIMO AVG · GER · DAC · P · M · TR · P · COS · VI · P · P · Son buste lauré et drapé à dr. R⁄. FORT · RED · S · C · (à l'exergue) SENATVS POPVLVSQVE ROMANVS (à l'entour). La Fortune assise à g., tenant un gouvernail et une corne d'abondance. C. II. 158. Belle patine vert-olive. Superbe.

No.	Poids	Métal et Mill.	
*621	27.55	G.B.33	Un deuxième exemplaire. Superbe patine vert-olive.　Superbe.
*622	10.78	M.B.21	Type semblable avec son buste radié et drapé, à dr. C. II. 160. Patine vert-olive.　T. B.
*623	25.33	G.B.33	Son buste lauré à dr. R∤. FORTVNAE REDVCI S · C · La Fortune assise à g., tenant un gouvernail et une corne d'abondance. C. II. 164. Jolie patine vert-olive.　T. B.
*624	7.35	N 20	IMP · CAES · NER · TRAIAN · OPTIM · AVG · GERM · DAC · Son buste lauré, drapé et cuirassé à dr. R∤. PARTHICO P · M · TR · P · COS · VI · P · P · S · P · Q · R · Buste radié du Soleil à dr. C. II. 187.　Superbe.
*625	7.35	N 19	Un deuxième exemplaire.　T. B.
*626	7.27	N 20	IMP · CAES · NERVA TRAIAN · AVG · GERM · Sa tête laurée à dr. R∤. P · M · TR · P · COS · III · P · P · La Fortune debout à g., tenant un gouvernail posé sur une proue de vaisseau et une corne d'abondance. C. II. 218. Superbe.
*627	1.62	ÆR 14	Sa tête laurée à dr. R∤. P · M · TR · P · COS · III · P · P · La Victoire assise à g., tenant une couronne et une palme. C. II. 225. ÆR-Quinaire.　B.
628	—	ÆR 18—19	Sa tête laurée à dr. R∤. Buste radié du Soleil à dr.; la Paix debout à g.; Mars marchant à dr.; Victoire debout à dr.; Victoire marchant à dr. et regardant en arrière. C. II. 188, 192, 228, 241 et 245.　F. D. C. et T. B. (5)
*629	7.41	N 20	IMP · CAES · NER · TRAIANO OPTIMO AVG · GER · DAC · Son buste lauré et drapé à dr. R∤. P · M · TR · P · COS · VI · P · P · S · P · Q · R · Jupiter debout à g., nu, le manteau sur le bras, tenant un foudre et un sceptre, et protégeant Trajan qui est à sa droite et tient une branche de laurier. C. II. 268. T. B.
*630	29.30	G.B.35	Son buste lauré à dr. avec le paludament. R∤. PROVIDENTIA AVGVSTI S · P · Q · R · S · C · La Providence debout à g., tenant un sceptre, appuyée sur une colonne et indiquant de sa main dr. un globe posé à terre. C. I. 320. Jolie patine vert-olive.　T. B.
*631	28.29	G.B.35	Un deuxième exemplaire. Jolie patine vert-rouge.　T. B.
*632	21.37	G.B.33	Un troisième exemplaire. Belle patine vert-clair.　T. B.
*633	7.18	N 20	IMP · CAES · NER · TRAIANO OPTIMO AVG · GER · DAC · PARTHICO · Son buste lauré, drapé et cuirassé à dr. R∤. REGNA AD SIGNATA. Trajan assis sur une estrade placée à dr.; derrière lui, le préfet du prétoire ; devant, un soldat debout tenant une haste; au pied de l'estrade, trois rois debout. C. II. 324 Var.　Très rare. Superbe.
*634	26.77	G.B.34	Son buste à dr., lauré et drapé. R∤. REX PARTHIS DATVS S · C · Trajan assis sur une estrade à dr., accompagné du préfet du prétoire debout, et présentant un roi, qui se tient debout au pied de l'estrade, à la Parthie agenouillée. C. II. 328. Jolie patine rouge-foncé.　T. B.
635	—	P.B.16	Buste barbu d'Hercule à dr. avec la peau de lion nouée sous le cou. R∤. S · C · Sanglier marchant à dr. C. II. 341 (Frs. 6.—). Quinaire. Patine verte. B. et A. B. (3)
636	3.03	P.B.15	Même droit. R∤. S · C · Massue. C. II. 344 (Frs. 6.—). Quinaire. Patine verte. B.
637	2.77	P.B.17	Même type. C. II. 345. Jolie patine verte.　T. B.
638	10.31	M.B.27	Son buste lauré et drapé à dr. R∤. Victoire marchant à dr. et tenant une couronne et une palme. C. II. 355. Patine vert-olive.　B.
639	12.88	M.B.28	Son buste radié à dr. R∤. Trajan de face, marchant entre deux trophées. C. II. 356 (Frs. 10.—). Patine verte.　A. B.

No.	Poids	Métal et Mill.	
*640	11.69	*M.B.* 30	IMP · CAES · NERVAE TRAIANO AVG · GER · DAC · P · M · TR · P · COS · V · P · P · Son buste lauré à dr. R. S · P · Q · R · OPTIMO PRINCIPI S · C · Rome debout à g., tenant une petite Victoire et une haste. C. II. 384. Magnifique patine brun-foncé. De toute beauté.
641	12.61	*M.B.* 28	La même monnaie avec son buste radié à dr. C. II. 385. Belle patine verte. B.
642	9.99	*M.B.* 28	Son buste lauré, drapé et cuirassé à dr. R. Rome debout à g., tenant une petite Victoire et une haste; à ses pieds, un Dace à genoux, suppliant. C. II. 387. Patine noire. T. B.
*643	26.51	*G.B.* 33	Son buste lauré à dr. R. S · P · Q · R · OPTIMO PRINCIPI S · C · Rome assise à g. sur des armes et tenant une Victoire et une haste; le pied dr. est posé sur une cuirasse et le pied g. sur une tête de Dace. C. II. 391. Superbe patine verte. T. B.
*644	26.82	*G.B.* 32	IMP · CAES · NERVAE TRAIANO AVG · GER · DAC · P · M · TR · P · COS · V · P · P · Sa tête laurée à dr. R. S · P · Q · R · OPTIMO PRINCIPI S · C · La Paix debout à g., tenant une branche d'olivier et une corne d'abondance, et posant le pied sur un Dace vu à mi-corps. C. II. 406. Belle patine vert-foncé. De toute beauté.
*645	1.51	*Æ* 15	Son buste lauré et drapé à dr. R. S · P · Q · R · OPTIMO PRINCIPI · Victoire assise à g., tenant une couronne et une palme. C. II. 443. Æ Quinaire. T. B.
*646	28.81	*G.B.* 35	Son buste lauré à dr. avec l'égide. R. S · P · Q · R · OPTIMO PRINCIPI S · C · Victoire debout à dr., tenant un stylet, et attachant à un arbre un bouclier sur lequel elle a écrit VIC · DAC · C. II. 454. Patine brune. T. B.
*647	25.72	*G.B.* 35	IMP · CAES · NERVAE TRAIANO AVG · GER · DAC · P · M · TR · P · COS · V · P · P · Son buste lauré à dr. R. S · P · Q · R · OPTIMO PRINCIPI S · C · La Fortune debout à g., tenant un gouvernail posé sur un vaisseau et une corne d'abondance. C. II. 477. Superbe patine vert-olive. De toute beauté.
*648	24.47	*G.B.* 34	Le même droit. R. S · P · Q · R · OPTIMO PRINCIPI S · C · La Santé assise à g., nourrissant un serpent enroulé autour d'un autel. C. II. 485. Belle patine verte. T. B.
*649	7.19	*N* 19	IMP · TRAIANO AVG · GER · DAC · P · M · TR · P · COS · V · P · P · Son buste lauré, drapé et cuirassé à dr. R. S · P · Q · R · OPTIMO PRINCIPI · Trajan galopant à dr., tenant une haste et terrassant un ennemi. C. II. 501. Superbe.
*650	7.27	*N* 19	Un deuxième exemplaire, la tête plus grande. Superbe.
651	28.36	*G.B.* 38	Sa tête laurée à dr. R. Trajan galopant à dr., tenant une haste et terrassant un ennemi. C. II. 503. Jolie patine brune. B.
652	27.50	*G.B.* 35	Un deuxième exemplaire. Jolie patine vert-olive. B.
*653	25.40	*G.B.* 37	IMP · CAES · NERVAE TRAIANO AVG · GER · DAC · P · M · TR · P · COS · V · P · P · Son buste lauré à dr. R. S · P · Q · R · OPTIMO PRINCIPI S · C · Trajan galopant à dr., tenant une haste et terrassant un ennemi. C. II. 504. Superbe patine vert-foncé. D'une extrême beauté.
654	10.84	*M.B.* 27	Même type, avec son buste radié à dr. C. II. 506. Patine brun-foncé. T. B.
*655	22.92	*G.B.* 33	IMP · CAES · NERVAE TRAIANO AVG · GER · DAC · P · M · TR · P · COS · V · P · P · Son buste lauré à dr. R. S · P · Q · R · OPTIMO PRINCIPI S · C · Trajan debout à g., en habit militaire, tenant un foudre et une haste. Il est couronné par la Victoire debout qui tient une palme. C. II. 516. Belle patine vert-foncé. T. B.
*656	10.00	*M.B.* 28	Type semblable en M. B. C. II. 517. Belle patine brun-foncé. Superbe.

No.	Poids	Métal et Mill.	
*657	24.23	G.B.35	Son buste lauré à dr. R⸒. S · P · Q · R · OPTIMO PRINCIPI S · C · Dace, dans l'attitude de la tristesse, assis à g. sur des boucliers; devant lui, un trophée. C. II. 531. Belle patine verte. B.
*658	13.61	M.B.27	Même type, mais le buste radié à dr. C. II. 533. Belle patine verte. T. B.
*659	24.65	G.B.33	IMP · CAES · NERVAE TRAIANO AVG · GER · DAC · P · M · TR · P · COS · V · P · P · Son buste lauré à dr. R⸒. S · P · Q · R · OPTIMO PRINCIPI S · C · Pont du Danube, orné à chaque extrémité d'une tour surmontée de trois statues. Sous le pont, un bateau. C. II. 542. Belle patine noire. T. B.
*660	13.88	M.B.29	Son buste radié à dr. R⸒. S · P · Q · R · OPTIMO PRINCIPI S · C · Temple à huit colonnes; sur le fronton et au-dessus des statuettes; dans le temple, la Paix (?) debout. C. II. 554. Belle patine verte. Superbe.
*661	27.46	G.B.31	Son buste lauré à dr. R⸒. S · P · Q · R · OPTIMO PRINCIPI S · C · Colonne en spirale, surmontée de la statue de Trajan debout en habit militaire; au bas de la colonne, deux aigles; sur la base, des bas reliefs. C. II. 561. Jolie patine brune. T. B.
662	11.65	M.B.28	Sa tête laurée à dr. R⸒. Colonne formée par une massue posée sur une dépouille de lion; le tout placé sur une base. C. II. 565. Belle patine vert-foncé. B.
*663	11.19	M.B.27	Son buste lauré à dr. avec l'égide. R⸒. S · P · Q · R · OPTIMO PRINCIPI · S · C · Bouclier ovale, derrière lequel sont un bouclier germain, deux hastes, un drapeau et une faucille. C. II. 569. Patine foncée. T. B.
*664	9.97	M.B.28	Son buste lauré à dr. R⸒. Même légende. Trois enseignes militaires surmontées d'une couronne, d'un aigle et d'une main. C. II. 579. Superbe patine clair-vert. Superbe.
*665	10.06	M.B.27	Trois enseignes comme au n. préc. R⸒. S · P · Q · R · OPTIMO PRINCIPI S · C · Dans une couronne de chêne. Droit, C. II. 579; revers, C. 583. Pat. vert-olive. B.
*666	28.10	G.B.35	IMP · CAES · NERVA · TRAIAN · AVG · GERM · P · M · Sa tête laurée à dr. R⸒. TR · POT · COS · II · S · C · La Justice assise à g., tenant un rameau et un sceptre. C. II. 611. Superbe patine verte. De toute beauté.
667	29.65	G.B.31	Un deuxième exemplaire. Patine vert-foncé. T. B
*668	11.09	M.B.27	Son buste lauré à dr. R⸒. TR · POT · COS · II · S · C · Victoire marchant à g., tenant un bouclier sur lequel on lit: S · P · Q · R · et une palme. C. II 614. Jolie patine brun-foncé. Superbe.
*669	14.49	M.B.27	Sa tête radiée à dr. R⸒. TR · POT · COS · II · P · P · S · C · La Fortune assise à g. et tenant un sceptre. C. II. 618. Jolie patine verte. B.
*670	28.80	G.B.36	Son buste lauré à dr. R⸒. TR · POT · COS · IIII · P · P · S · C · Mars nu, avec le manteau flottant, marchant à dr. et portant une haste et un trophée. C. II. 634. Belle patine verte et brune. B.
*671	25.30	G.B.33	Son buste lauré à dr. R⸒. TR · POT · COS · IIII · P · P · S · C · La Justice assise à g., tenant un rameau et un sceptre. C. II. 636. Jolie patine vert-foncé. T. B.
*672	10.60	M.B.27	Son buste lauré à dr. R⸒. TR · POT · COS · IIII · P · P · S · C · Victoire marchant à g. et tenant un globe sur lequel on lit: S · P · Q · R ·, et une palme. C. II. 640. Patine verte. T. B.
*673	7.14	AV 20	DIVO TRAIANO PARTH · AVG · PATRI · Son buste lauré, drapé et cuirassé à dr. R⸒. Phénix debout à dr. sur une branche de laurier. C. II 659. Rare. B.
674	—	AR 18—20	Sa tête laurée ou radiée à dr. R⸒. Mars marchant à dr.; la Valeur debout à dr.; Génie debout à g.; la Paix assise à g.; colonne de Trajan; autel allumé. C. II. 270, 274, 276, 417, 558 et 664. F. D. C. — B. (6)

No.	Poids	Métal et Mill.	
*675	4.25	*P.B.* 19	Son buste lauré à dr. R⁄. La Victoire marchant à dr., tenant une couronne et une palme. Mionnet II. 84. *Frappé à Nicopolis en Epire.* Superbe patine vert-foncé. Rare. Superbe.

Plotine. *Femme de Trajan. † en 129.*
(Pompeia Plotina.)

*676	3.10	*R* 18	PLOTINA AVG·IMP·TRAIANI· Son buste diadémé à dr. R⁄. CAES·AVG· GERMA·DAC·COS·VI·P·P· Vesta assise à g., tenant le palladium et un sceptre. C. II. 3. Très rare. T. B.

Plotine et Trajan.

*677	7.27	*N* 20	PLOTINAE AVG· Buste diadémé de Plotine à dr. R⁄. DIVO TRAIANO PATRI AVG· Buste lauré, drapé et cuirassé de Trajan à dr. C. II. p. 99. 2. De toute rareté et de toute beauté.

Plotine et Matidie.

*678	7.21	*N* 20	PLOTINAE AVG· Buste diadémé de Plotine à dr. R⁄. MATIDIAE AVG· Buste diadémé de Matidie à dr. C. II. p. 99. 1. D'une extrême rareté. T. B.

Marciane. *Soeur de Trajan. † en 114 (?).*
(Marciana.)

*679	7.27	*N* 20	DIVA AVGVSTA MARCIANA· Son buste diadémé à dr. R⁄. CONSECRATIO· Aigle éployé, marchant à g. sur un sceptre et regardant à dr. C. II. p. 100. 3. De toute rareté et de toute beauté.

Matidie. *Fille de Marciane.*
(Matidia.)

*680	7.30	*N* 19	MATIDIA AVG·DIVAE MARCIANAE F· Son buste diadémé à dr. R⁄. PIETAS AVGVST· Matidie debout de face, regardant à g., et plaçant ses mains sur les têtes de Sabine et de Matidie jeune. C. II. p. 102. 9. De toute rareté. Superbe.

Adrien. *117—138.*
(Publius Aelius Hadrianus.)

*681	7.39	*N* 20	HADRIANVS AVG·COS·III·P·P· Sa tête nue à dr. R⁄. ADVENTVS AVG· Rome assise à dr. sur une cuirasse et des armes, donnant la main à Adrien debout et tenant une haste. C. II. 79. T. B.
*682	26.21	*G.B.* 32	Son buste lauré à dr. R⁄. ADVENTVS AVG·PONT·MAX·TR·POT·COS· II·S·C· Rome assise à dr. sur une cuirasse et un bouclier, donnant la main à Adrien debout. C. II. 91 (Frs. 20.—). Patine brun-clair. T. B.
*683	25.76	*G.B.* 32	Sa tête lauree à dr. R⁄. AEQVITAS AVG· L'Équité debout à g., tenant une balance et un sceptre. C. II. 125. Belle patine vert-olive. Superbe.
*684	25.29	*G.B.* 33	Son buste lauré et drapé à g. R⁄. AFRICA S·C· L'Afrique, coiffée de la trompe d'éléphant, couchée à g., tenant un scorpion et une corne d'abondance, et le bras appuyé sur un rocher (?); devant elle, une corbeille remplie d'épis. Cohen —, cf. C. II. 147 (en M. B.). Jolie patine vert-foncé. T. B.
*685	13.60	*M.B.* 27	Son buste nu à dr. R⁄. CLEMENTIA AVG·COS·III·P·P. La Clémence debout à g., tenant une patère et un sceptre. C. II. 223. Jolie patine vert-foncé. B.
686	11.88	*M.B.* 27	Un deuxième exemplaire. Jolie patine gris-foncé. T. B.

No.	Poids	Metal et Mill.	
687	3.02	Æ 18	Sa tête nue à dr. R⁄. CONSECRATIO· Aigle sur un globe, regardant à g. C. II. 271 (Frs. 30.—). Rare. B.
*688	11.25	M.B. 26	Son buste lauré à dr. R⁄. COS · III · S · C · Janus debout de face, tenant un sceptre et posant la main g. sur sa hanche. C. II. 281. Jolie patine verte. T. B.
*689	30.41	G.B. 23	Son buste lauré à dr. R⁄. COS · III · S · C · Neptune debout à dr., le pied g. sur une proue, tenant un trident et un dauphin. C. II. 308. Jolie patine vert-foncé. T. B.
*690	27.88	G.B. 32	Son buste lauré à dr. R⁄. COS · III · S · C · Neptune debout à g., le pied sur une proue, tenant un acrostolium et un trident. C. II. 312. Belle patine vert-olive. Superbe.
*691	24.95	G.B. 35	HADRIANVS AVGVSTVS · Sa tête laurée à dr. R⁄. COS · III · S · C · Diane debout à dr., tenant une flèche et un arc. C. II. 316. Superbe patine brun-noir. De toute beauté.
*692	25.51	G.B. 32	Un deuxième exemplaire. Belle patine verte. T. B.
*693	27.71	G.B. 33	HADRIANVS AVGVSTVS · Sa tête laurée à dr. R⁄. COS · III · S · C · Rome assise à g. sur une cuirasse, ayant derrière elle un bouclier, posant le pied dr. sur un casque et tenant une petite Victoire et une corne d'abondance. C. II. 342. Superbe patine vert-clair. Superbe.
*694	26.41	G.B. 32	Un deuxième exemplaire. Belle patine noire. Superbe.
*695	8.10	M.B. 23	Son buste lauré et drapé à dr. R⁄. COS · III · S · C · Rome assise à g. sur une cuirasse, tenant une Victoire et une haste. C. II. 346. Jolie patine brun-noir. B.
*696	27.74	G.B. 34	Son buste lauré à dr. R⁄. COS · III · S · C · La Valeur debout à g., le pied dr. sur un casque, tenant un parazonium et une haste. C. II. 356. Superbe patine brun-foncé. De toute beauté.
*697	11.59	M.B. 27	Sa tête laurée à dr. R⁄. COS · III · S · C · La Santé debout à dr., donnant à manger à un serpent qu'elle tient dans ses bras. C. II. 369. Jolie patine vert-olive. Superbe.
*698	7.28	N 20	HADRIANVS AVGVSTVS · Sa tête laurée à dr. R⁄. COS · III · Adrien galopant à dr. et tenant une haste à deux pointes. C. II. 414 Var. F. D. C.
*699	7.28	N 21	HADRIANVS · AVGVSTVS · Son buste lauré à dr. R⁄. COS · III · La louve à dr., allaitant Romulus et Rémus. C. II. 420. Superbe.
*700	7.42	N 21	Le même type, mais la tête d'Adrien et la louve à g. C. II. 423. De toute beauté.
*701	7.43	N 20	Un deuxième exemplaire. De toute beauté.
*702	14.34	M.B. 26	Son buste radié à dr. R⁄. Cos · III · S · C · Pégase courant à dr. C. II. 436. Jolie patine brune. T. B.
*703	14.29	M.B. 27	Un deuxième exemplaire. Jolie patine vert-olive. T. B.
*704	12.23	M.B. 27	Son buste lauré à dr. R⁄. COS · III · S · C · Vaisseau avec des rameurs et un pilote allant à dr. C. II. 446. Jolie patine vert-olive. T. B.
705	12.79	M.B. 28	Son buste nu et drapé à dr. R⁄. COS · III · P · P · S · C · Adrien en habit militaire galopant à dr. et tenant une haste. C. II. 494. Jolie patine vert-foncé. B.
706	9.83	M.B. 27	La même monnaie avec son buste lauré et drapé à g. C. II. 498. Jolie patine verte. B.
*707	11.90	M.B. 26	Sa tête laurée à dr. R⁄. COS · III · P · P · CLEMENTIA AVG · S · C · La Clémence debout à g., tenant une patère et un sceptre. C. II. 510. Superbe patine noire. Superbe.

No.	Poids	Métal et Mill.	
*708	13.70	M.B.27	La même monnaie avec sa tête laurée à g. C. II. 514 Patine brune. T. B.
*709	21.33	G.B.33	Son buste lauré et drapé à dr. R⁄. DACIA S · C · Dace assis à g. sur un rocher, tenant une enseigne surmontée d'un aigle et une faucille. C. II. 528. Patine verte. B.
*710	12.27	M.B.26	Type semblable en M. B. C. II. 529. Jolie patine vert-clair. T. B.
*711	26.38	G.B.34	HADRIANVS AVGVSTVS · Son buste lauré à dr. R⁄. EXPED · AVG · COS · III · S · C · Adrien, en habit militaire, galopant à g., levant la main dr. et tenant une haste. C. II. 589. Jolie patine vert-olive. T. B.
*712	24.82	G.B.32	Un deuxième exemplaire. Jolie patine vert-clair. B.
*713	29.14	G.B.34	Même type, mais Adrien ne tient pas de haste au revers. C. II. 590. Superbe patine vert-olive. De toute beauté.
*714	24.71	G.B.32	Son buste nu et drapé à dr. R⁄. FELICITAS AVG · S · C · Adrien debout à dr., donnant la main à la Félicité également debout. C. II. 633. Jolie patine vert-olive. B.
*715	26.08	G.B.30	La même monnaie avec son buste lauré et drapé à dr. C. II. 636. Belle patine verte. T. B.
*716	11.88	M.B.29	Type semblable en M. B. C. II. 637. Patine vert-olive. B.
*717	11.73	M.B.26	Son buste lauré et drapé à dr. R⁄. FELICITATI AVG · COS · III · P · P · S · C · Vaisseau avec des rameurs et un pilote allant à g. C. II. 667. Jolie patine verte. B.
*718	24.12	G.B.33	Pareil au précédent. C. II. 676. Patine vert-foncé. B.
719	—	R 18—19	Sa tête nue ou laurée à g. ou à dr. R⁄. L'Égypte couchée à g.; Rome assise à dr.; l'Équité debout à g; vaisseau allant à g.; la Fortune assise à g. C. II. 99 (Frs. 5.—), 337, 383, 712 (Frs. 10.—), 713 Var. (Frs. 10.—) et 747. F. D. C. —. B. (6)
720	31.17	G.B.35	Son buste lauré et drapé à dr. R⁄. La Fortune assise à g., tenant un gouvernail et une corne d'abondance. C. II. 756. Patine brun-clair. B.
721	14.09	M.B.27	Type semblable avec son buste radié à dr. C. II. 757. Jolie patine vert foncé. B.
*722	24.33	G.B.31	HADRIANVS AVG · COS · III · P · P · Son buste nu et drapé à dr. R⁄. FORTVNAE REDVCI S · C · Adrien debout à dr., tenant un rouleau et donnant la main à la Fortune debout qui tient une corne d'abondance et s'appuie sur un gouvernail posé sur un globe. C. II. 790. Belle patine brune. Superbe.
*723	23.20	G.B.32	Son buste lauré et drapé à dr. R⁄. Type semblable. C. II. 793. Patine verte. T. B.
*724	6.97	N 18	HADRIANVS AVG · COS · III · P · P · Sa tête nue à dr. R⁄. GENIO · P · R · Le Génie du peuple romain, debout à g., tenant une patère et une corne d'abondance; à côté du Génie, un autel allumé. C. II. 800. Petit coup au cou. F. D. C.
*725	29.00	G.B.33	Son buste lauré à dr. R⁄. HILARITAS P · R · COS · III · S · C · L'Allégresse à demi nue, debout à g. donnant une palme à un jeune garçon nu debout à g., et tenant une corne d'abondance; à dr., une jeune fille habillée. C. II. 819. Très belle patine vert-foncé. B.
*726	7.05	N 21	HADRIANVS AVG · COS · III · P · P · Sa tête nue à g. R⁄. HISPANIA · L'Espagne couchée à g., tenant une branche d'olivier et le coude appuyé sur le rocher de Calpe; devant elle, un lapin. C. II. 828. Très rare. T. B.
*727	23.03	G.B.33	Son buste lauré à dr. R⁄. LIBERALITAS AVG · S · C · PONT · MAX · TR . POT · COS · II · Adrien assis à g. sur une estrade; devant lui, un homme assis, faisant une distribution à un homme qui monte les degrés de l'estrade; sur le devant de l'estrade, la Libéralité debout tenant une tessère. C. II. 914. Patine brune. T. B.

No.	Poids	Métal et Mill.	
*728	14.98	*M.B.*28	Son buste radié et drapé à dr. Ṛ. MONETA AVGVSTI · S · C · La Monnaie debout à g., tenant une balance et une corne d'abondance. C. II. 977. Jolie patine vert-brun. T. B.
*729	15.03	*M.B.*25	Son buste lauré et drapé à dr. Ṛ. NILVS S · C · Le Nil couché à g., accoudé à un rocher, tenant une corne d'abondance et un roseau; dessous, un crocodile; devant, un hippopotame à dr. C. II. 988. Belle patine verte. T. B.
*730	7.21	*N* 20	IMP · CAES · TRAIAN · HADRIANO AVG · DIVI TRA · PARTH · F · Son buste lauré, drapé et cuirassé à dr. Ṛ. ORIENS (à l'exergue) DIVI NER · NEP · P · M · TR · P · COS · (à l'entour). Buste radié du Soleil à dr. C. II. 1003. Superbe.
731	—	*AR* 18—19	Son buste lauré ou nu à dr. Ṛ. La Fortune debout à g.; l'Espagne couchée à g., devant, un lapin; la Libéralité debout à dr.; Trajan et Adrien debout en face; la Paix debout à g. C. II. 762, 822 (Frs. 5.—), 918, 921, 1009 (Frs. 10.—), 1011 et 1013. T. B. et B. (7)
*732	28.11	*G.B.*33	HADRIANVS AVG · COS · III · P · P · Son buste nu et drapé à dr. PAX AVG · S · C · La Paix debout à g., tenant une branche d'olivier et une corne d'abondance. C. II. 1016. Belle patine foncée. D'un très haut relief et de très beau style. Très rare. Superbe.
*733	7.26	*N* 20	IMP · CAESAR TRAIAN · HADRIANVS AVG · Son buste lauré, drapé et cuirassé à dr. Ṛ. P · M · TR · P · COS · III · Jupiter assis à g., tenant un foudre et un sceptre. C. II. 1060. Superbe.
*734	7.16	*N* 19	IMP · CAESAR TRAIAN · HADRIANVS AVG · Son buste lauré, drapé et cuirassé à dr. Ṛ. P · M · TR · P · COS · III · Génie nu debout à g., tenant une patère et deux épis. C. II. 1092 Var. T. B.
*735	1.42	*AR* 15	Son buste lauré à dr. Ṛ. P · M · TR · P · COS · III · Victoire marchant à dr., tenant une couronne et une palme. C. II. 1127. AR-Quinaire. T. B.
*736	1.74	*AR* 15	Son buste lauré à dr. Ṛ. P · M · TR · P · COS · III · Victoire à demi nue, debout de face, regardant à g., tenant une couronne et une palme. C. II. 1128. AR-Quinaire. T. B.
*737	1.61	*AR* 15	Même type, mais la Victoire marchant à g. C. II. 1130. AR-Quinaire. T. B.
*738	1.46	*AR* 15	Sa tête laurée à dr. Ṛ. P · M · TR · P · COS · III · Victoire assise à g., tenant une couronne et une palme. C. II. 1136. AR-Quinaire. T. B.
739	1.47	*AR* 14	La même monnaie, mais son buste lauré, drapé et cuirassé à dr. C. II. 1139. AR-Quinaire. B.
740	12.22	*M.B.*27	Son buste lauré et drapé à dr. Ṛ. P · M · TR · P · COS · II · S · C · La Paix debout à g., tenant une branche d'olivier et une corne d'abondance. C. II. 1142 Var. Patine verte. B.
741	—	*AR* 18—19	Sa tête laurée à dr. Ṛ. La Piété debout à g.; la Piété assise à g.; Mars marchant à dr.; la Piété debout à dr.; l'Espérance marchant à g. C. II. 1027, 1037 Var., 1072, 1116 et 1153. F. D. C. (4) et T. B. (1)
*742	24.31	*G.B.*33	Son buste lauré, drapé et cuirassé à dr. Ṛ. P · M · TR · P · COS · III · S · C · L'Espérance marchant à g., tenant une fleur et relevant sa robe. C. II. 1154. Jolie patine vert-olive. T. B.
*743	26.05	*G.B.*33	Un deuxième exemplaire. Patine vert-olive. B.
*744	11.95	*M.B.*26	Son buste lauré et drapé à dr. Ṛ. PONT · MAX · TR · POT · COS · II · S · C · Aigle légionnaire entre deux enseignes militaires. C. II. 1182. Jolie patine verte. T. B.

No.	Poids	Métal et Mill.	
*745	30.18	G.B.31	Son buste lauré à dr. R⁊. PONT·MAX·TR·POT·COS·III·S·C· La Paix debout à g., tenant un caducée et une corne d'abondance. C. II. 1192. Superbe patine verte. De toute beauté.
*746	28.20	G.B.23	Son buste lauré et drapé à g. R⁊. RESTITVTORI PHRYGIAE S·C· Adrien debout à g., relevant la Phrygie à genoux, coiffée du bonnet phrygien et tenant une faucille. C. II. 1291. Patine brune. T. B.
*747	24.81	M.B.27	Sa tête nue à dr. R⁊. ROMA S·C· Rome en habit militaire, debout à g., tenant le palladium et une haste. C. II. 1298. Superbe patine verte. Superbe.
*748	7.20	N 19	IMP·CAESAR TRAIAN·HADRIANVS AVG· Son buste lauré, drapé et cuirassé à dr. R⁊. SAEC·AVR·P·M·TR·P·COS·III· Homme à demi nu debout à dr. (Adrien avec les attributs de l'Éternité) dans une auréole ovale, tenant un phénix sur un globe. C. II. 1321. Très rare. B.
*749	14.42	M.B.27	Sa tête laurée à dr. R⁊. SALVS AVG·S·C· La Santé debout à dr., donnant à manger à un serpent enroulé autour d'un autel. C. II. 1338. Jolie patine vert-rouge. T. B.
*750	7.34	N 20	IMP·CAESAR TRAIAN·HADRIANVS AVG· Son buste lauré à dr,, drapé et cuirassé. R⁊. SALVS AVG· (à l'exergue) P·M·TR·P·COS·II (à l'entour)· La Santé assise à g., nourissant un serpent enroulé autour d'un autel, et le bras g. accoudé à son siège. C. II. 1349. T. B.
751	10.80	M.B.24	Son buste lauré à dr. R⁊. La Paix ailée debout à dr., tenant une branche d'olivier. C. II. 1373. Pat. verte. B.
*752	24.91	G.B.33	HADRIANVS AVG·COS·III·P·P· Son buste nu et drapé à dr. R⁊. S·—C· Adrien, en habit militaire, debout à dr., tenant une haste et un parazonium, et posant le pied g. sur un crocodile. C. II. 1380 Var. Superbe patine vert-foncé. Superbe.
*753	7.16	N 20	HADRIANVS AVG·COS·III·P·P· Sa tête nue et drapée à dr. R⁊. SPES·P·R· L'Espérance marchant à g., tenant une fleur et relevant sa robe. C. II. 1410 Var. B.
*754	10.81	M.B.26	Sa tête nue à dr. R⁊. SPES P·R·S·C· Même type. C. II. 1418. Patine brune. T. B.
*755	24.77	G.B.31	Son buste lauré, drapé et cuirassé à dr. R⁊. VIRT·AVG·P·M·TR·P·COS·III·S·C· La Valeur debout à g., le pied sur un casque, tenant un parazonium et une haste. C. II. 1465. Patine verte. B.
756	—	R 18—19	Son buste lauré ou nu à dr. R⁊. Vaisseau allant à g.; la Santé assise à g.; la Santé debout à dr.; Adrien, sacrifiant, debout à g. C. II. 1174 (Frs. 6.—), 1327, 1335, 1481 et 1484. F. D. C. (3) et T. B. (2)
*757	3.45	R 22	Sa tête radiée à dr. R⁊. CONSECRATIO· Autel. C. II. 1510 (Frs. 40.—). *Antoninien.* Très rare. T. B.

Sabine. Femme d'Adrien. † vers 138.
(Sabina.)

No.	Poids	Métal et Mill.	
*758	13.38	M.B.25	SABINA AVGVSTA· Son buste diadémé à dr. avec la queue. R⁊. CONCORDIA AVG·S·C· La Concorde debout à g., appuyée sur une colonne, tenant une patère et une double corne d'abondance. C. II. 4 Var. Belle patine verte. Superbe.
*759	25.46	G.B.30	Le même type. C. II. 6. Patine brun-rouge. T. B.
760	23.70	G.B.32	Son buste diadémé à dr. avec la coiffure relevée. R⁊. Comme au n. préc. C. II. 7. Patine brune. A. B.

No.	Poids	Métal et Mill.	
*761	7.27	N 19	SABINA AVGVSTA · Son buste diadémé à dr. avec la queue. R⁄. CONCORDIA AVG · La Concorde assise à g., tenant une patère et accoudée à une statuette de l'Espérance placée sur une base; sous le siège, une corne d'abondance. C. II. 10. Rare. Superbe.
762	—	Æ 18	Semblable au précédent. C. II. 12 et 24. T. B. (2)
*763	3.41	Æ 18	DIVA AVG · SABINA · Son buste voilé et diadémé. R⁄. CONSECRATIO · Aigle debout, de face, sur un sceptre, regardant à dr. C. II. 34. Rare. T. B.
*764	3.51	Æ 19	SABINA AVGVSTA · Son buste diadémé à dr. R⁄. IVNONI REGINAE · Junon voilée debout à g., tenant une patère et un sceptre. C. II. 43. Superbe.
765	22.96	G.B. 31	Son buste diadémé à dr. R⁄. La Piété voilée assise à g., tenant une patère et un sceptre. C. II. 48. Pat. verte. A. B.
*766	14.10	M.B. 26	Type semblable en M. B. C. II. 49. Jolie patine brune. B.
*767	3.36	Æ 19	Son buste voilé et couronné d'épis à dr. R⁄. PIETATI AVG · Autel. C. II. 56 (Frs. 25. —). Très rare T. B.
*768	3.43	Æ 19	Son buste diadémé à dr. R⁄. PVDICITIA · La Pudeur debout à g., soutenant son voile. C. II. 62. F. D. C.
*769	3.30	Æ 19	Son buste à dr. avec la coiffure relevée. R⁄. S · C · Vesta assise à g., tenant le palladium et un sceptre. C. II. 64 (Frs. 25. —). Rare. B.
*770	25.62	G.B. 35	SABINA AVGVSTA HADRIANI AVG · P · P · Son buste diadémé à dr. avec la coiffure relevée. R⁄. S · C · Cérès voilée assise à g. sur un panier, tenant deux pavots et une torche allumée. C. II. 69. Jolie patine vert-foncé. T. B.
*771	12.33	M.B. 28	Type semblable en M. B. C. II. 70. Patine verte. T. B.
*772	3.57	Æ 19	Son buste diadémé à dr. R⁄. VENERI GENETRICI · Vénus debout à dr. et tenant une pomme. C. II. 73. F. D. C.
*773	27.19	G.B. 32	Son buste diadémé à dr. avec la coiffure relevée. R⁄. Comme au n. préc. C. II. 74 Var. Patine verte. Superbe.
*774	7.18	N 19	SABINA AVGVSTA · Son buste diadémé à dr. avec la coiffure relevée. R⁄. VESTA · Vesta assise à g., tenant le palladium et un sceptre. C. II. 79. Très rare et de toute beauté.
*775	26.23	G.B. 31	SABINA AVGVSTA HADRIANI AVG · P · P · Son buste diadémé à dr. avec la queue. R⁄. Même type avec S · C · C. II. 82. Belle patine verte. T. B.
*776	26.17	G.B. 31	Un deuxième exemplaire. Belle patine brune. T. B.

Aelius. † *en 138.*
(Lucius Aurelius Verus.)

No.	Poids	Métal et Mill.	
*777	3.46	Æ 18	Sa tête nue à dr. R⁄. CONCORD · TR · POT · COS · II · La Concorde assise à g., tenant une patère et le coude g. appuyé sur une corne d'abondance posée sur une base. C. II. 1. Superbe.
*778	6.90	N 19	L · AELIVS CAESAR · Sa tête nue et drapée à g. R⁄. Comme au n. préc. C. II. 4 Var. T. B.
*779	25.45	G.B. 31	Son buste nu et drapé à dr. R⁄. Même revers avec S · C · C. II. 6. Jolie patine brune. B.
*780	27.79	G.B. 31	L · AELIVS CAESAR · Sa tête nue à dr. R⁄. Même type. C. II. 7. Belle patine brune. Superbe.

No.	Poids	Métal et Mill.	
*781	7.46	N 20	L · AELIVS CAESAR · Son buste nu et drapé à dr. R⁄. CONCORD · (à l'exergue) TRIB · POT · COS · II · (à l'entour). La Concorde assise à g., tenant une patère, et le coude appuyé sur une corne d'abondance. C. II. 9. Rare et de toute beauté.
*782	7.34	N 20	Semblable au précédent, mais la tête nue à dr. C. II. 11. F. D. C.
*783	9.75	M.B. 27	Sa tête nue à dr. R⁄. PANNONIA TR · POT · COS · II · S · C · La Pannonie tourelée debout de face, regardant à g., tenant un étendard de la main dr., et relevant de la g. la draperie de sa robe. C. II. 25. Jolie patine brune. T. B.
*784	3.69	Æ 18	Sa tête nue à dr. R⁄. PIETAS TR · POT · COS · II · La Piété debout à dr., tenant une boîte à parfums; à ses pieds, un autel allumé. C. II. 36. Rare. Superbe.
*785	3.46	Æ 17	Un deuxième exemplaire. T. B.
786	3.61	Æ 17	Sa tête nue à dr. R⁄. TR · POT · COS · II · La Paix debout à g., tenant un caducée et une corne d'abondance. C. II. 50. Superbe.
787	2.50	Æ 19	Sa tête nue à dr. R⁄. TR · POT · COS · II · La Santé debout à g., donnant à manger à un serpent qui sort d'un autel, et tenant un sceptre. C. II. 54 (Frs. 12.—). B.
*788	25.18	G.B. 30	Sa tête nue à dr. R⁄. TR · POT · COS · II · L'Espérance marchant à g., tenant une fleur et relevant sa robe. C. II. 56. Patine brune. B.
*789	11.84	M.B. 27	Type semblable en M. B. C. II. 57. Jolie patine verte. T. B.
*790	9.80	M.B. 27	Sa tête nue à dr. R⁄. TR · POT · COS · II · S · C · La Fortune debout de face, regardant à g., tenant une fleur de la main dr., et de la g. une corne d'abondance et un gouvernail. C.II.64. Superbe patine vert-foncé. T.B.

Antonin le Pieux. *138—161.*
(Titus Aurelius Fulvus Boionius Arrius Antoninus.)

No.	Poids	Métal et Mill.	
791	12.64	M.B. 28	Sa tête laurée à dr. R⁄. ANCILLA IMPERATOR II · S · C · Deux ancilles ou boucliers faits de façon à ressembler à un bouclier ovale placé sur deux boucliers ronds. C. II. 30. Patine noire. B.
792	30.89	G.B. 31	Sa tête laurée à dr. R⁄. ANNONA AVG · S · C · L'Abondance debout à dr., tenant deux épis et la corne d'Amalthée; à ses pieds, à g., le modius rempli d'épis; à dr., un vaisseau. C. II. 34. Belle patine vert-foncé. T. B.
*793	12.58	M.B. 25	Type semblable avec sa tête radiée à dr. C. II. 36. Jolie patine brune. T. B.
794	11.85	M.B. 26	Sa tête laurée à dr. R⁄. ANNONA AVG · COS · IIII · S · C · L'Abondance debout à dr., tenant le modius placé sur un cippe et un cep de vigne; à dr., un panier rempli de fruits. C. II. 45. Jolie patine brune. T. B.
*795	24.84	G.B. 32	IMP · CAES · T · AEL · HADR · ANTONINVS AVG · PIVS P · P · Sa tête laurée à dr. R⁄. ANNONA AVG · TR · POT · XV · COS · IIII · S · C · L'Abondance assise à g., tenant deux épis et une corne d'abondance; devant elle, le modius plein d'épis. C. II. 50. Superbe patine vert-foncé. De toute beauté.
*796	7.30	N 19	IMP · T · AEL · CAES · ANTONINVS · Sa tête nue à dr. R⁄. CONCORD · TRIB · POT · COS · La Concorde assise à g., tenant une patère et accoudée à une statuette de l'Espérance. C. II. 130 Var. T. B.
*797	23.76	G.B. 34	DIVVS ANTONINVS · Sa tête nue à dr. R⁄. CONSECRATIO S · C · Bûcher à quatre étages en pyramide, orné de guirlandes, de draperies et de statues séparées par des colonnes; au milieu, une porte; sur le sommet, Antonin dans un quadrige. C. II. 165. Superbe patine brun-clair. De toute beauté.

No.	Poids	Métal et Mill.	
*798	3.16	*P.B.*19	Sa tête laurée à dr. ℞. COS · III · S · C · Chouette de face, aigle regardant à g. et paon à dr. C. II. 177. Superbe patine brune. T. B.
799	2.24	*P.B.*19	Autre exemplaire semblable. C. II. 178 (Frs. 12.—). Patine brune. B.
800	—	*Æ*18	Sa tête nue ou laurée à dr. ℞. Apollon debout de face, tenant une patère et une lyre; Diane debout à dr., tenant une flèche et un arc; aigle, regardant à g.; aigle debout sur un autel élevé; bûcher à quatre étages en pyramide; Rome debout à g., tenant une haste et un parazonium. C. II. 61 (Frs. 6.—), 68 (Frs. 6.—), 154, 156, 164 et 186. F. D. C. et T. B. (6)
*801	7.27	*N*20	ANTONINVS AVG · PIVS P · P · TR · P · XII · Son buste lauré et drapé à dr. ℞. COS · IIII · L'Équité debout à g., tenant une balance et une corne d'abondance. C. II. 235. T. B.
*802	27.37	*G.B.*32	ANTONINVS AVG · PIVS P · P · TR · P. Son buste lauré à dr. ℞. COS · IIII · S · C · La Santé debout à g., donnant à manger à un serpent enroulé autour d'un autel et tenant un gouvernail posé sur un globe. C. II. 278. Superbe patine vert-olive. De toute beauté.
*803	11.31	*M.B.*28	Sa tête laurée à dr. ℞. COS · IIII · S · C · Antonin debout à g., sacrifiant sur un trépied. C. II. 303 (Frs. 20.—). Belle patine noire. T. B.
*804	7.25	*N*20	ANTONINVS AVG · PIVS P · P · TR · P · XV · Sa tête laurée à g. ℞. COS · IIII · Antonin debout à g., tenant un globe. C. II. 305. Superbe.
*805	7.17	*N*19	ANTONINVS AVG · PIVS P · P · TR · P · XVII · Sa tête laurée à dr. ℞. Pareil au précédent. C. II 312. T. B.
806	21.28	*G.B.*32	Sa tête nue à dr. ℞. DIVO PIO S · C · Colonne placée sur une base et surmontée de la statue d'Antonin debout. C. II. 354. Patine brune. B.
*807	14.75	*M.B.*28	Sa tête radiée à dr. ℞. FELICITAS AVG · S · C · La Félicité debout de face, regardant à g., tenant un caducée et une branche d'olivier. C. II. 367. Belle patine vert-foncé. T. B.
*808	11.70	*M.B.*27	Sa tête laurée à dr. ℞. FELICITAS AVG · COS · IIII · S · C · La Félicité debout à dr., tenant un caducée et deux épis enveloppés dans les plis de sa robe. C. II. 369. Jolie patine noire. T. B.
*809	7.29	*N*21	ANTONINVS AVG · PIVS P · P · TR · P · COS · III · Sa tête laurée à g. ℞. IMPERATOR II · Jupiter assis à g., tenant un foudre et un sceptre. C. II. 421. T. B.
810	26.70	*G.B.*32	Son buste lauré et drapé à dr. ℞. IMPERATOR II · S · C · Victoire volant à dr. et tenant un trophée des deux mains. C. II. 434. Patine vert-foncé. B.
811	11.10	*M.B.*27	Son buste lauré à dr. ℞. IMPERATOR II · S · C · La louve à dr., allaitant Romulus et Rémus; dessous, une barque. C. II. 448. Patine noire. B.
*812	7.24	*N*19	ANTONINVS AVG · PIVS P · P · TR · P · COS · III · Son buste nu à dr., drapé et cuirassé. ℞. LIBERALITAS AVG · II · Antonin assis à g. sur une estrade; à côté de lui, la Libéralité debout, répandant de sa corne d'abondance des pièces de monnaies dans les mains d'un homme debout, placé au pied de l'estrade. C. II. 483. Rare. B.
*813	7.04	*N*20	ANTONINVS AVG · PIVS P · P · TR · P · XI · Son buste nu et drapé à dr. ℞. LIB · V · COS · IIII · La Libéralité debout à g., tenant une tessère et une corne d'abondance. C. II. 505. F. D. C.
*814	24.12	*G.B.*32	Sa tête laurée à dr., ℞. LIBERTAS COS · IIII · S · C · La Liberté debout à dr., tenant un bonnet et tendant la main g. C. II 535. Belle patine verte. T. B.

No.	Poids	Métal et Mill.	
*815	24.78	G.B.34	Sa tête laurée à dr. R⁒. MARTI VLTORI S · C · Mars en habit militaire debout à dr., tenant une haste et posant la main g. sur un bouclier à terre. C. II. 550. Jolie patine brune. B.
*816	8.95	M.B.26	Sa tête laurée à dr. R⁒. MVNIFICENTIA AVG · COS · IIII · S · C · Éléphant cuirassé, marchant à dr. C. II. 565. Patine verte. T. B.
817	10.97	M.B.26	Un deuxième exemplaire. Patine noire. B.
*818	25.61	G.B.33	ANTONINVS AVG · PIVS P · P · TR · P · COS · III · Sa tête laurée à dr. R⁒. OPI AVG · S · C · La Richesse assise à g., tenant un sceptre, et relevant de la main g. sur son épaule la draperie de sa robe; sur le barreau de son siège, on voit une fleur. C. II. 569. Superbe patine vert-brun. Superbe.
*819	9.98	M.B.27	Son buste lauré à dr. R⁒. PAX · TR · POT · COS · II · S · C · La Paix debout à g., tenant une branche d'olivier et une corne d'abondance. C. II. 578. Belle patine vert-olive. Superbe.
*820	7.22	N 20	IMP · CAES · T · AEL · HADR · ANTONINVS AVG · PIVS P · P · Sa tête nue à dr. R⁒. PAX (à l'exergue) TR · POT · XIIII · COS · IIII · (à l'entour) · La Paix debout à g., tenant une branche d'olivier et un sceptre. C. II. 579 Var. F. D. C.
*821	7.31	N 20	Même légende. Sa tête nue à g. R⁒. PAX (à l'exergue) TR · POT · XV · COS · IIII · (à l'entour) · Même type. C. II. 587 Var. F. D. C.
*822	24.30	G.B.32	Sa tête laurée à dr. R⁒. PAX AVG · S · C · La Paix debout à g., tenant une branche d'olivier et une corne d'abondance. C. II. 589. Jolie patine verte. T. B.
*823	29.56	G.B.32	Sa tête laurée à dr. R⁒. PIETATI AVG · COS · IIII · S · C · La Piété debout à g. entre deux enfants; elle tient un globe de la main dr. et un enfant sur le bras g. C. II. 621. Superbe patine vert-foncé. Superbe.
*824	7.41	N 19	ANTONINVS AVG · PIVS P · P · TR · P · XXIIII · Sa tête laurée à dr. R⁒. PIETATI AVG · COS · IIII · La Piété debout à g. entre deux enfants et en tenant deux dans ses bras. C. II. 630. T. B.
*825	13.75	M.B.30	ANTONINVS AVG · PIVS P · P · TR · P · XI · Son buste lauré, drapé et cuirassé à dr. R⁒. PRIMI | DECEN | NALES | COS · IIII | S · C · dans une couronne de chêne. C. II. 675 Var. Sur flan de médaillon. Superbe patine vert-foncé. De toute beauté.
826	24.39	G.B.32	Sa tête laurée à dr. R⁒. SALVS AVG · S · C · La Santé debout à g., offrant à manger à un serpent. C. II. 711. Patine noire. B.
*827	11.82	M.B.26	Type semblable avec sa tête radiée à dr. C. II. 714. Jolie patine verte. T. B.
*828	24.16	G.B.32	Sa tête laurée à dr. R⁒. SALVS AVG · COS · IIII · S · C · La Santé debout à g., donnant à manger à un serpent enroulé autour d'un autel et tenant un sceptre. C. II. 732. Magnifique patine verte. Superbe.
*829	25.83	G.B.31	Sa tête laurée à dr. R⁒. S · — C · Rome assise à g., tenant une Victoire et une haste, et appuyant le coude g. sur un bouclier. C. II. 753. Jolie patine noire. T. B.
*830	24.12	G.B.33	ANTONINVS AVG · PIVS P · P · TR · P · COS · III · Sa tête laurée à dr. R⁒. SECVRITAS AVG · S · C · La Sécurité debout à g., tenant un sceptre et appuyant le bras g. sur une colonne. C. II. 780. Jolie patine foncée. T. B.
*831	25.61	G.B.33	La même monnaie avec son buste lauré, drapé et cuirassé à dr. C. II. 780 Var. Jolie patine verte. De toute beauté.
*832	26.20	G.B.30	Sa tête laurée à dr. R⁒. TEMPLVM DIV · AVG · REST · COS · IIII · S · C · Temple à huit colonnes; au milieu et sur le fronton, des statues. C. II. 805. Jolie patine noire. B.

No.	Poids	Métal et Mill.	
*833	24 76	G.B.32	ANTONINVS AVG · PIVS P · P · Sa tête laurée à dr. R⁄. Même légende et même type. C. II. 810. Superbe patine brun-foncé. De toute beauté.
*834	29.88	G.B.32	Sa tête laurée à dr. R⁄. TEMPORVM FELICITAS COS · IIII · S · C · Deux cornes d'abondance en sautoir, surmontées des bustes de deux enfants jumeaux de Marc-Aurèle. C. II. 813. Belle patine vert foncé. T. B.
*835	26.38	G.B.31	ANTONINVS AVG · PIVS · P · P · TR · P · COS · III · Sa tête laurée à dr. R⁄. TIBERIS S · C · Le Tibre couché à g., accoudé à une urne qui répand des flots, posant la main dr. sur une barque, tenant un roseau de la g. C. II. 820. Magnifique patine verte. Rare. Superbe.
836	—	ꞺR 19	Sa tête laurée ou nue à dr. R⁄. La Santé debout à g.; deux mains jointes; trône surmonté d'un foudre; Antonin assis à g.; autel; la Fortune debout à dr.; temple à huit colonnes; la Paix debout à g. C. II. 280, 344, 345, 352 (Frs. 5.—), 357, 383, 804 (Frs. 8.—) et 831. F. D. C. et T. B. (8)
*837	7.10	N 20	ANTONINVS AVG · PIVS P · P · TR · P · COS · III · Sa tête laurée à g. R⁄. TR · P · COS · III · DES · IIII · Victoire volant à dr. et tenant un trophée. C. II. 838. Superbe.
*838	12.61	M.B.28	Sa tête laurée à dr. R⁄. TR · POT · COS · II · S · C · Génie debout, demi-nu, à g. auprès d'un autel paré et allumé, tenant une patère et une corne d'abondance. C. II. 844 Var. Jolie patine verte. T. B.
*839	23.21	G.B.31	ANTONINVS AVG · PIVS P · P · Sa tête laurée à dr. R⁄. TR · POT · COS · II · S · C · L'Abondance debout à g., tenant deux épis et la corne d'Amalthée; devant elle, modius avec deux épis; à dr., un vaisseau vu à moitié. C. II. 845 Var. Magnifique patine verte. Superbe.
*840	8.35	M.B.26	Sa tête laurée à dr. R⁄. TR · POT · COS · III · S · C · L'Espérance marchant à g., tenant une fleur et relevant sa robe. C. II. 902. Superbe patine vert-foncé. Superbe.
*841	7.16	N 20	ANTONINVS AVG · PIVS P · P · Sa tête laurée à dr. R⁄. TR · POT · COS · IIII · Rome assise à g., tenant le palladium et une haste; derrière elle, un bouclier. C. II. 934. F. D. C.
*842	7.19	N 20	Un deuxième exemplaire, mais le buste nu à dr., drapé et cuirassé. C. II. 936. F. D. C.
*843	23.90	G.B.32	Sa tête laurée à dr. R⁄. TR · POT · XV · COS · IIII · S · C · L'Abondance debout à g., tenant des épis et le modius; à dr., un vaisseau. C. II. 962. Jolie patine vert-olive. T. B.
*844	7.20	N 19	ANTONINVS AVG · PIVS P · P · IMP · II · Son buste nu à dr. R⁄. TR · POT · XIX · COS · IIII · Victoire marchant à g., tenant une couronne et une palme. C. II. 994. Superbe.
*845	7.20	N 19	Même légende. Sa tête laurée à dr. R⁄. TR · POT · XIX · COS · IIII · Antonin debout à g., tenant un globe. C. II. 995. Superbe.
*846	7.39	N 18	ANTONINVS AVG · PIVS P · P · IMP · II · Sa tête laurée à dr. R⁄. TR · POT · XX · COS · IIII · Victoire marchant à g, tenant une couronne et une palme. C. II. 1013. Superbe.
*847	24.12	G.B.31	ANTONINVS AVG · PIVS P · P · IMP · II · Sa tête laurée à dr. R⁄. TR · POT · XXI · COS · IIII · S · C · Antonin debout à g., sacrifiant sur un trépied et tenant un rouleau. C. II. 1045. Belle patine vert-foncé. T. B.
*848	13.05	M.B.27	Sa tête laurée à dr. R⁄. VICT · AVG · S · C · TR · POT · COS · IIII · Victoire dans un quadrige, au galop, à dr. C. II. 1078. Belle patine verte. T. B.

No.	Poids	Métal et Mill.	
*849	12.30	M.B.29	Son buste lauré à dr. R̸. VOTA COS · IIII · S · C · Antonin voilé debout à g., tenant une patère au-dessus d'un trépied allumé et un rouleau. C. II. 1096. Jolie patine vert-foncé. **T. B.**
*850	13.37	M.B.27	Sa tête radiée à dr. R̸. VOTA SOL · DEC · II · COS · IIII · S · C · Le même revers. C. II. 1106. Jolie patine vert-clair. **T. B.**
851	12.56	M.B.25	Sa tête lauré à dr. R̸. VOTA SVSCEPTA DEC · III · COS · IIII · S · C · Le même revers. C. II. 1121. Jolie patine brun-foncé. **T. B.**
852	3.40	Æ21	DIVO PIO · Sa tête radiée à dr. R̸. CONSECRATIO · Aigle debout sur un sceptre à dr., regardant à g. C. II. 1188. *Antoninien.* **T. B.**
853	2.87	Æ21	Sa tête radiée à dr. R̸. CONSECRATIO · Autel allumé. C. II. 1189. *Antoninien.* **Superbe.**

Antonin et Marc Aurèle. *Frappé en 139 et 140.*

No.	Poids	Métal et Mill.	
854	3.24	Æ17	Tête laurée d'Antonin à dr. R̸. Buste nu de Marc Aurèle barbu à dr., drapé et cuirassé. C. II. 15 Var. **T. B.**
855	3.22	Æ16	Buste nu d'Antonin à dr. R̸. Buste nu et drapé de Marc Aurèle jeune à dr. C. II. 21. **F. D. C.**
*856	7.22	N19	ANTONINVS AVG · PIVS P · P · TR · P · COS · III · Sa tête laurée à dr., drapée et cuirassée. R̸. AVRELIVS CAESAR AVG · PII F · COS · Buste nu, drapé et cuirassé de Marc Aurèle jeune à dr. C. II. —. **Superbe.**
*857	22.60	G.B.31	ANTONINVS AVG · PIVS P · P · TR · P · COS · III · Tête laurée d'Antonin à dr. R̸. AVRELIVS CAESAR AVG · PII F · COS · S · C · Tête nue de Marc Aurèle jeune à dr. C. II. 28. **Superbe patine brun-foncé. Superbe.**
*858	25.83	G.B.32	Un deuxième exemplaire. Belle patine brun-foncé. **Superbe.**
859	9.02	M.B.26	Type semblable, mais le buste de Marc Aurèle drapé et cuirassé. C. II. 35. Patine verte. **B.**

Faustine Mère. *Femme d'Antonin.* † *en 141.*
(Annia Galeria Faustina.)

No.	Poids	Métal et Mill.	
860	—	Æ19	Son buste à dr. R̸. AED · DIV · FAVSTINAE Temple à six colonnes; l'Éternité debout à g. C. II. 1 (Frs. 10.—) et 6. **T. B. (2)**
*861	26.89	G.B.32	DIVA FAVSTINA · Son buste à dr. R̸. AETERNITAS S · C · L'Eternité assise à g., tenant un globe surmonté d'un phénix et un sceptre. C. II. 15. Jolie patine verte. **T. B.**
*862	12.22	M.B.28	DIVA AVGVSTA FAVSTINA · Son buste voilé à dr. R̸. AETERNITAS S · C · L'Éternité diadémée debout à g., tenant un sceptre et un globe. C. II. 38. Belle patine brun-foncé. **T. B.**
863	10.76	M.B.27	Un deuxième exemplaire. Patine vert-olive. **T. B.**
*864	10.11	M.B.27	DIVA FAVSTINA · Son buste à dr. R̸. AETERNITAS S · C · L'Éternité debout à g., levant la main dr. et tenant un globe. C. II. 42. Belle patine verte. **T. B.**
*865	26.88	G.B.36	DIVA FAVSTINA · Son buste à dr. R̸. AETERNITAS S · C · Faustine dans un char à g., traîné par deux éléphants, montés chacun par un cornac. C. II. 57. Belle patine brun-vert. **Très rare. T. B.**
866	3.39	Æ18	Son buste voilé à dr. R̸. Trône sur lequel on voit un sceptre placé en travers; devant, un paon à dr. C. II. 61 (Frs. 8.—). **Superbe.**
*867	2.77	Æ18	DIVA AVG · FAVSTINA · Son buste voilé à dr. R̸. AETERNITAS · Étoile. C. II. 63. **Très rare. T. B.**

No.	Poids	Métal et Mill.	
*868	7.13	*N* 20	DIVA FAVSTINA · Son buste à dr. ℞. AVGVSTA · Diane? (ou Cérès) debout à g., tenant deux torches. C. II. 75. Superbe.
869	—	*AR* 18	Son buste à dr. ℞. L'Éternité voilée debout à g., levant la main dr. et tenant un sceptre; l'Éternité debout à dr., arrangeant son voile; Cérès debout à. g. C. II. 26 (Frs. 12.—), 41 et 78. T. B. (3)
*870	21.78	*G.B.* 33	Son buste à dr. ℞. AVGVSTA S · C · Cérès voilée debout à g., tenant deux épis et un flambeau. C. II. 79. Belle patine verte. T. B.
*871	23.97	*G.B.* 30	Son buste à dr. ℞. AVGVSTA S · C · Cérès voilée debout à g., tenant une torche et deux épis. C. II. 88. Patine vert-clair. B.
*872	11.70	*M.B.* 26	Type semblable. C. II. 89. Belle patine verte. T. B.
*873	24.18	*G.B.* 31	DIVA FAVSTINA · Son buste à dr. ℞. AVGVSTA · S · C · Cérès voilée et couronnée d'épis debout à g., tenant deux torches. C. II. 91. Superbe patine brun-foncé. Superbe.
*874	24.38	*G.B.* 32	Un deuxième exemplaire. Belle patine brun-clair. Superbe.
*875	26.94	*G.B.* 30	Un troisième exemplaire. Belle patine vert-foncé. T. B.
*876	7.06	*N* 19	DIVA FAVSTINA · Son buste à dr. ℞. AVGVSTA · Cérès voilée debout à g., tenant une torche et un sceptre. C. II. 95. F. D. C.
*877	7.03	*N* 19	Un deuxième exemplaire. Superbe.
*878	6.94	*N* 20	DIVA FAVSTINA · Son buste diadémé et voilé à g. ℞. Comme au n. préc. C. II. 98. Rare. T. B.
*879	10.42	*M.B.* 27	Son buste à dr. ℞. AVGVSTA S · C · Vesta voilée debout à g., tenant le palladium et un sceptre. C. II. 111. Jolie patine verte. T. B.
*880	27.81	*G.B.* 33	Son buste à dr. ℞. AVGVSTA S · C · Vesta voilée debout à g., tenant le palladium et un flambeau. C. II. 113. Belle patine vert-olive. T. B.
*881	10.54	*M.B.* 26	Son buste à dr. ℞. AVGVSTA S · C · La Concorde assise à g., tenant une statuette de l'Espérance et un sceptre. C. II. 121. Jolie patine brune. B.
*882	23.15	*G.B.* 32	Son buste à dr. ℞. CONSECRATIO S · C · Vesta debout à g., auprès d'un autel, tenant une patère et un flambeau. C. II. 162. Patine vert-foncé. B.
*883	7.28	*N* 21	DIVA FAVSTINA · Son buste à dr. ℞. CONSECRATIO · Paon marchant à dr. et regardant en arrière. C. II. 174. De toute beauté.
*884	23.65	*G.B.* 33	DIVA FAVSTINA · Son buste à dr. ℞. IVNO S · C · Junon diadémée et voilée debout à g., tenant une patère et un sceptre. C. II. 210. Superbe patine vert-noir. Superbe.
885	—	*AR* 19	Son buste à dr. ℞. Trône; Cérès debout à g.; paon marchant à dr.; la Piété debout à g. C. II. 131 (Frs. 5.—), 134 (Frs. 8.—), 175 et 237. Superbe et B. (4)
886	3.03	*AR* 18	Son buste à dr. ℞. PIETAS AVG · Temple à six colonnes. C. II. 253 (Frs. 20.—). Très rare. B.
887	11.61	*M.B.* 26	Son buste à dr. ℞. PIET · AVG · S · C · Autel allumé. C. II. 256. Patine vert-brun. B.
*888	24.57	*G.B.* 30	Son buste à dr. ℞. S · — C · Vesta debout à g., tenant un flambeau et le palladium. C. II. 268. Patine verte. B.
*889	12.49	*M.B.* 24	Type semblable en M. B. C. II. 269. Superbe patine vert-foncé. T. B.
*890	11.19	*M.B.* 27	DIVA FAVSTINA AVGVSTA · Son buste à dr. ℞. S · C · Croissant entre sept étoiles. C. II. 275. Jolie patine brune. T. B.

No.	Poids	Métal et Mill.	
*891	7.28	N 30	DIVA AVG · FAVSTINA · Son buste diadémé à dr. R⸱. Sans légende. Cérès voilée debout à g., tenant une torche allumée et un sceptre. C. II. 299. Très rare. Superbe.

Marc Aurèle. *161—180.*
(Marcus Aurelius Antoninus.)

No.	Poids	Métal et Mill.	
*892	23.24	G.B. 31	AVRELIVS CAESAR ANTONINI AVG · PII FIL · Sa tête jeune, nue, à dr. R⸱. CLEM · TR · POT · III · COS · II · S · C · La Clémence debout à g., tenant une patère et relevant la draperie de sa robe. C. III. 17. Belle patine verte. T. B.
*893	7.08	N 20	Même légende. Sa tête nue à dr. R⸱. CLEM · (à l'exergue) TR · POT · VI · COS · II · (à l'entour). La Clémence debout de face regardant à g., tenant une patère de chaque main. C. III. 23. Superbe.
*894	26.05	G.B. 33	IMP · CAES · M · AVREL · ANTONINVS AVG · P · M · Son buste lauré à d. R⸱. CONCORD · AVGVSTOR · TR · P · XV · COS · III · S · C · Marc Aurèle et Lucius Verus debout, se donnant la main, l'un tient un volume roulé. C. III. 47. Superbe patine vert-olive. De toute beauté.
*895	23.86	G.B. 30	Même droit. R⸱. CONCORD · AVGVSTOR · TR · P · XVI · COS · III · S · C · Même type. C. III. 54. Superbe patine vert-olive. De toute beauté.
896	12.92	M.B. 26	Sa tête radiée à dr. R⸱. Le même revers. C. III. 58. Patine brune. B.
*897	23.34	G.B. 31	DIVVS M · ANTONINVS PIVS · Sa tête nue à dr. R⸱. CONSECRATIO S · — C · Aigle sur un autel orné de guirlandes, à dr., regardant à g. C. III. 85. Belle patine vert-olive. T. B.
*898	24.62	G.B. 34	Sa tête nue à dr. R⸱. CONSECRATIO S · C · Aigle sur un foudre, volant à dr. et enlevant Marc Aurèle qui tient un sceptre. C. III. 94. Belle patine verte. T. B.
*899	7.06	N 20	AVRELIVS CAESAR AVG · PII F · Son buste jeune, nu et drapé à dr. R⸱. COS · II · Pallas debout à dr., tenant une haste et appuyée sur un bouclier. C. III. 101. T. B.
900	—	ÆR 19	Sa tête laurée ou nue à dr. R⸱. Aigle à g.; aigle à dr.; l'Espérance marchant à g.; Jupiter assis à g. C. III. 80, 83, 102 et 114. T. B. et B. (4)
901	3.21	ÆR 20	Sa tête laurée à dr. R⸱. DE GERM · TR · P · XXX · IMP · VIII · COS · III · P · P · Monceau d'armes. C. III. 156. Rare. T. B.
*902	7.24	N 20	M · ANTONINVS AVG · TR · P · XXIII · Son buste lauré à dr. R⸱. FELICITAS AVG · COS · III · La Félicité debout à g., tenant un caducée et un sceptre. C. III. 177. Superbe.
*903	7.11	N 19	AVRELIVS CAESAR AVG · PII F · COS · II · Sa tête jeune et nue à dr. R⸱. HILARITAS · L'Allégresse debout à g., tenant une longue palme et une corne d'abondance. C. III. 233. Superbe.
*904	7.37	N 20	Un deuxième exemplaire. Superbe.
*905	23.78	G.B. 32	Sa tête laurée à dr. R⸱. IMP · VI · COS · III · S · C · Jupiter assis à g., tenant une Victoire et un sceptre. C. III. 250. Superbe patine vert-olive. Superbe.
906	20.14	G.B. 30	Un deuxième exemplaire. Belle patine vert-clair. B.
907	—	ÆR 17	Sa tête laurée à dr. R⸱. La Santé debout à dr.; Germain assis à dr. au pied d'un trophée. C. III. 139, 298 et 299. T. B. (3)
*908	13.73	M.B. 26	Sa tête laurée à dr. R⸱. IMP · VII · COS · III · S · C · Le Tibre couché à g., accoudé à une urne, posant la main dr. sur une barque et tenant un roseau. C. III. 348. Jolie patine vert-clair. T. B.

- 49 -

No.	Poids	Métal et Mill.	
*909	7.36	N 20	AVRELIVS CAESAR AVG · PII F · Sa tête jeune et nue à dr. R⁄. IVVENTAS · La Jeunesse debout à g., mettant un grain d'encens dans la flamme d'un candélabre, et tenant une patère. C. III. 387. **Superbe.**
*910	14.20	M.B. 26	Type semblable avec S · C ·, en M. B. C. III. 393. Belle patine vert-foncé. T. B.
*911	27.62	G.B. 35	Son buste nu et drapé à dr. R⁄. IVVENTAS S · C · Marc Aurèle (?) en habit court, debout à g., tenant un rameau; à dr., un trophée sur un bouclier. C. III. 396. Jolie patine brune. T. B.
*912	11.20	M.B. 23	Son buste radié et cuirassé à dr. R⁄. LIB · AVGVSTOR · TR · P · XV · COS · III · S · C · Marc Aurèle et Lucius Verus assis à g. sur une estrade; devant eux, la Libéralité debout tenant une tessère et une baguette; en bas, une figure debout, tendant les mains. C. III. 406. Jolie patine verte. T. B.
*913	25.45	G.B. 32	M · ANTONINVS AVG · GERM · SARM · TR · P · XXXI · Son buste lauré, drapé et cuirassé à dr. R⁄. LIBERALITAS AVG · VII · IMP . VIII · COS · III · P · P · S · C · La Libéralité debout à g., tenant une tessère et une corne d'abondance. C. III. 422. Belle patine vert-olive. **Superbe.**
914	9.81	M.B. 28	Sa tête jeune et nue à dr. R⁄. La Piété debout à g. et tenant une boîte à parfums; à ses pieds, un enfant. C. III. 445. Belle patine vert-foncé. T. B.
*915	11.47	M.B. 26	Sa tête jeune, nue, à dr. R⁄. PIETAS AVG · S · C · Couteau de victimaire, aspersoir, vase à sacrifice, bâton d'augure et simpule. C. III. 455. Belle patine brune. **Superbe.**
*916	11.03	M.B. 28	La même monnaie avec son buste nu et drapé. C. III. 458. **Superbe patine vert-foncé.** **Superbe.**
*917	7.31	N 20	ANTONINVS AVG · ARMENIACVS · Son buste nu et cuirassé à dr. R⁄. P · M · TR · P · XIX · IMP · II · COS · III · Victoire debout à dr., attachant à un palmier un bouclier sur lequel on lit: VIC · AVG · C. III. 475. F. D. C.
*918	20.07	G.B. 30	Son buste lauré et drapé à dr. R⁄. PRIMI | DECEN | NALIS | COS · III · S · C · Dans une couronne. C. III. 497. Jolie patine vert-olive. T. B.
*919	7.22	N 20	IMP · M · ANTONINVS AVG · Son buste nu, drapé et cuirassé à dr. R⁄. SALVTI AVGVSTOR · TR · P · XVII · COS · III · La Santé debout à g., nourrissant un serpent enroulé autour d'un autel, et tenant un sceptre. C. III. 560. T. B.
*920	19.91	G.B. 32	Sa tête laurée à dr. R⁄. Le même revers avec S · C · C. III. 564. **Superbe patine vert-olive.** **De toute beauté.**
*921	21.83	G.B. 32	Sa tête jeune, nue à dr. R⁄. S — C · Pallas debout à dr., lançant un javelot et tenant un bouclier. C. III. 576. Belle patine verte. T. B.
*922	21.03	M.B. 25	Type semblable en M. B. C. III. 577. Jolie patine vert-clair. B.
923	25.90	G.B. 31	Sa tête nue à dr. R⁄. S — C · Marc Aurèle dans un quadrige au pas à g., tenant un sceptre surmonté d'un aigle. C. III. 582 (Frs. 15.—). Belle patine brune. B.
924	10.45	M.B. 26	Son buste lauré et cuirassé à dr. R⁄. La Sécurité debout à dr., posant un diadème sur sa tête et tenant une palme. C. III. 584. Jolie patine noire. B.
*925	24.27	G.B. 34	AVRELIVS CAESAR AVG · PII F · Son buste jeune et nu à dr. R⁄. TR · POT · COS · II · S · C · Pallas debout à dr., tenant une haste et appuyée sur un bouclier. C. III. 596. **Superbe patine verte.** **Superbe.**
926	11.77	M.B. 28	Son buste nu à dr. R⁄. TR · POT · II · COS · II · S · C · La Bonne Foi debout à dr., tenant deux épis et une corbeille de fruits. Cohen —, cf. C. III. 614 en G · B · Patine brun-foncé. B.
927	—	Æ 18	Sa tête nue à dr. R⁄. Objets de sacrifice; la Providence debout à g.; Pallas debout à dr.; femme debout à g. C. III. 451, 526, 618 et 632. T. B. (4

No.	Poids	Métal et Mill.	
*928	7.35	N 19	AVRELIVS CAESAR AVG · PII FIL · Sa tête nue à dr. R⸲. TR · POT · VII · COS · II · Rome en habit militaire, debout à g , tenant une Victoire et un parazonium. C. III. 657. F. D. C.
*929	11.55	M.B. 26	Sa tête nue à dr. R⸲. TR · POT · XIIII · COS · II · S · C · Mars nu, marchant à dr., portant une haste et un trophée. C. III. 759. Jolie patine verte. T. B.
*930	11.66	M.B. 27	Son buste nu à dr. R⸲. TR · POT · XV · COS · III · S · C · Marc Aurèle debout à g., tenant une baguette et un sceptre. C. III. 789. Jolie patine vert-foncé. Superbe.
*931	25.48	G.B. 33	M · AVREL · ANTONINVS AVG · ARMENIACVS P · M · Sa tête laurée à dr. R⸲. TR · POT · XIX · IMP · II · COS · III · S · C · La Paix ou la Félicité debout à g., tenant un caducée ailé et une corne d'abondance et posant le pied sur un globe. C. III. 798. Superbe patine vert-olive. D'une extrême beauté.
*932	26.55	G.B. 32	Son buste lauré à dr. R⸲. TR · POT · XIX · IMP · II · COS · III · S · C · Marc Aurèle en habit militaire, debout à g. entre quatre enseignes, tenant une haste. C. III. 804. Jolie patine vert-brun. T. B.
*933	22.40	G.B. 34	Sa tête laurée à dr. R⸲. TR · POT · XX · IMP · III · COS · III · S · C · La Providence debout à g., tenant une baguette et un sceptre; à ses pieds, un globe. C. III. 805. Patine noire. T. B.
*934	22.22	G.B. 31	M · AVREL · ANTONINVS AVG · ARM · PARTH · MAX · Sa tête laurée à dr. R⸲. Même légende. Victoire à demi-nue debout de face, regardant à dr., tenant une palme, et attachant à un palmier un bouclier sur lequel on lit: VIC · PAR · C. III. 807. Superbe patine brun-noir. De toute beauté.
*935	22.30	G.B. 20	M · ANTONINVS AVG · ARM · PARTH · MAX · Sa tête laurée à dr. R⸲. TR · POT · XXIII · IMP · V · COS · III · S · C · L'Équité assise à g., tenant une balance et une corne d'abondance. C. III. 822. Superbe patine vert-olive. De toute beauté.
*936	26.71	G.B. 33	M · AVREL · ANTONINVS AVG · ARMENIACVS P · M · Son buste lauré à dr. R⸲. TR · P · XVIII · IMP · II COS · III · S · C · Mars debout à dr., tenant une haste et appuyé sur un bouclier. C. III. 838. Belle patine brune. Superbe.
*937	25.80	G.B. 32	Un deuxième exemplaire. Magnifique patine verte. Superbe.
*938	28.51	G.B. 35	M · AVREL · ANTONINVS AVG · P · M · Sa tête laurée à dr. R⸲. Même légende. Pallas debout à g., tenant une branche d'olivier et appuyée sur un bouclier; une haste repose sur son bras g. C. III. 842. Belle patine brune. Superbe.
*939	7.36	N 21	M · ANTONINVS AVG · ARM · PARTH · MAX · Son buste lauré, drapé et cuirassé à dr. R⸲. TR · P · XXI · IMP · IIII · COS · III · Victoire marchant à g., tenant une couronne et une palme. C. III. 883. F. D C.
*940	7.22	N 21	Même légende. Sa tête laurée à dr. R⸲. TR · P · XXII · IMP · V · COS · III · L'Équité assise à g., tenant une balance et une corne d'abondance. C. III. 898. Superbe.
*941	7.27	N 21	La même monnaie avec son buste lauré et cuirassé à dr. C. III. 900. Superbe.
*942	22.86	G.B. 31	Son buste nu à dr. R⸲. Légende en partie effacée. Femme debout (la Paix?) à g., tenant un caducée et un sceptre. Cf. C. III. 925. Belle patine vert-foncé. Superbe.
*943	7.24	N 19	M · ANTONINVS AVG · ARMENIACVS · Son buste lauré, drapé et cuirassé à dr. R⸲. VICT · AVG · TR · P · XX · COS · III · Victoire tourelée volant à g. et tenant un diadème des deux mains. C. III. 987. F. D. C.

No.	Poids	Métal et Mill.	
*944	9.57	*M.B.*26	Sa tête laurée à dr. ℞. VOTA TR · P · XXI · IMP · IIII · COS · III · S · C · Marc Aurèle debout à g., sacrifiant sur un trépied. C. III. 1019. Jolie patine brun-foncé. T. B.
945	30.68	*G.B.*38	Sa tête laurée à dr. ℞. VOTA SVSCEP · DECENN · II · COS · III · S · C · Marc Aurèle debout à g , sacrifiant sur un trépied et tenant un livre. C. III. 1037. Patine brun-foncé. B.
946	3.43	*Æ*21	Sa tête radiée à dr. ℞. CONSECRATIO · Autel allumé. C. III. 1058. *Antoninien.* T. B.

Faustine jeune. Femme de Marc Aurèle. † en 175.
(Annia Faustina.)

No.	Poids	Métal et Mill.	
*947	22.18	*G.B.*30	DIVA FAVSTINA PIA · Son buste à dr., les cheveux ondés. ℞. AETERNITAS S · C · L'Éternité voilée assise à g., tenant un globe surmonté d'un phénix, et un sceptre. C. III. 8. Patine brun-foncé. B.
*948	27.53	*G.B.*33	Son buste voilé à dr. ℞. AETERNITAS S · C · Faustine tenant un sceptre, assise dans un char traîné par deux éléphants marchant à g. et montés chacun par un cornac. C. IIII. 11. (Frs. 40.—). Patine brun-foncé. Rare. B.
*949	25.29	*G.B.*31	FAVSTINA AVGVSTA · Son buste à dr. ℞. AVGVSTI PII FIL · S · C · Vénus debout à g., tenant une Victoire et appuyée sur un bouclier posé sur un casque. C. III. 16. Jolie patine verte. Superbe.
*950	18.42	*G.B.*29	Un deuxième exemplaire. Jolie patine verte. T. B.
*951	24.84	*G.B.*33	FAVSTINA AVGVSTA · Son buste à dr. ℞. CERES S · C · Cérès voilée, assise à g. sur la ciste, tenant deux épis et une torche. C. III. 37. Belle patine vert-clair. T. B.
*952	7.19	*N* 19	FAVSTINA AVG · PII AVG · FIL · Son buste à g. ℞. CONCORDIA · Colombe à dr. C. III. 60. F. D. C.
*953	7.25	*N* 20	Type semblable avec le buste à dr., en cheveux. C. III. 61. T. B.
*954	25.92	*G.B.*31	Son buste à dr. ℞. CONSECRATIO S · C · Faustine voilée, tenant un sceptre, enlevée par un paon qui vole à dr. C. III. 69. Jolie patine verte. Superbe.
955	—	*Æ* 18	Son buste à dr. ℞. La Concorde assise à g.; paon à dr. C. III. 54 (Frs. 6.—) et 71. T. B. et B. (2)
*956	31.30	*G.B.*31	DIVAE FAVSTIN · AVG · MATR · CASTROR · Son buste voilé à dr. ℞. CONSECRATIO S · C · Bûcher orné de draperies; sur le faîte, Faustine dans un bige. C. III. 80 (Frs. 40.—). Jolie patine brun-foncé. Rare. T. B.
*957	7.26	*N* 19	FAVSTINA AVGVSTA · Son buste à g. ℞. DIANA LVCIF · Diane debout à g., tenant des deux mains une torche enflammée. C. III. 84. T. B.
*958	10.48	*M.B.*25	Type semblable en M. B., mais le buste à dr. C. III. 86. Belle patine verte. B.
*959	24.35	*G.B.*33	FAVSTINA AVGVSTA · Son buste à dr., les cheveux ondés. ℞. DIANA LVCIF · S · C · Diane debout à g., tenant des deux mains une torche enflammée. C. III. 87. Magnifique patine brun-foncé. D'une beauté extraordinaire.
*960	11.69	*M.B.*25	Son buste à dr. ℞. DIANA LVCIFERA S · C · Même type à dr. C. III. 89. Jolie patine verte. B.
*961	29.47	*G.B.*33	FAVSTINA AVGVSTA · Son buste à dr. ℞. FECVND · AVGVSTAE S · C · La Fécondité debout à g. entre deux jeunes filles, en tenant deux autres dans ses bras. C. III. 96. Belle pat. vert-olive. Superbe.

No.	Poids	Métal et Mill.	
*962	22.98	G.B.31	Son buste à dr. R̵. FECVNDITAS S · C La Fécondité debout à dr., tenant un sceptre et un enfant. C. III. 100. Jolie patine verte. T. B.
*963	7.28	A′ 20	FAVSTINA AVGVSTA · Son buste diadémé à dr. R̵. HILARITAS · L'Allégresse debout à g., tenant une longue palme et une corne d'abondance. C. III. 109. T. B.
*964	28.05	G.B.31	Son buste diadémé à dr. R̵. IVNO S C · Junon voilée debout à g., tenant une patère et un sceptre; à ses pieds, un paon. C. III. 122. Jolie patine verte. T. B.
*965	10.63	M.B.26	Type semblable en M. B. C. III. 123. Belle patine vert-bleu. T. B.
*966	7.33	A′ 20	FAVSTINAE AVG · PII AVG · FIL · Son buste à dr. R̵. IVNONI LVCINAE · Junon debout à g., tenant une patère et un sceptre. C. III. 131. Superbe.
*967	16.55	G.B.32	Son buste à dr. R̵. LAETITIA S · C · La Joie debout à g., tenant une couronne et un sceptre. C. III. 149. Belle patine verte. T. B.
*968	10.33	M.B.25	Type semblable en M. B. C. III. 152. Patine vert-olive. T. B.
*969	21.00	N 21	FAVSTINA AVGVSTA · Son buste à dr., avec les cheveux ondés. R̵. MATRI MAGNAE · Cybèle, tenant le tympanon, assise à dr. entre deux lions. C. III. 168. T. B.
*970	29.41	G.B.31	Type semblable en G. B. Magnifique patine noire. De toute beauté.
971	21.02	G.B.29	Un deuxième exemplaire. Superbe patine vert-clair. A. B.
*972	12.12	M.B.29	Son buste diadémé à dr. R̵. PVDICITIA S · C · La Pudeur debout à g., s'enveloppant les épaules de son voile qu'elle tient des deux mains. C. III. 179. Belle patine brun-foncé. T. B.
*973	24.95	G.B.31	Son buste à dr. R̵. SAECVLI FELICIT · S · C · Pulvinar sur lequel jouent Commode enfant et son frère jumeau Antonin. C. III. 193. Jolie patine verte. T. B.
*974	23.55	G.B.32	FAVSTINA AVGVSTA · Son buste à dr. R̵. SALVTI AVGVSTAE S · C · La Santé assise à g., nourrissant un serpent enroulé autour d'un autel. C. III. 202. Belle patine noire. T. B.
*975	21.40	G.B.31	Son buste à dr. R̵. SIDERIBVS RECEPTA S · C · Diane diadémée debout à dr., avec le croissant derrière le cou, tenant une torche enflammée. C. III. 215. Jolie patine verte. B.
*976	25.54	G.B.33	Son buste à dr. R̵. TEMPOR · FELIC · S · C · Faustine debout à g., tenant deux enfants dans ses bras; à ses pieds, de chaque côté, deux autres enfants. C. III. 222. Belle patine verte. Superbe.
*977	14.14	M.B.29	Type semblable en M. B. C. III. 225. Jolie patine vert-foncé. T. B.
*978	11.38	M.B.27	Son buste à dr. R̵. VENVS S · C · Vénus debout à g., tenant une pomme et un sceptre. C. III. 251. Jolie patine verte. T. B.
*979	22.59	G.B.33	FAVSTINA AVG · PII AVG · FIL · Son buste à dr. R̵. Le même revers. C. III. 252. Jolie patine verte. B.
*980	12.30	M.B.27	Son buste à dr. R̵. VENVS S · C · Vénus debout à dr., ramenant son écharpe sur son épaule dr. et tenant une pomme. C. III. 258. Superbe patine verte. T. B.
*981	7.16	A′ 20	FAVSTINAE AVG · PII AVG · FIL · Son buste à dr. R̵. VENVS Vénus debout à g., tenant une pomme et un gouvernail posé sur une colombe. C. III. 260. De toute beauté.

No.	Poids	Métal et Mill.	
*982	55.94	Æ 40	ΦAVCTEINA CEBACTH · Buste drapé de Faustine à dr., les cheveux ondés. R͂. Au premier plan, au centre: un autel devant lequel se tient Bacchus tenant le thyrse dans la main g., faisant une libation au moyen d'une patère qu'il tient dans la main dr.; à ses pieds, une panthère. Derrière lui, une figure féminine (Faustine sous les traits d'Ariane?); en face, un Silène qui apporte au sacrifice un objet indistinct; à côté de lui à l'arrière-plan, une figure féminine. Derrière lui, Apollon nu et Vénus à demi-nue. Au-dessus du groupe, des nuages sur lesquels se tiennent des petites figures. Au centre: entre deux arbres, une figure qui paraît être Dionysos tenant un canthare et un sceptre; devant lui, deux figures indéterminées; du côté dr., Pan traînant un petit bouc après lui. Grand médaillon de beau style romain, pièce unique, d'un intérêt archéologique considérable. Superbe.
983	—	ℛ 19	Son buste à dr. R͂. La Pudeur debout à g.; pulvinar; la Santé assise à g; Vénus debout à g. C. III. 176, 190, 195 et 280. T. B. (4)

Lucius Verus. *161—169.*
(Lucius Aurelius Verus.)

No.	Poids	Métal et Mill.	
*984	31.34	G.B. 36	IMP · CAES · L · AVREL · VERVS AVG · Sa tête laurée à dr. R͂. CONCORD · AVGVSTOR · TR · P · COS · II · S · C · Lucius Verus et Marc Aurèle debout, se donnant la main. C. III 28. Sur flan de médaillon. Superbe patine vert-foncé. T. B.
*985	26.15	G.B. 35	La même monnaie avec son buste lauré et drapé à dr. C. III. 29. Belle patine vert-foncé. T. B.
*986	24.29	G.B. 33	Son buste lauré et cuirassé à dr. R͂. CONCORD · AVGVSTOR · TR · P · COS · II · S · C · Même type. C. III. 40. Jolie patine vert-olive. T. B.
*987	18.79	G.B. 34	DIVVS VERVS · Sa tête nue à dr. CONSECRATIO S · C · Aigle debout sur un globe, regardant à g. C. III. 56. Jolie patine brun-foncé. Rare. Superbe.
*988	25.67	G.B. 30	Sa tête nue à dr. R͂. CONSECRATIO S · C · Bûcher en pyramide, orné de draperies et de statues; au-dessus, un quadrige. C. III. 59. Belle patine vert-olive. Rare. T. B.
*989	25.08	G.B. 31	IMP · CAES · L · AVREL · VERVS AVG · Sa tête laurée à dr. R͂. FORT · RED · (à l'exergue) TR · POT · III · COS · II · (à l'entour) S · C · La Fortune assise à g., tenant un gouvernail et une corne d'abondance. C. III. 95. Magnifique patine brun-vert. De toute beauté.
*990	7.33	N 20	L · VERVS AVG · ARM · PARTH · MAX · Son buste lauré et drapé à dr. R͂. FORT · RED · TR · P · VIII · IMP · V · COS · III · Même type. C. III. 110. F. D. C.
991	—	ℛ 18	Sa tête nue ou son buste lauré à dr. R͂. Aigle debout à dr.; aigle debout sur un globe, regardant à g.; bûcher; la Paix debout à g. C. III. 55 (Frs. 12.—), cf. 56 en G. B., 58 (Frs. 12.—) et 127. T. B. (4)
*992	7.27	N 20	L · VERVS AVG · ARMENIACVS · Sa tête nue à dr. R͂. REX · ARMEN · DAT · TR · P · IIII · IMP · II · COS · II · Verus assis à g. sur une estrade; derrière lui, le préfet du prétoire debout; devant, un soldat debout; au pied de l'estrade, le roi Soème debout. C. III. 158. F. D. C.
*993	19.62	G.B. 32	Sa tête laurée à dr. R͂. TR · POT · VI · IMP · IIII · COS · II · S · C · Victoire à demi-nue, debout de face, regardant à dr., tenant une palme et plaçant sur un tronc de palmier un bouclier qui porte l'inscription VIC · PAR · C. III. 206 Var. Patine verte. T. B.
*994	12.86	M.B. 27	Type semblable, mais sa tête radiée à dr. C. III. 208 Var. Jolie patine vert-foncé. T. B.

No.	Poids	Métal et Mill.	
*995	21.29	G.B.29	Sa tête laurée à dr. R. TR·POT·VIII·IMP·V·COS·III·S·C· L'Équité assise à g , tenant une balance et une corne d'abondance. C. III. 214 Var. Jolie patine brune. T. B.
996	14.26	M.B.26	Sa tête radiée à dr. R. Mars nu, marchant à dr. et portant une haste et un trophée. C. III. 227. Jolie patine verte. B.
*997	26.35	G.B.32	Sa tête laurée à dr. R. TR·P·IIII·IMP·II·COS·II·S·C· Mars debout à dr., tenant une haste et appuyé sur un bouclier. C.III.232. Superbe patine verte. T.B.
*998	9.35	M.B.26	Type semblable avec son buste radié et cuirassé à dr. C. III. 235. Superbe patine verte. Superbe.
*999	7.23	N 19	L·VERVS AVG·ARMENIACVS· Son buste lauré et cuirassé à dr. R. TR·P·IIII·IMP·II·COS·II· Victoire à demi nue debout à dr., plaçant sur un palmier un bouclier sur lequel on lit: VIC·AVG· C. III. 247. F. D. C.
*1000	7.25	N 19	La même monnaie avec sa tête nue à dr. C. III. 248. F. D. C.
*1001	26.61	G.B.34	Sa tête laurée à dr. R. Le même revers. C. III. 250. Jolie patine brun-foncé. Superbe.
*1002	7.25	N 20	L·VERVS AVG·ARM·PARTH·MAX· Son buste lauré, drapé et cuirassé à dr. R. TR·P·VI·IMP·IIII·COS·II· Victoire à demi-nue, debout de face, regardant à dr., tenant une palme, et attachant à un palmier un bouclier sur lequel on lit: VIC·PAR· C. III. 276. T. B.
*1003	7.11	N 20	Le même droit. R. TR·P·VI·IMP·III·COS·II· Verus cuirassé, galopant à dr., tenant une haste et foulant aux pieds un ennemi. C. III. 287. B.
1004	—	Æ 19	Sa tête laurée à dr. R. Mars debout à dr.; Arménien assis à dr.; Victoire debout à g.; l'Équité debout à g.; l'Équité assise à g. C. III. 228, 273, 295, 297 et 318. F. D. C. — B. (5)
*1005	7.24	N 19	L·VERVS AVG·ARM·PARTH·MAX· Son buste lauré, drapé et cuirassé à dr. R. VICT·AVG·TR·P·VI·COS·II· Victoire tourelée volant à g., tenant un diadème des deux mains. C. III. 337. F. D. C.

Lucille. *Femme de Lucius Verus. † en 183.*
(Annia Lucilla.)

No.	Poids	Métal et Mill.	
*1006	20.30	G.B.28	Son buste à dr. R. FECVNDITAS S·C· La Fécondité assise à dr., tenant sur ses genoux un jeune garçon; devant et derrière elle, un enfant. C. III. 23. Jolie patine vert-olive. B.
*1007	10.90	M.B.26	Son buste à dr. R. FECVNDITAS S·C· La Fécondité assise à g., tendant la main à une jeune fille debout devant elle. C. III. 24. Belle patine verte. T.B.
*1008	29.27	G.B.30	Son buste à dr. R. HILARITAS S·C· L'Allégresse debout à g., tenant une longue palme et une corne d'abondance. C. III. 31. Patine brune. T.B.
*1009	24.53	G.B.31	Son buste à dr. R. IVNONI LVCINAE S·C· Junon assise à g., tenant une fleur et un enfant emmailloté. C. III. 37. Superbe patine verte. T. B.
*1010	13.75	M.B.26	Son buste à dr. R. IVNO REGINA S·C· Junon voilée debout à g., tenant une patère et un sceptre; à ses pieds, un paon. C. III. 44. Belle patine verte. Superbe.
*1011	7.26	N 19	LVCILLAE AVG·ANTONINI AVG·F· Son buste à dr. R. PIETAS· La Piété voilée debout à g., auprès d'un autel allumé, levant la main dr., et tenant une boîte à parfums. C. III. 49. Rare. F. D. C.
1012	24.73	G.B.33	Son buste à dr. R. Le même revers avec S·C· C. III. 53. Patine brune. B.
*1013	20.27	G.B.33	Un deuxième exemplaire. Patine verte. B.

No.	Poids	Métal et Mill.	
*1014	23.07	G.B. 32	Un troisième exemplaire. Jolie patine verte. Superbe.
*1015	23.13	M.B. 25	Type semblable en M. B. C. III. 55. Jolie patine vert-clair. B.
*1016	7.28	N 20	LVCILLAE AVG · ANTONINI AVG · F · Son buste à dr. R⨍. VENVS · Vénus debout à g., tenant une pomme et un sceptre. C. III. 69. F. D. C.
*1017	7.22	N 20	Un deuxième exemplaire. Superbe.
1018	23.46	G.B. 32	Type semblable avec S · C · C. III. 72. Jolie patine verte. B.
*1019	24.35	G.B. 32	Son buste à dr. R⨍. VENVS S · C · Vénus debout à g., tenant une pomme et ramenant son vêtement sur son épaule. C. III. 77. Belle patine vert-clair. B.
*1020	26.18	G.B. 31	Son buste à dr. R⨍. VENVS S · C · Vénus assise à g., tenant une Victoire et un sceptre; la Victoire tient un diadème des deux mains. C. III. 81. Belle patine verte. T. B.
*1021	11.02	M.B. 27	Son buste à dr. R⨍. Le même revers. C. III. 86. Patine verte. B.
*1022	11.07	M.B. 26	Son buste à dr. R⨍. VESTA S · C · Vesta voilée debout à g. auprès d'un autel allumé, tenant un simpule et le palladium. C. III. 95. Belle patine vert-foncé. T. B.
*1023	7.29	N 20	LVCILLAE AVG · ANTONINI AVG · F · Son buste à dr. R⨍. VOTA| PVBLI | CA dans une couronne de laurier. C. III. 97. Rare. Superbe.
*1024	7.24	N 20	Un deuxième exemplaire. T. B.
1025	—	Æ 18	Son buste à dr. R⨍. Junon assise à g.; Junon debout à g.; la Piété debout à g.; la Pudeur debout de face; Vénus debout à g.; VOTA PVBLICA dans une couronne. C. III. 36 (Frs. 6.—), 41, 50, 60 (Frs. 6.—), 89 (Frs. 6.—) et 98 (Frs. 10.—). F. D. C. — B. (6)
*1026	2.95	Æ 19	Son buste à dr. R⨍. VOTA PVBLICA autour d'une couronne de laurier; au milieu de la couronne, un point. C. III. 99 (Frs. 30.—). Très rare. T. B.

Commode. *180—192.*
(Marcus Lucius Aurelius Commodus Antoninus.)

No.	Poids	Métal et Mill.	
*1027	26.79	G.B. 32	Sa tête laurée et cuirassée à dr. R⨍. ANN · AVG · TR · P · VI · IMP · IIII · COS · III · P · P · S · C · L'Abondance debout à g., tenant deux épis et la corne d'Amalthée; à ses pieds, le modius. C. III. 4 Var. Patine verte. B.
1028	11.21	M.B. 26	Sa tête laurée à dr. R⨍. Prêtre conduisant deux boeufs à dr. C. III. 40 (Frs. 20.—). Patine brune. Rare. B.
*1029	26.94	G.B. 31	Sa tête laurée à dr. R⨍. CONC · MIL · P · M · TR · P · XI · IMP · VII · COS · V · P · P · S · C · La Concorde militaire debout à g., tenant une enseigne de chaque main. C. III. 56 Var. Belle patine vert-olive. T. B
1030	27.24	G.B. 31	Son buste jeune, lauré, drapé et cuirassé à dr. R⨍. DE GERMANIS TR · P · II · COS · P · P · S · C · Monceau d'armes. C III. 79. Patine vert-olive. B.
*1031	24.00	G.B. 30	L · AEL · AVREL · COMM · AVG · P · FEL · Son buste à dr. avec la peau de lion. R⨍. HERCVL · | ROMANO | AVGV · | S · C · Massue; le tout dans une couronne de laurier. C. III. 192. Superbe patine noire. T. B.
*1032	10.22	M.B. 26	Type semblable avec HERCVL · | ROMAN · | AVGV · | S · C · C. III. 193. Belle patine verte. T. B.
*1033	26.98	G.B. 31	Sa tête laurée à dr. R⨍. HERCVLI ROMANO AVG · S · C · Hercule nu, sous les traits de Commode, debout à g., posant un casque sur un trophée et tenant de la g. la peau de lion et une massue. C. III. 203. Jolie patine vert-olive. Rare. T. B.

No.	Poids	Métal et Mill.	
*1034	23.90	G.B.31	L · AVREL · COMMODO CAES · AVG · FIL · GERM · SARM · Son buste jeune, nu et drapé à dr. R̸. IOVI CONSERVATORI S · C . Jupiter nu, debout de face, regardant à g., et tenant un sceptre de la main g. et un foudre de la dr., avec laquelle il déploie son manteau sur Commode debout, en toge, qui tient un rameau et un sceptre. C. III. 244. Magnifique patine brun-foncé. Très rare. De toute beauté.
*1035	27.72	G.B.31	M · COMMODVS ANT · P · FELIX · AVG · BRIT. Sa tête laurée à dr. R̸. IOVI IVVENI P · M · TR · P · XIIII · IMP · VIII · COS · V · P · P · S · C · Jupiter nu, debout à g., le manteau sur l'épaule g., tenant un foudre et un sceptre; à ses pieds, un aigle. C. III. 253. Magnifique patine brun-olive. Superbe.
1036	—	Æ 19	Sa tête laurée ou nue à dr. R̸. Commode debout sur une estrade et haranguant trois soldats; l'Allégresse debout à g.; Commode et Jupiter debout à g.; la Joie debout à g.; la Libéralité debout à g. C. III. 142/143 (Frs. 15.—), 216, 239 (Frs. 20.—), 279 et 291. T. B. et B. (5)
1037	13.89	M.B.26	Son buste nu à dr., drapé et cuirassé. R̸. Commode assis à g. sur une estrade; derrière lui, le préfet; devant, la Libéralité; au bas, un homme qui monte les degrés. C. III. 294. Patine brune. B.
*1038	7.22	N 21	M · COMM · ANT · P · FEL · AVG · BRIT · P · P · Son buste lauré, drapé et cuirassé à dr. R̸. MART · PAC · P · M · TR · P · XIIII · COS · V · DES · VI · Mars nu, debout à g., le manteau derrière l'épaule g., tenant une branche d'olivier et une haste. Manque à Cohen, comparez le denier C. III. 351. Très rare. Superbe.
1039	12.16	M.B.25	Son buste jeune nu et drapé à dr. R̸. Objets de sacrifice. C. III. 405. Patine noire. B.
1040	13.54	G.B.30	Sa tête laurée à dr. R̸. Commode assis à g. sur une chaise curule et couronné par une Victoire qui vole derrière lui. C. III. 506 (Frs. 12.—). Patine brun-foncé. B.
*1041	23.10	G.B.30	Sa tête laurée à dr. R̸. PROV · AVG · TR · P · VIII · IMP · VI · COS · IIII · P · P · S · C · La Providence debout à g., tenant une baguette et un sceptre; à ses pieds, un globe. C. III. 620. Patine brune. T. B.
*1042	26.12	G.B.32	Même type avec PROV · DEOR · TR · P · VI · IMP · IIII · COS · III · P · P · S · C · C. III. 626 Var. Belle patine verte. T. B.
*1043	30.78	G.B.34	M · COMMODVS ANTONINVS AVG · Son buste lauré à dr. R̸. PROV · DEOR · TR · P · VII · IMP · IIII · COS · III · P · P · S · C · Même type. C. III. 629 Var. Belle patine vert-olive. Superbe.
*1044	27.10	G.B.31	Sa tête laurée à dr. R̸. SALVS AVG · TR · P · VIII · IMP · V · COS · IIII · P · P · S · C · La Santé debout à g., nourrissant un serpent enroulé autour d'un autel, et tenant un sceptre. C. III. 690. Magnifique patine verte. Superbe.
*1045	21.89	G.B.31	Sa tête laurée à dr. R̸. SALVS AVG · TR · P · VIII · IMP · VI · COS · IIII · P · P · S · C · Même type. C. III. 691. Jolie patine verte. T. B.
*1046	17.84	M.B.27	Son buste jeune nu et drapé à dr. R̸. SPES PVBLICA S · C · L'Espérance marchant à g., tenant une fleur et relevant sa robe. C. III. 710. Jolie patine brune. T. B.
*1047	26.33	G.B.31	M · COMMODVS ANTONINVS AVG · Son buste lauré et cuirassé à dr. R̸. TR · P · V · IMP · IIII · COS · II · P · P · S · C · Commode en habit militaire galopant à dr., tenant une haste et foulant aux pieds un ennemi. C. III. 794. Superbe patine vert-olive. De toute beauté.

No.	Poids	Métal et Mill.	
*1048	44.80	Æ 38	M · AVREL · COMMODVS ANTONINVS AVG · Son buste lauré, drapé et cuirassé à dr. R⁄. TR · P · VIII · IMP · V · COS · IIII · P · P · Rome assise à dr., tenant une haste et une Victoire; en face d'elle, la Félicité ou la Paix assise, tenant une branche d'olivier et une corne d'abondance; entre eux, un trépied sur lequel sacrifie Commode voilé debout à g.; au second plan et en face de lui, deux jeunes gens dont un joue de la double flûte. C. III. 858. Médaillon. Belle patine brune. D'une grande rareté. B.
1049	20.70	G.B. 32	Son buste lauré et drapé à dr. R⁄. Pallas marchant à dr., lançant un javelot et tenant un bouclier. C. III. 880. Belle patine verte. T. B.
1050	—	AR 19	Sa tête laurée à dr. R⁄. Commode debout à dr. et donnant la main à un sénateur debout; Génie debout à g.; Cérès assise à g.; Victoire assise à g.; trophée; Rome assise à g. C. III. 408 (Frs. 10.—), 532, 763, 775, 791 (Frs. 8.—) et 888. T. B. et B. (6)
*1051	24 81	G.B. 32	M · COMMODVS ANTONINVS · AVG · PIVS · Sa tête laurée à dr. R⁄. TR · P · VIII · IMP · VI · COS · IIII · P · P · S · C · Commode dans un quadrige au pas à g., tenant un sceptre surmonté d'un aigle; le char est orné d'un bas-relief représentant une Victoire couronnant un trophée. C. III. 910. Superbe patine noire. Rare. De toute beauté.
*1052	9.77	M.B. 26	Sa tête laurée à dr. R⁄. TR · P · VIII · IMP · VI · COS · IIII · P · P · S · C · Hercule debout de face regardant à dr., tenant de sa dr. la massue et de la g. un arc et la peau de lion. C. III. 922. Jolie patine vert-clair. T. B.
*1053	25.89	G.B. 30	Sa tête laurée à dr. R⁄. TR · P · VIIII · IMP · VI · COS · IIII · P · P · S · C · La Bonne Foi debout à dr., tenant deux épis et une corbeille de fruits. C. III. 936. Jolie patine vert-foncé. Superbe.
*1054	18.28	G.B. 30	Un exemplaire semblable. C. III. 936 Var. Jolie patine vert-clair. B.
*1055	19.24	G.B. 29	Sa tête laurée à dr. R⁄. VOTA SVSCEP · DECEN · P · M · TR · P · VIIII · IMP · VII · COS · IIII · P · P · S · C · Commode voilé debout à g., sacrifiant auprès d'un trépied. C. III. 988. Patine vert-olive. B.
1056	4.61	AR 21	Sa tête radiée à dr. R⁄. CONSECRATIO · Autel allumé. C. III. 1010. *Antoninien.* T. B.

Crispine. *Femme de Commode. † vers 183.*
(Bruttia Crispina)

No.	Poids	Métal et Mill.	
1057	10.03	M.B. 26	Son buste à dr. R⁄. HILARITAS S · C · L'Allégresse debout à g., tenant une longue palme et une corne d'abondance. C. III. 20. Patine verte. T. B.
1058	—	AR 17	Son buste à dr. R⁄. Deux mains jointes; Junon debout à g. C. III. 8 et 21 (2 ex.) T. B. et B. (3)
1059	10.28	M.B. 26	Son buste à dr. R⁄. IVNO LVCINA S · C · Junon debout à g., tenant une patère et un sceptre. C. III. 24. Patine verte. B.
1060	16.72	G.B. 31	Son buste à dr. R⁄. SALVS S · C · La Santé assise à g., nourrissant un serpent enroulé autour d'un autel. C. III. 32. Jolie patine verte. B.
*1061	20.97	G.B. 31	La même monnaie avec CRISPINA AVGVSTA · C. III. 33. Jolie patine vert-olive. T. B.
*1062	27.83	G.B. 32	Un deuxième exemplaire. Belle patine brun-foncé. Superbe.
*1063	12.57	M.B. 24	Son buste à dr. R⁄. VENVS FELIX S · C · Vénus assise à g., tenant une Victoire et un sceptre. C. III. 41. Belle patine vert-clair. T B.
*1064	14.64	M.B. 26	Un deuxième exemplaire. Jolie patine vert-foncé. T. B.

No.	Poids	Métal et Mill.	
			Pertinax. † en *193*. **(Publius Helvius Pertinax.)**
*1065	3.36	Æ 19	Sa tête laurée à dr. R. AEQVIT · AVG · TR · P · COS · II · L'Équité debout à g., tenant une balance et une corne d'abondance. C. III. 2 (Frs. 50.—). Rare. B.
*1066	7.26	N 20	IMP · CAES · P · HELV · PERTIN · AVG · Sa tête laurée et drapée à dr. LAETITIA TEMPOR · COS · II · La Joie debout à g., tenant une couronne et un sceptre. C. III. 18. Sur un flan très large. Très rare. F. D. C.
*1067	3.07	Æ 18	Type semblable en denier. C. III. 20 (Frs. 50.—). Rare. B.
*1068	17.40	G.B. 28	Sa tête laurée à dr. R. OPI DIVIN · TR · P · COS · II · S · C · L'Assistance divine assise à g., tenant deux épis. C. III. 34 (Frs. 200.—). Jolie patine vert-foncé. Très rare. B.
*1069	3.17	Æ 19	Sa tête à dr. R. PROVID · DEOR · COS · II · La Providence debout à g., levant la main dr. vers un globe radié. C. III. 43 (Frs. 50.—). B.
*1070	3.40	Æ 20	IMP · CAES · P · HELV · PERTIN · AVG · Sa tête laurée à dr. R. SAECVLO FRVGIFERO · Caducée auquel six épis sont attachés en guise d'ailes. C. III. 54 (Frs. 150.—). De la plus grande rareté. T. B.
*1071	2.61	Æ 18	Sa tête laurée à dr. R. VOT · DECEN · TR · P · COS · II · Pertinax voilé debout à g., sacrifiant sur un trépied allumé. C. III. 56 (Frs. 50.—). Rare. T. B.
*1072	3.02	Æ 18	Un deuxième exemplaire. B.
*1073	11.50	M.B. 24	IMP · CAES · P · HELV · PERTIN AVG · Sa tête radiée à dr. R. Le même revers avec S · C · C. III. 59 Var. (Frs. 80.—). Patine vert-foncé. Très rare. B.
			Dide Julien. † en *193*. **(Marcus Didius Severus Julianus.)**
*1074	2.56	Æ 18	IMP · CAES · M · DID · IVLIAN · AVG · Sa tête laurée à dr. R. CONCORD · MILIT · La Concorde debout à g., tenant deux enseignes surmontées l'une d'un aigle et l'autre d'un étendard. C. III. 2 Var. (Frs. 100.—). Très rare. T. B.
*1075	2.84	Æ 17	Sa tête laurée à dr. R. P · M · TR · P · COS · La Fortune debout à g., tenant un gouvernail posé sur un globe et une corne d'abondance. C. III. 10 (Frs. 100.—). Très rare. T. B.
*1076	21.56	G.B. 31	IMP · CAES · M · DID · SEVER · IVLIAN · AVG · Sa tête laurée à dr. R. P · M · TR · P · COS · S · C · Le même revers. C. III. 12. Belle patine verte. Rare. T. B.
*1077	2.75	Æ 18	Sa tête laurée à dr. R. RECTOR ORBIS · Julien debout à g., tenant un globe et un livre. C. III. 15 (Frs. 100.—). Très rare. T. B.
			Didia Clara. *Fille de Dide Julien.*
*1078	3.19	Æ 18	DIDIA CLARA AVG · Son buste à dr. R. HILAR · TEMPOR · L'Allégresse debout à g., tenant une longue palme et une corne d'abondance · C. III. 3 (Frs. 300.—). De la plus grande rareté. B.
			Pescenius Niger. *193—194*. **(Caius Pescenius Niger.)**
*1079	2.81	Æ 17	IMP · CAES · C · PESC · NIGER IVS AVG · COS · II · Sa tête laurée à dr. R. BONAE SPEI · L'Espérance marchant à g., tenant une fleur et relevant sa robe. C. III. 4 (Frs. 200.—). Très rare. B.
*1080	3.02	Æ 18	Sa tête laurée à dr. R. VICTOR · IVST · AVG · Victoire marchant à g., tenant une couronne et une palme. C. III. 78 (Frs. 200.—). Très rare. A. B.

No.	Poids	Métal et Mill.	
			Albin. *193—197.*
			(Decimus Clodius Septimius Albinus.)
*1081	9.05	M.B. 23	Sa tête nue à dr. R̸. COS · II · S · C · Esculape debout à g., tenant un bâton autour duquel est enroulé un serpent. C. III. 11. Patine vert-foncé. B.
1082	2.53	Æ 18	Sa tête nue à dr. R̸. La Félicité debout à g., tenant un caducée et un sceptre. C. III. 15 (Frs. 12.—). B.
*1083	24.06	G.B. 33	Sa tête nue à dr. R̸. FELICITAS COS · II · S · C · Le même type. C. III. 16. Superbe patine noire. Rare. T. B.
*1084	11.39	M.B. 21	Type semblable en M. B. C. III. 17. Jolie patine vert-clair. Rare. T. B.
*1085	3.65	Æ 19	Sa tête laurée à dr. R̸. FIDES LEGION · COS · II · Deux mains jointes, tenant une aigle légionnaire sur un foudre. C. III. 24. Rare. Superbe.
*1086	25.71	G.B. 30	Sa tête nue à dr. R̸. FORT · REDVCI COS · II · S · C · La Fortune assise à g., tenant un gouvernail et une corne d'abondance; sous le siège, une roue. C. III. 32. Superbe patine noire. Rare. T. B.
1087	30.98	G.B. 31	La même monnaie avec son buste nu et drapé à dr. C. III. 33 (Frs. 30 —). Belle patine verte. B.
*1088	3.13	Æ 19	Sa tête nue à dr. R̸. MINER · PACIF · COS · II · Minerve debout à g., tenant une branche d'olivier et un bouclier; une haste repose sur son bras g. C. III. 48. T. B.
*1089	22.00	G.B. 31	D · CLOD · SEPT · ALBIN · CAES · Sa tête nue à dr. R̸. Le même revers. C. III. 49. Belle patine verte. Rare. T. B.
1090	20.55	G.B. 30	Un deuxième exemplaire. Patine brune. A. B.
*1091	22.13	G.B. 31	La même monnaie avec son buste nu et drapé à dr. C. III. 50. Jolie patine brun-foncé. Rare. T. B.
1092	2.97	Æ 17	Sa tête nue à dr. R̸. PROVID · AVG · COS · La Providence debout à g., tenant une baguette et un sceptre. C. III. 58. B.
1093	2.37	Æ 19	Sa tête nue à dr. R̸. ROMAE AETERNAE · Rome casquée assise à g., tenant le palladium et un sceptre. C. III. 61. Rare. T. B.
*1094	3.23	Æ 17	Sa tête nue à dr. R̸. SAEC · FRVGIF · COS · II · Génie à demi-nu debout à g. avec le strophium, tenant un caducée et une fourche à foin. C. III. 65. Rare. F. D. C.
*1095	24.21	G.B. 31	D · CL · SEPT · ALBIN · CAES · Son buste nu et drapé à dr. R̸. SAECVLI FRVGIFERO COS · II · S · C · Divinité africaine radiée debout à g., tenant des épis et un caducée de la main dr., et de la g., un trident. C. III. 71. Belle patine verte. Rare. Superbe.
			Septime Sévère. *193—211.*
			(Lucius Septimus Severus.)
*1096	21.82	G.B. 31	Son buste lauré, drapé et cuirassé à dr. R̸. ADVENTVI AVG · FELICISSIMO S · C · Sévère en habit militaire à cheval à dr., précédé par un soldat qui se retourne, tenant le cheval par le frein et portant un étendard. C. IV. 8 (Frs. 25.—). Jolie patine vert-clair. B.
*1097	22.35	G.B. 32	Son buste lauré et cuirassé à dr. R̸. AFRICA S · C · L'Afrique coiffée de la trompe d'éléphant, debout à dr., tenant des épis dans son peplum; à ses pieds, un lion. C. IV. 27. Belle patine brun-foncé. T. B.
1098	—	Æ 19	Sa tête laurée à dr. R̸. Septime Sévère à cheval à g. et précédé d'un soldat; l'Afrique debout à dr.; l'Afrique assise à g.; l'Abondance debout à g. C. IV. 1 (Frs. 5.—), 25, 31 et 38. F. D. C. — B. (4)

No.	Poids	Métal et Mill.	
*1099	7.27	N 20	SEVERVS PIVS AVG· Sa tête laurée à dr. R⁄. CONCORDIA MILIT· La Concorde debout à g. entre six enseignes militaires; elle en tient une, ainsi qu'un sceptre. C. IV. 75 (Frs. 300.—). Très rare. F. D. C.
1100	3.36	AR 19	Sa tête nue à dr. R⁄. CONSECRATIO· Aigle éployé de face sur un foudre, regardant à g. C. IV. 82. F. D. C.
1101	3.06	AR 19	Type semblable, mais l'aigle sur un globe. C. IV. 84. T. B.
*1102	3.30	AR 19	Sa tête nue à dr. R⁄. CONSECRATIO· Bûcher en pyramide; sur le sommet, Sévère dans un quadrige. C. IV. 89. Superbe.
1103	3.30	AR 20	Un deuxième exemplaire. T. B.
*1104	1.67	AR 15	SEVERVS AVG·PART·MAX· Son buste lauré et drapé à dr. R⁄. COS·II· P·P· Victoire marchant à g., tenant une couronne et une palme. Manque à Cohen, voir C. IV. 97. AR·Quinaire. Rare. T. B.
*1105	25.97	G.B. 31	L·SEPT·SEV·PERT·AVG·IMP·VII· Sa tête laurée à dr. R⁄. DIVI M· PII F·P·M·TR·P·III·COS·II·P·P·S·C· Rome assise à g., tenant une Victoire et une haste; à côté d'elle, un bouclier. C. IV. 127. Superbe patine verte. Superbe.
1106	12.42	M.B. 27	Son buste lauré à dr. R⁄. FORT·RED·P·M·TR·P·XIX·COS·III·P·P·S·C· La Fortune assise à g. C. IV. 155. Patine noire. B.
*1107	7.19	N 19	SEVERVS AVG·PART·MAX· Sa tête laurée à dr. R⁄. FVNDATOR PACIS· Sévère voilé debout à g., tenant une branche d'olivier et un livre. C. IV. 202. F. D. C.
1108	—	AR 19	Sa tête laurée à dr. R⁄. Victoire marchant à g.; la Félicité debout à g.; Sévère voilé debout à g. C. IV. 96, 100 (Frs. 6 —), 135 et 205. F. D. C. (4)
1109		AR 18	Sa tête laurée à dr. R⁄. La déesse céleste de Carthage assise sur un lion qui court à dr.; Jupiter marchant à dr. et lançant un foudre; la Justice assise à g.; aigle légionnaire entre deux enseignes militaires. C. IV. 222, 243, 251 et 272. F. D. C. — B. (4)
1110	—	AR 19	Sa tête laurée à dr. R⁄. La Libéralité debout à g.; Mars debout à dr.; la Monnaie debout à g. C. IV. 291, 298, 319 et 343. F. D. C. — B. (4)
1111	2.77	AR 20	Sa tête laurée à dr. R⁄. PACATOR ORBIS· Buste radié et drapé du Soleil à dr. C. IV. 356 (Frs. 10.—). Superbe.
*1112	21.84	G.B. 29	Sa tête laurée à dr. R⁄. PART·ARAB·PART·ADIAB·COS·II·P·P·S·C· Trophée entre un Parthe et un Arabe assis chacun sur un bouclier, les mains liées derrière le dos. C. IV. 367. Jolie patine vert-olive. B.
*1113	13.05	M.B. 26	Sa tête laurée à dr. R⁄. P·M·TR·P·III·COS·II·P·P·S·C· Pallas debout à g., tenant une haste et un bouclier. C. IV. 392. Superbe patine vert-foncé. T. B.
*1114	6.60	N 20	L·SEPT·SEV·PERT·AVG·IMP·VIII· Sa tête laurée à dr. R⁄. P·M·TR· P·IIII·COS·II·P·P· Victoire marchant à g., tenant une couronne et un trophée. C. IV. 422 Var. Superbe.
1115	—	AR 18	Sa tête laurée à dr. R⁄. Trophée avec deux captifs; Jupiter assis à g.; Mars marchant à dr.; la Paix assise à g.; Victoire volant à g. C. IV. 370, 372, 380, 396, 444 et 454. F. D. C. (5) B. (1)
*1116	7.19	N 20	SEVERVS PIVS AVG· Sa tête laurée à dr. R⁄. P·M·TR·P·XIII·COS· III·P·P· Jupiter nu debout à g., son manteau déployé derrière lui, tenant un foudre et un sceptre; à ses pieds, un aigle. C. IV. 468. F. D. C.

No.	Poids	Métal et Mill.	
1117	—	Æ 19	Sa tête laurée à dr. R∤. Génie debout à g. et sacrifiant; Victoire debout à dr., écrivant sur un bouclier; l'Afrique debout à dr.; Jupiter marchant à g. C. IV. 475, 489, 493 et 501. F. D. C. et B. (4)
1118	—	Æ 19	Sa tête laurée à dr. R∤. La Clémence assise à g.; Jupiter debout à g. entre Caracalla et Géta enfants; Neptune debout à g. C. IV. 514, 525, 529, 542 et 543. F. D. C. (5)
*1119	12.74	M.B. 26	Sa tête laurée à dr. R∤. P · M · TR · P · XVIII · COS · III · P · P · S · C · Victoire debout à dr., tenant des deux mains un étendard; de chaque côté près d'elle, un captif assis. C. IV. 545. Patine verte. B.
*1120	28.23	G.B. 33	Sa tête laurée à dr. R∤. P · M · TR · P · XVIII · COS · III · P · P · S · C · Deux Victoires debout, attachant un bouclier à un palmier au pied duquel sont deux captifs. C. IV. 547. Belle patine verte. Rare. T. B.
*1121	23.31	G.B. 33	L · SEPT · SEVERVS PIVS AVG · Sa tête laurée à dr. R∤. P · M · TR · P · XVII · COS · III · P · P · S · C · Sévère et Caracalla debout, tenant chacun de la main dr. une patère et sacrifiant sur un autel allumé; derrière l'autel, la Piété debout de face. C. IV. 560 Var. Belle patine vert-noir. Rare. T. B. — Exemplaire de la collection Tyskiewicz. —
1122	—	Æ 19	Sa tête laurée à dr. R∤. Femme assise à g.; Sévère galopant à g.; Sévère galopant à dr.; la Providence debout à g. C. IV. 555, 556 (Frs. 5.—), 576 (Frs. 6.—) et 586. F. D. C. (4)
*1123	7.28	N 20	SEVERVS AVG · PART · MAX · Son buste lauré à dr. R∤. RESTITVTOR VRBIS · Septime Sévère lauré, en habit militaire, debout à g., sacrifiant sur un trépied allumé, et tenant une haste. C. IV. 598. F. D. C.
1124	3.43	Æ 19	Tête laurée à dr. R∤. SECVRITAS · · · La Sécurité assise à g., tenant un globe. C. IV. 646. *Surfrappé sur un denier d'Albin.* T. B.
*1125	23.50	G.B. 31	Sa tête laurée à dr. R∤. VICT · AVG · TR · P · II · COS · II · S · C · Victoire marchant à dr., tenant une couronne et une palme. C. IV. 686 Var. Jolie patine vert noir. B.
1126	—	Æ 19	Sa tête laurée à dr. R∤. Septime Sévère debout à g. et sacrifiant; Rome assise à g.; Sévère debout à g. et sacrifiant; Victoire dans un bige à dr. C. IV. 599, 606, 612 et 713 (Frs. 5.—). F. D. C. (3) et B. (1)
*1127	7.00	N 21	L · SEPT · SEV · AVG · IMP · XI · PART · MAX · Son buste lauré, drapé et cuirassé à dr. R∤. VICTORIAE AVGG · FEL · Victoire volant à g., tenant un diadème des deux mains; devant elle, un bouclier sur un cippe. C. IV. 718. Superbe.
1128	—	Æ 18—20	Sa tête laurée à dr. R∤. Victoire volant à g.; Victoire marchant à dr.; Victoire debout de face, à dr., un palmier; Victoire assise à g. C. IV. 719, 727, 729 et 731. F. D. C. (2) et T. B. (2)
*1129	36.95	G.B. 37	L · SEPT · SEVERVS PIVS AVG · Sa tête laurée à dr. R∤. VICTORIAE BRITANNICAE S · C · Deux Victoires attachant un bouclier à un palmier, au pied duquel sont assis deux captifs. C. IV. 732. Sur flan de médaillon. Superbe patine vert-foncé. Rare. Superbe.
*1130	9.63	M.B. 26	Sa tête laurée à dr. R∤. VICTORIAE BRITANNICAE S · C · Victoire debout à dr., écrivant sur un bouclier, attaché à un palmier. C. IV. 734. Jolie patine vert-foncé. B.
*1131	25.86	G.B. 31	Sa tête laurée à dr. R∤. VIRT · AVG · TR · P · II · COS. II · P · P · S · C · Rome en habit militaire, debout à g., tenant une Victoire et une haste. C. IV. 756. Patine verte. B.

No.	Poids	Métal et Mill.	
*1132	27.04	G.B.33	Sa tête laurée à dr. R⁄. VIRTVTI AVG · S · C · Sévère debout à g., tenant une Victoire et une haste, et couronné par Rome debout qui tient un parazonium. C. IV. 773. Belle patine brun-foncé. Rare. Superbe.
1133	2.69	R 19	Sa tête laurée à dr. R⁄. VOTA SVSCEPTA XX · Sévère debout à dr. et sacrifiant; en face de lui, un licteur debout; sur le deuxième plan, la Concorde voilée debout. C. IV. 794 (Frs. 25.—). Rare. B.
1134	—	R 19	Sa tête laurée à dr. R⁄. Victoire marchant à g ; Rome debout à g.; Sévère debout, sacrifiant à g.; VOTIS DECENNALIBVS dans une couronne. C. IV. 744, 761, 790 et 798 (Frs. 6.—). F. D. C. (4)
1135	3.31	R 21	Sa tête radiée à dr. R⁄. CONSECRATIO. Autel allumé. C. IV. 800. *Antoninien.* Superbe.

Septime Sévère et Julie Domne. *Frappé en 198—201.*

No.	Poids	Métal et Mill.	
*1136	7.24	N 20	SEVERVS AVG · PART · MAX · Buste lauré de Sévère à dr. avec l'égide. R⁄. IVLIA AVGVSTA · Buste de Julie à dr. C. IV. p. 99. 1. Rare. F. D. C.
*1137	7.29	N 20	La même monnaie avec la tête laurée de Sévère à dr. C. IV. 1/2 Var. Rare. F.D.C.

Sévère, Caracalla et Géta. *Frappé en 198—201.*

No.	Poids	Métal et Mill.	
*1138	7.57	N 20	SEVERVS AVG · PART · MAX · Son buste lauré et cuirassé à dr. R⁄. AETERNIT · IMPERI · Bustes affrontés de Caracalla lauré, drapé et cuirassé, et de Géta, nu et drapé. C. IV. 1 Var. Très rare. F. D. C.
*1139	7.39	N 20	SEVERVS AVG · PART · MAX · Sa tête laurée à dr. R⁄. Le même revers, mais le buste de Géta est aussi cuirassé. C. IV. 1 Var. Très rare. F. D. C.

Julie Domne. *Femme de Septime Sévère. † en 217.*
(Julia Domna.)

No.	Poids	Métal et Mill.	
1140	—	R 19	Son buste à dr. R⁄. Cérès assise à g.; la Concorde assise à g.; Diane debout à g.; la Terre couchée à g., autour d'elle quatre enfants représentant les quatre Saisons. C. IV. 14, 21, 32, et 35. F. D. C. (3) et B. (1)
*1141	7.58	N 21	IVLIA AVGVSTA Son buste à dr. R⁄. IVNO · Junon voilée debout à g., tenant une patère et un sceptre; à ses pieds, un paon. C. IV. 81. Rare. F.D.C.
1142	—	R 18	Son buste à dr. R⁄. La Fortune debout à g.; Junon debout à g. C. IV. 55, 58, 79 et 82. F. D. C. (4)
*1143	19.78	G.B.31	Son buste à dr. R⁄. IVNONEM S · C · Le même revers. C. IV. 88. Patine vert-clair. T. B.
*1144	13.13	M.B.26	Type semblable en M. B. C. IV. 89. Jolie patine vert-foncé. T. B.
*1145	24.40	G.B.32	IVLIA AVGVSTA · Son buste à dr. R⁄. IVNONI LVCINAE S · C · Junon assise à g., tenant une fleur et un enfant emmailloté. C. IV. 94. Magnifique patine vert-foncé. D'une extrême beauté.
*1146	20.64	G.B.31	Un deuxième exemplaire. Patine du Tibre. T. B.
1147	3.67	R 18	Son buste à dr. R⁄. IVNO REGINA · Junon voilée debout à g., tenant une patère et un sceptre; à ses pieds, un paon. C. IV. 97. Superbe.
1148	21.98	G.B.29	Son buste à dr. R⁄. Le même revers avec S · C · C. IV. 99 (Frs. 15.—). Patine brune. Rare. B.
1149	5.42	R 24	Son buste à dr. avec le croissant. R⁄. LVNA LVCIFERA · Diane dans un bige au galop à g. C. IV. 106. *Antoninien.* F. D. C.

No.	Poids	Metal et Mill.	
*1150	26.85	G.B.33	Son buste à dr. ℞. MAT · AVGG · MAT · SEN · M · PATR · S · C · Julie assise à g., tenant une branche d'olivier et un sceptre. C. IV. 112 (Frs. 30.—). Belle patine vert-foncé. Rare. T. B.
*1151	11.26	M.B.26	Son buste à dr. ℞. MATER CASTRORVM S · C · Julie debout à g. tenant une patère et un caducée; en face, trois enseignes militaires. C. IV. 121. Patine noire. B.
1152	—	Æ 19	Son buste à dr. ℞. Diane dans un bige à g.; Julie assise à g.; Cybèle assise à g. sur un char traîné par quatre éléphants; Cybèle assise à g. entre deux lions. C. IV. 105, 111, 117 et 123. F. D. C. (4)
*1153	17.35	G.B.29	Son buste à dr. ℞. PVDICITIA S · C · Julie assise à g., regardant de face, et tenant un sceptre. C. IV. 166. Jolie patine vert-foncé. T. B.
1154	—	Æ 19	Son buste à dr. ℞. Cybèle debout de face; la Piété debout à g. et sacrifiant; la Piété debout à g.; la Pudeur assise à g. C. IV. 137, 150, 156 et 168. F. D. C. (3) et B. (1)
1155	4.99	Æ 21	Son buste diadémé à dr. ℞. VENERI GENETRICI · Vénus debout à g. et tenant un sceptre. C. IV. 186. *Antoninien.* F. D. C.
1156	—	Æ 19	Son buste à dr. ℞. La Pudeur assise à g.; Isis debout à dr., allaitant Horus; Vénus debout à g. C. IV. 170, 172 Var., 174 et 191 Var. (Frs. 5.—). F. D. C. (4)
*1157	18.69	G.B.30	Son buste à dr. ℞. VENERI VICTR · S · C · Vénus à demi-nue, vue par derrière, debout à dr., tenant une pomme et une palme, et appuyée sur une colonne. C. IV. 195. Jolie patine verte. Rare. T. B.
1158	3.04	Æ 19	Son buste à dr. ℞. VENVS FELIX · Vénus debout à g., tenant une pomme et un sceptre. C. IV. 197. F. D. C.
1159	5.01	Æ 23	Son buste diadémé à dr. avec le croissant. ℞. VENVS GENETRIX · Vénus assise à g., tenant une pomme et un sceptre; à ses pieds, Cupidon debout. C. IV. 205 Var. *Antoninien.* F. D. C.
1160	3.21	Æ 20	Son buste à dr. ℞. Le même revers. C. IV. 205. F. D. C.
1161	5.09	Æ 22	Son buste diadémé à dr. avec le croissant. ℞. VENVS GENETRIX · Vénus assise à g., étendant la main dr. et tenant un sceptre. C. IV. 211. *Antoninien.* F. D. C.
1162	3.27	Æ 19	Son buste à dr. ℞. Le même revers. C. IV. 212. F. D. C.
1163	8.54	M.B.25	Type semblable en M. B. Manque à Cohen. Patine verte. B.
*1164	7.23	N 21	IVLIA AVGVSTA · Son buste à dr. ℞. VENVS VICTRIX · Vénus à demi-nue debout à g., tenant un casque et une palme, et appuyée sur une colonne; à ses pieds, un bouclier. Manque à Cohen. Fabrique syrienne. Très rare. T. B.
*1165	11.17	M.B.25	Son buste à dr. ℞. VESTA S · C · Vesta voilée assise à g., tenant le palladium et un sceptre. C. IV. 225. Jolie patine vert-olive. T. B.
*1166	25.44	G.B.33	IVLIA PIA FELIX AVG · Son buste diadémé à dr. ℞. VESTA S · C · Vesta assise à g., tenant un simpule et un sceptre. C. IV. 228. Superbe patine vert-foncé. Superbe.
*1167	10.73	M.B.26	Même droit. ℞. VESTA S · C · Quatre vestales debout, accompagnées de deux enfants, sacrifiant sur un autel en dehors d'un temple à quatre colonnes à coupole ronde, dans l'intérieur duquel on voit la statue de Vesta assise. C. IV. 234. Jolie patine verte. B.
1168	—	Æ 18	Son buste à dr. ℞. Vesta assise à g.; Vesta debout à g. C. IV. 226, 230 et 246 F. D. C. (2) et T. B. (1)

No.	Poids	Métal et M-II.	
			Julie, Caracalla et Géta.
*1169	7.17	N 20	IVLIA AVGVSTA· Buste de Julie à dr. R⎰. AETERNIT·IMPERI· Bustes en regard de Caracalla lauré et de Géta nu-tête, tous deux jeunes et drapés. C. IV. p. 139. 1. Très rare. D'une grande beauté.
			Caracalla. *197 — 211.* (Bassianus.)
1170	—	Æ 19	Son buste lauré et drapé à dr. R⎰. Vaisseau allant à g.; Génie debout à g. et sacrifiant; Plautille et Caracalla debout, se donnant la main. C. IV. 3, 8, 19 et 23 (Frs. 6 —). F. D. C. (3) et T. B. (1)
1171	2.91	Æ 20	Sa tête laurée à dr. R⎰. COS·II· Caracalla dans un quadrige à dr., tenant un sceptre. C. IV. 38 (Frs. 10.—). T. B.
*1172	1.68	Æ 15	ANTONINVS PIVS AVG·BRIT· Sa tête laurée à dr. R⎰. COS·IIII·P·P· Victoire marchant à g., tenant une couronne et une palme. C. IV. 45. Æ-Quinaire. Très rare. T. B.
1173	—	Æ 19	Son buste nu ou lauré à dr. R⎰. Bâton d'augure, bonnet de flamine, crâne de boeuf et simpule; la Foi militaire debout, tenant deux enseignes; la Fortune debout à g.; la déesse de Carthage assise sur un lion à dr. C. IV. 53 (Frs. 12.—), 76 Var., 84 et 97. F. D. C. — B. (4)
*1174	10.88	M.B.25	Son buste lauré, drapé et cuirassé à dr. R⎰. INDVLGENTIA AVGG·IN CARTH·S·C· La déesse céleste de Carthage assise sur un lion courant à dr., tenant le tympanon et un sceptre; derrière, un rocher d'ou jaillissent des eaux. C. IV. 99. Jolie patine vert-foncé. B.
1175	—	Æ 19	Sa tête ou son buste lauré à dr. R⎰. Julie assise à g; Jupiter debout dans un temple à quatre colonnes; Caracalla debout à g., tenant une Victoire et une haste, à ses pieds, un captif; la Libéralité debout à g. C. IV. 104 (Frs. 5.—), 108 (Frs. 12.—), 115 (Frs. 10.—), 124 et 129. F. D. C. (3) et T. B. (2)
1176	3.55	Æ 20	Sa tête laurée à dr. R⎰. LIBERTAS AVG· La Liberté debout à g., tenant un bonnet et un sceptre. C. IV. 143. F. D. C.
1177	—	Æ 18	Sa tête ou son buste lauré à dr. R⎰. La Libéralité debout à g.; Mars debout à g.; Mars marchant à g.; Minerve debout à g., derrière elle, un trophée; la Monnaie debout à g. C. IV. 139, 149 (Frs. 5.—), 150, 159 et 165. F. D. C. (4) et T. B. (1)
1178	—	Æ 19	Sa tête ou son buste lauré à dr. R⎰. La Monnaie debout à g.; trophée entre deux captifs; la Concorde assise à g.; Sérapis debout à g. C. IV. 167, 175, 178, 192 et 195. F. D. C. (5)
1179	—	Æ 19	Sa tête laurée à dr. R⎰. Hercule debout à g.; l'Abondance assise à g.; la Santé assise à g. C. IV. 196, 205 et 206. F. D. C. et T. B. (3)
1180	3.35	Æ 19	Sa tête laurée à dr. R⎰. P·M·TR·P·XV·COS·III·P·P· Éléphant marchant à dr. C. IV. 208. Rare. F. D. C.
1181	2.63	Æ 20	Un deuxième exemplaire. F. D. C.
*1182	27.85	G.B.31	Son buste lauré, drapé et cuirassé à dr. R⎰. P·M·TR·P·XVI·COS·IIII·P·P·S·C· Mars debout à g., tenant une Victoire et une haste, et appuyé sur un bouclier; à ses pieds, un captif assis. C. IV. 217. Belle patine verte. T. B.
*1183	25.65	G.B.32	M·AVREL·ANTONINVS PIVS AVG·BRIT· Son buste lauré, drapé et cuirassé à dr. R⎰. P·M·TR·P·XVI·COS·IIII·P·P·S·C· La Liberté debout à g., tenant un bonnet et un sceptre. C. IV. 229. Magnifique patine vert-foncé. Beau portrait. De toute beauté.

No.	Poids	Métal et Mill.	
*1184	31.24	G.B.33	Sa tête laurée à dr. R⁄. P · M · TR · P · XVI · IMP · II · COS · IIII · P · P · S · C · Caracalla dans un quadrige au pas à dr., tenant un sceptre surmonté d'un aigle, et couronné par une Victoire debout derrière lui. C. IV. 233. Jolie patine vert-brun. T. B.
1185	—	Æ 18	Son buste lauré à dr. R⁄. Sérapis debout à g.; Hercule debout à g.; la Liberté debout à g.; Jupiter debout à g.; Sérapis debout à g. C. IV. 211, 221, 224, 239 et 241. F. D. C. (5)
*1186	21.25	G.B.30	Son buste lauré, drapé et cuirassé à dr. R⁄. P · M · TR · P · XVII · IMP · III · COS · IIII · P · P · S · C · Mars debout à g., tenant une Victoire et une haste et appuyé sur un bouclier; à ses pieds, un captif assis. C. IV. 257. Jolie patine vert-olive. T. B.
*1187	11.38	M.B.26	Type semblable en M. B. C. IV. 258 Var. Jolie patine brun-foncé. Superbe.
1188	12.22	M.B.27	Sa tête laurée à dr. R⁄. P · M · TR · P · XVII · IMP · III · COS · IIII · P · P · S C · Victoire debout à g., tenant un trophée des deux mains; à ses pieds, un Germain suppliant à genoux. C. IV. 268. Jolie patine noire. B.
1189	—	Æ 23	Son buste radié à dr. R⁄. Jupiter nu, debout à g. ou à dr. C. IV. 278 et 279 (2). *Antoniniens.* F. D. C. (3)
1190	—	Æ 19	Sa tête laurée à dr. R⁄. Apollon assis à g.; Hercule debout à g.; Caracalla debout à g.; Jupiter debout à dr.; Apollon debout à g. C. IV. 242 (Frs. 6.—), 244, 247, 279 et 282 (Frs. 6.—). F. D. C. (5)
1191	—	Æ 23	Son buste radié à dr. R⁄. Le Soleil debout à g.; Sérapis debout à g.; Pluton assis à g., devant lui, Cerbère. C. IV. 287, 295 et 299 Var. *Antoniniens.* F.D.C.(3)
*1192	11.20	M.B.21	Son buste lauré, drapé et cuirassé à dr. R⁄. P · M · TR · P · XVIII · COS · IIII · P · P · S · C · Esculape debout de face, tenant un bâton autour duquel est enroulé un serpent; à dr., un globe. C. IV. 304 Var. Patine verte. B.
1193	—	Æ 19	Sa tête laurée à dr. R⁄. Sérapis debout à g.; Pluton assis à g.; Esculape debout à g.; Esculape debout de face, à g., Télesphore. C. IV. 296, 299, 302 Var. et 307. F. D. C. (4)
*1194	10.58	M.B.21	Son buste lauré, drapé et cuirassé à dr. R⁄. P · M · TR · P · XVIII · COS · IIII · P · P · S · C · Esculape debout de face, tenant un bâton autour duquel est enroulé un serpent; à g., Télesphore enveloppé dans son manteau; à dr., à terre, un globe. C. IV. 310. Patine verte. T. B.
*1195	24.91	G.B.33	Son buste lauré, drapé et cuirassé à dr. R⁄. P · M · TR · P · XVIII · IMP · III · COS · IIII · P · P · S · C · Caracalla en habit militaire debout à g., foulant aux pieds un crocodile, tenant une haste, et recevant deux épis que lui présente l'Afrique, qui tient un sistre. C. IV. 334. Belle patine brun-foncé. Rare. T.B.
1196	—	Æ 20	Sa tête laurée à dr. R⁄. La Paix debout à g.; la Foi militaire debout à g.; la Foi militaire debout à g. entre quatre enseignes; Jupiter debout à g. C. IV. 314, 315, 316 et 337. F. D. C. (4)
1197	—	Æ 23	Son buste radié à dr. R⁄. Lion radié marchant à g.; Jupiter debout à g.; Jupiter assis à g. C. IV. 322, 338 et 342. *Antoniniens.* F. D. C. (3)
1198	—	Æ 22	Son buste radié à dr. R⁄. Sérapis debout à g.; le Soleil montant dans un quadrige à g.; le Soleil debout à g. C. IV. 349, 356 (Frs. 6.—) et 358 *Antoniniens.* F. D. C. (3)
1199	—	Æ 22	Son buste radié à dr. R⁄. Diane dans un bige de taureau à g.; lion radié marchant à g.; Jupiter debout à g. C. IV. 363 (Frs. 6.—), 368 (Frs. 6.—) et 375. *Antoniniens.* F. D. C. (3)

No.	Poids	Métal et M-ù.	
1200	. .	Æ 20	Sa tête laurée à dr. R̵. Sérapis debout à g.; le Soleil montant dans un quadrige à g.; le Soleil debout à g.; lion radié marchant à g.; Jupiter assis à g. C. IV. 348, 355, 359, 367 et 378. F. D. C. (5)
1201	—	Æ 22	Son buste radié à dr. R̵. Jupiter assis à g.; Sérapis debout à g.; le Soleil debout à g. C. IV. 378 Var., 383 et 390. *Antoniniens.* F. D. C. et T. B. (3)
*1202	9.61	M.B. 21	Sa tête laurée à dr. R̵. P · M · TR · P · XX · COS · IIII · P · P · S · C · Diane avec l'écharpe flottante, dans un bige de taureau courant à g. C. IV. 397. Jolie patine vert-foncé. Superbe.
*1203	12.22	M.B. 27	Sa tête laurée à dr. R̵. P · M · TR · P · XX · COS · IIII · P · P · S · C · Lion radié marchant à g., tenant un foudre dans sa gueule. C. IV. 404 Var. Jolie patine brun-foncé. Superbe.
*1204	7.32	N 20	IMP · CAES · M · AVR · ANTONINVS AVG · Son buste jeune, lauré, drapé et cuirassé à dr. R̵. PONTIFEX TR · P · II · Caracalla en habit militaire debout à g., tenant une Victoire et une haste; à ses pieds, un captif en pleurs, assis. C. IV. 405. F. D. C.
*1205	6.85	N 19	ANTONINVS PIVS AVG · Son buste jeune lauré, drapé et cuirassé à dr. R̵. PONTIF · TR · P · VII · COS · Caracalla dans un quadrige au pas à gauche, tenant un sceptre surmonté d'un aigle. Manque à Cohen, cf. C. IV. 418. Rare. F. D. C.
1206	—	Æ 18	Sa tête ou son buste lauré à dr. R̵. Diane dans un bige de taureau à dr.; Mars debout à g.; Caracalla galopant à dr.; Mars marchant à dr.; Caracalla debout à dr., à g., un fleuve, à dr., deux figures couchées. C. IV. 395, 420, 424, 424 Var., 427, 431 et 441 (Frs. 6.—). F. D. C. (7)
*1207	1.64	Æ 15	ANTONINVS PIVS AVG · Sa tête laurée à dr. R̵. PONTIF · TR · P · XI · COS · III · Victoire marchant à g., tenant une couronne et une palme. C. IV. 450. Æ · Quinaire. Rare. F. D. C.
1208	3.01	Æ 20	ANTONINVS PIVS AVG · Sa tête laurée à dr. R̵. PONTIF · TR · P · XI · COS · III · Caracalla à cheval à dr., tenant une haste. Manque à Cohen. F. D. C.
*1209	20.18	G.B. 33	Son buste lauré à dr. R̵. PONTIF · TR · P · XII · COS · III · S · C · Mars marchant à pas précipités à g., tenant une branche de laurier et un trophée. C. IV. 462. Jolie patine vert-foncé. T. B.
*1210	23.37	G.B. 32	Son buste lauré à dr. R̵. PONTIF · TR · P · XIII · COS · III · S · C · Caracalla et Géta debout en regard, sacrifiant sur un autel allumé; derrière l'autel, Sévère voilé debout de face. C. IV. 489 (Frs. 50.—). Jolie patine verte. Très rare. B.
1211	—	Æ 19	Sa tête ou son buste lauré à dr. R̵. La Valeur debout à dr.; la Concorde assise à g.; la Valeur debout à dr.; Rome debout à g. C. IV. 464, 465 (2), 494 et 499. F. D. C. (4) et T. B. (1)
1212	—	Æ 19	Sa tête laurée à dr. R̵. Caracalla debout à dr., tenant une haste, derrière lui, deux enseignes ou un vexillaire; Caracalla à cheval à dr. C. IV. 508 (Frs. 10.—), 509 (Frs. 10.—), 510 (Frs. 8.—) et 511 (Frs. 10.—). F. D. C. (3) et T. B. (1)
*1213	23.22	G.B. 32	M · AVREL · ANTONINVS PIVS AVG · BRIT · Sa tête laurée à dr. R̵. PROVIDENTIAE DEORVM S · C · La Providence debout à g., indiquant avec sa baguette un globe qui est à terre, et tenant un sceptre. C. IV. 532. Belle patine verte. Superbe.
*1214	11.62	M.B. 26	Son buste lauré, drapé et cuirassé à dr. R̵. Le même revers. C. IV. 540. Jolie patine vert-foncé. Superbe.

No.	Poids	Metal et Mill.	
*1215	7.19	*N* 19	ANTONINVS AVGVSTVS · Son buste jeune lauré, drapé et cuirassé à dr. R͡. RECTOR ORBIS · Caracalla nu, debout de face, regardant à g., avec le manteau sur l'épaule, tenant un globe et une haste renversée. C. IV. 541. F. D. C.
*1216	7.32	*N* 21	ANTONINVS PIVS AVG · Son buste imberbe, lauré, drapé et cuirassé à dr. R͡. ROMA AETERNA · Rome assise à g., tenant le palladium et une haste; près d'elle, un bouclier. C. IV. 554. Rare. F. D. C.
1217	—	Æ 19	Sa tête ou son buste lauré à dr. R͡. La Providence debout à g.; Caracalla debout de face; la Santé debout à g., relevant un soldat. C. IV. 529, 542, 542 Var., 558 (Frs. 6.—). F. D. C. (3) et B. (1)
*1218	6.93	*N* 21	ANTONINVS PIVS AVG · BRIT · Sa tête laurée à dr. R͡. SECVRITATI PERPETVAE · La Sécurité assise à dr. devant un autel paré (pas allumé), soutenant sa tête de la main dr., et tenant un sceptre. C. IV. 575 Var. F. D. C.
*1219	22.32	G.B. 30	Son buste lauré, drapé et cuirassé à dr. R͡. Le même revers avec S · C · C. IV. 580 Var. Belle patine brune. T. B.
*1220	24.82	G.B. 30	Son buste jeune nu, drapé et cuirassé à dr. R͡. SPEI PERPETVAE S · C · L'Espérance marchant à g., tenant une fleur et relevant sa robe. C. IV. 595. Jolie patine verte. B.
1221	—	Æ 23	Son buste radié. R͡. Vénus debout à g. C. IV. 608, 608 Var. et 612. *Antoniniens.* F. D. C. (2) et T. B. (1)
1222	—	Æ 19	Son buste ou sa tête laurée à dr. R͡. L'Espérance marchant à g.; Vénus debout à g.; Victoire marchant à dr. C. IV. 599, 606, 613 et 629. F. D. C. (4)
*1223	7.35	*N* 20	ANTONINVS PIVS FEL · AVG · Son buste lauré, drapé et cuirassé à dr. R͡. VICTORIA GERMANICA · Victoire courant à dr., tenant une couronne et portant un trophée. C. IV. 645. Rare. F. D. C.
*1224	6.47	*N* 20	ANTONINVS PIVS AVG · GERM · Son buste lauré, drapé et cuirassé à dr. R͡. VIC · PART · P · M · TR · P · XX · COS · IIII · P · P · Victoire assise à dr. sur une cuirasse, tenant sur ses genoux un bouclier portant l'inscription VOT · XX; devant elle, un trophée, au pied duquel sont assis deux captifs. C. IV. 647. Très rare. F. D. C.
1225	3.55	Æ 19	Sa tête laurée à dr. R͡. VIC · PART · P · M · TR · P · XX · COS · IIII · P · P · Caracalla debout à g., tenant un globe et un sceptre, couronné par la Victoire qui tient une palme; à ses pieds, un captif assis. C IV. 655 (Frs. 30.—). Très rare. F. D. C.
1226	2.76	Æ 18	Sa tête laurée à dr. R͡. VICT · PARTHICA · Victoire assise à dr., tenant un bouclier sur lequel on lit VO · XX · C. IV. 656 (Frs. 10.—). B.
*1227	7.16	*N* 20	ANTON · P · AVG · PON · TR · P · VI · COS · Son buste jeune lauré à dr. avec l'égide. R͡. VIRTVS AVGG · Septime Sévère debout à g., tenant une Victoire et une haste renversée, couronné par Pallas debout à g., qui tient également une haste renversée. C IV. 668 Var. Rare. F. D. C.
1228	—	Æ 19	Son buste ou sa tête laurée à dr. R͡. Victoire courant à g.; la Valeur debout à dr.; Mars debout à g.; Caracalla debout à g. et sacrifiant. C. IV. 658 (Frs. 5.—), 664, 667 et 688 (Frs. 6.—). F. D. C. (2) et T. B. (2)

Caracalla, Septime Sévère et Julie. *Frappé en 198—201.*

No.	Poids	Metal et Mill.	
*1229	7.19	*N* 21	ANTONINVS PIVS AVG · PON · TR · P · IIII · Buste de Caracalla lauré, drapé et cuirassé à dr. R͡. CONCORDIAE AETERNAE · Bustes accolés à dr. de Sévère radié, drapé et cuirassé, et de Julie diadémée avec un croissant autour du cou. C. IV. p. 243. 1. Très rare. F. D. C.

No.	Poids	Metal et Mill.	
*1230	7.38	N 20	ANTON · P · AVG · PON · TR · P · V · COS · Buste drapé de Caracalla jeune, lauré et cuirassé à dr. R⁄. Le même revers. C. IV. p. 243. 2. Très rare. F. D. C.
			Caracalla et Géta. *Frappé en 198—201.*
*1231	7.18	N 20	ANTONINVS AVGVSTVS · Buste jeune lauré, drapé et cuirassé de Caracalla à dr. R⁄. P · SEPT · GETA CAES · PONT · Buste jeune nu, drapé et cuirassé de Géta à dr. C. IV. p. 244. 1. Très rare. F. D. C.
*1232	7.33	N 20	M · AVRELIVS ANTON · AVG · Buste jeune lauré, drapé et cuirassé de Caracalla à dr. R⁄. Le même revers. C. IV. p. 244. 4. Très rare. F. D. C.
			Plautille. *Femme de Caracalla.* † en 212. **(Fulvia Plautilla.)**
1233	3.47	R 18	PLAVTILLA AVGVSTA · Son buste à dr. R⁄. CONCORDIA AVGG · La Concorde debout à g., tenant une patère et un sceptre. C. IV. 1. F. D. C.
1234	---	R 19	Son buste à dr. R⁄. CONCORDIAE · La Concorde assise à g., tenant une patère et une double corne d'abondance. C. IV. 7 et 8. F. D. C. (2)
1235	3.31	R 19	Son buste à dr. R⁄. CONCORDIAE AETERNAE · Plautille debout à dr., donnant la main à Caracalla debout à g. C. IV. 10. F. D. C.
1236	3.49	R 18	Son buste à dr. R⁄. CONCORDIA FELIX · Le même revers. C. IV. 12. F. D. C.
1237	3.62	R 19	Son buste à dr. R⁄. PIETAS AVGG · Plautille debout à dr., tenant un sceptre et portant un enfant. C. IV. 16. F. D. C.
1238	3.50	R 19	Son buste à dr. R⁄. PROPAGO IMPERI · Plautille debout à dr., donnant la main à Caracalla debout à g. C. IV. 21. T. B.
1239	3.39	R 19	Son buste à dr. R⁄. VENVS VICTRIX · Vénus debout à g., tenant une pomme et une palme; devant elle, cupidon. C. IV. 25. F. D. C.
			Géta, 211—212. **(Lucius ou Publius Septimius Julius Geta.)**
1240	· ·	R 19	Son buste lauré ou nu à dr. R⁄. Castor debout à g. devant son cheval; la Félicité debout à g.; la Fortune assise à g. C. IV. 12 (Frs. 10.—), 36, 38 et 51. F. D. C. — B. (4)
*1241	30.73	G.B. 33	P · SEPTIMIVS GETA PIVS AVG · BRIT · Sa tête laurée à dr. R⁄. FORT · RED · TR · P · III · COS · II · P · P · S · C · La Fortune assise à g., tenant un gouvernail et une corne d'abondance; sous son siège, une roue. C. IV. 52 Var. Belle patine verte. Rare. T. B.
*1242	28.36	G.B. 33	Un deuxième exemplaire. Jolie patine verte. B.
*1243	12.07	M.B. 25	Type semblable en M. B. C. IV. 54. Patine verte. B.
*1244	3.29	R 19	P · SEPTIMIVS GETA CAES · Son buste nu et drapé à dr. IMP · ET CAESAR AVG · FILI COS · Sévère debout de face entre Caracalla et Géta assis. C. IV. 64 (Frs. 50.—). Très rare. B.
*1245	3.21	R 20	Le même droit. R⁄. LAETITIA TEMPORVM · Le vaisseau du Cirque à la voile, entouré de quatre quadriges allant à g.; à g., un coq; à dr., un ours; dessous, un lion et deux tigres courant à dr., et un tigre à g. C. IV. 67 (Frs. 100.—). De la plus grande rareté. B.
*1246	7.17	N 21	P · SEPT · GETA PIVS AVG · BRIT · Sa tête laurée à dr. R⁄. LIB · AVGG · VI · ET V · Caracalla et Géta assis à g. sur une estrade; sur le devant, la Libéralité debout tenant une tessère et une corne d'abondance; au pied de l'estrade on voit un citoyen montant les degrés qui y conduisent. C. IV. 70. D'une grande rareté. F. D. C.

No.	Poids	Métal et Mill.	
1247	—	Æ 19	Sa tête laurée à dr. ou son buste nu. R⟩. La Fortune couchée à dr.; la Libéralité debout à g.; Mars marchant à dr.; Minerve debout à g. C. IV. 62, 68, 76 et 83. F. D. C. (3) et T. B. (1)
*1248	7.18	N 21	P·SEPT·GETA CAES·PONT· Son buste jeune nu et drapé à dr. R⟩. NOBILITAS· Femme debout à dr., tenant un sceptre et le palladium. C. IV. 89. Très rare. Superbe.
1249	·	Æ 19	Son buste ou sa tête nue à dr. R⟩. Femme debout à dr.; Pallas debout à g.; Génie, nu, debout, sacrifiant à g. C. IV. 90 (2) [Frs. 5.—], 104 et 114 (2) F. D. C. (5)
1250	—	Æ 19	Son buste nu ou sa tête laurée à dr. R⟩. Géta debout à g.; Géta debout, sacrifiant à g.; la Paix debout à g.; Génie debout, sacrifiant à g. C. IV. 117, 119, 138 et 140. F. D. C. (3) et T. B. (1)
*1251	31.23	G.B. 31	IMP·CAES·P·SEPT·GETA PIVS AVG· Son buste lauré à dr. R⟩. PONTIF·TR·P·II·COS·II·S·C· Deux figures voilées sacrifiant; entre elles, Vesta debout. C. IV. 144 (Frs. 100.—). Superbe patine vert-foncé. Très rare. Superbe.
*1252	20.81	G.B. 33	Même droit. R⟩. PONTIF·TR·P·II·COS·II·S·C· Caracalla et Géta debout, sacrifiant sur un trépied; derrière le trépied, un joueur de flûte debout de face et un taureau mort. C. IV. 145. Superbe patine noire. Superbe.
*1253	3.08	Æ 19	P·SEPTIMIVS GETA CAES· Son buste jeune nu, drapé et cuirassé à dr. R⟩. PRINC·IVVENT·COS· Sévère, Caracalla et Géta galopant à dr. C. IV. 160 Var. (Frs. 80.—). Très rare. F. D. C.
1254	·	Æ 19	Son buste nu à dr. R⟩. Géta debout à g., derrière lui, un trophée; Géta debout à g.; la Providence debout à g.; la Sécurité assise à g. C. IV. 157, 159, 170 et 183. F. D. C. (4)
*1255	12.42	M.B. 25	GETA CAES·PONT·COS· Son buste nu, drapé et cuirassé à dr. R⟩. VOTA PVBLICA S·C· Géta debout à g., sacrifiant sur un trépied allumé et tenant un livre. Manque à Cohen. Cf. l'aureus C. IV. 229. Patine vert-olive. T. B.
1256	—	Æ 19	Son buste nu ou sa tête laurée à dr. R⟩. Bâton d'augure, vase, couteau, simpule et aspersoir; l'Espérance marchant à g.; Janus à double tête debout de face; Victoire volant à g.; Géta debout, sacrifiant à g. C. IV. 188, 192, 197 (Frs. 6.—), 206, 230 et 231. F. D. C. (5) et B. (1)

Macrin. *217 — 218.*
(Marcus Opelius Severus Macrinus.)

No.	Poids	Métal et Mill.	
*1257	5.26	N 21	IMP·C·M·OPEL·SEV·MACRINVS AVG· Son buste lauré, drapé et cuirassé à dr. R⟩. ADVENTVI AVG·FELICISSIMO· Macrin à cheval à dr., la main dr. élevée. Manque à Cohen. Fabrique syrienne. Très rare. Superbe.
*1258	6.87	N 19	Même droit. R⟩. AEQVITAS AVG· L'Équité debout à g., tenant une balance et une corne d'abondance. C. IV. 3 Var. Très rare. F. D. C.
1259	·	Æ 19	Son buste lauré à dr. R⟩. L'Équité debout à g., tenant une balance et une corne d'abondance; la Félicité debout à g., tenant un caducée et une corne d'abondance. C. IV. 2 et 15. F. D. C. (2)
1260	3.03	Æ 20	Son buste lauré à dr. R⟩. FELICITAS TEMPORVM· La Félicité debout à g., tenant un caducée et un sceptre. C. IV. 19. F. D. C.
1261	5.24	Æ 22	La même monnaie avec son buste radié, drapé et cuirassé à dr. C. IV. 20 Var. *Antoninien.* Rare. T. B.

No.	Poids	Métal et Mill.	
*1262	3.19	Æ 20	Son buste lauré, drapé et cuirassé à dr. R⁄. FIDES MILITVM · La Fidélité debout de face, regardant à dr. et tenant deux enseignes. C. IV. 23. F.D.C.
1263	3.30	Æ 18	Son buste lauré et cuirassé à dr. R⁄. FIDES MILITVM · La Fidélité debout de face entre deux enseignes, en tenant en outre une de chaque main. C. IV. 26. F. D. C.
1264	2.88	Æ 19	Même droit. R⁄. FIDES PVBLICA · Même type. C. IV. 31. F. D. C.
1265	3.20	Æ 20	Son buste lauré, drapé et cuirassé à dr. R⁄. IOVI CONSERVATORI · Jupiter nu, debout à g., tenant un foudre et un sceptre. C. IV. 33. F. D. C.
*1266	10.26	M.B. 26	Son buste lauré et cuirassé à dr. R⁄. Même type avec S · C · C. IV. 35. Patine brun-foncé. B.
1267	3.14	Æ 19	Son buste lauré et cuirassé à dr. R⁄. IOVI CONSERVATORI · Jupiter nu, debout à g.; à g., Macrin debout. C. IV. 37 Var. F. D. C.
*1268	7.13	N 20	IMP · C · M · OPEL · SEV · MACRINVS AVG · Son buste lauré, drapé et cuirassé à dr. R⁄. P · M · TR · P · II · COS · P · P · L'Abondance debout à g., tenant des épis et la corne d'Amalthée; à ses pieds, le modius rempli d'épis. C. IV. 46. Très rare. F. D. C.
*1269	3.60	Æ 20	Son buste lauré et cuirassé à dr. R⁄. P · M · TR · P · II · COS · P · P · L'Abondance debout à g., tenant des épis et la corne d'Amalthée; à ses pieds, le modius. C. IV. 47. F. D. C.
*1270	3.10	Æ 18	Un deuxième exemplaire. F. D. C.
*1271	28.10	G.B. 34	IMP · CAES · M · OPEL · SEV · MACRINVS AVG · Son buste lauré, drapé et cuirassé à dr. R⁄. P · M · TR · P · II · COS · P · P · S · C · Le même revers. C. IV. 49. Superbe patine vert-foncé. Superbe. — Collections Simpson, Sir H. Weber et «Astronomer», No. 595. —
*1272	3.72	Æ 20	Même buste. R⁄. P · M · TR · P · II · COS · P · P · Macrin assis à g., sur une chaise curule, tenant un globe et un sceptre. C. IV. 51. F. D. C.
1273	3.27	Æ 20	Même buste. R⁄. PONTIF · MAX · TR · P · COS · P · P · Jupiter nu, debout à g., tenant un foudre et un sceptre. C. IV. 55. F. D. C.
1274	2.97	Æ 18	Un deuxième exemplaire. F. D. C.
1275	–	Æ 20	Même buste. R⁄. PONTIF · MAX · TR · P · COS · P · P · La Fidélité debout de face, tenant une enseigne de chaque main; la Fidélité comme au n. préc., mais en outre une enseigne à dr. C. IV. 60 et 60 Var. F. D. C. (2)
*1276	2.88	Æ 20	Son buste lauré et cuirassé à dr. R⁄. PONTIF · MAX · TR · P · COS · P · P · La Sécurité debout à g., les jambes croisées, tenant un sceptre et appuyée sur une colonne. C. IV. 62. F. D. C.
1277	3.40	Æ 21	Même droit. R⁄. PONTIF · MAX · TR · P · COS · P · P · La Paix debout à g., tenant un caducée et une corne d'abondance. C. IV. 65. F. D. C.
1278	3.24	Æ 20	Même droit. R⁄. PONTIF · MAX · TR · P · COS · P · P · La Santé assise à g., nourrissant un serpent enroulé autour d'un autel. C. IV. 67. F. D. C.
1279	3.75	Æ 19	Même droit. R⁄. PONTIF · MAX · TR · P · P · P · Jupiter nu de face, tenant un foudre et un sceptre. C. IV. 70. F. D. C.
1280	3.00	Æ 20	Même droit. R⁄. PONTIF · MAX · TR · P · P · P · La Fidélité debout de face, tenant une enseigne de chaque main. C. IV. 76. F. D. C.
1281	3.09	Æ 20	Même droit. R⁄. PONTIF · MAX · TR · P · II · COS · P · P · La Félicité debout à g., tenant un caducée et une corne d'abondance. C. IV. 82. F. D. C.

No.	Poids	Métal et Mod.	
1282	—	Æ 19	Même droit. R. La Fidélité debout de face, tenant deux enseignes; la Sécurité debout à g., tenant un sceptre. C. IV. 86 et 87. F. D. C. (2)
1283	3.07	Æ 19	Même droit. R. PONTIF · MAX · TR · P · II · COS · II · P · P · La Sécurité debout à g., tenant un sceptre. C. IV. 98. F. D. C.
*1284	9.38	M.B. 21	Même droit. R. PONTIF · MAX · TR · P · II · COS · II · P · P · S · C · Macrin assis dans un quadrige au pas à g, tenant un sceptre et un rameau, et couronné par une Victoire debout derrière lui. C. IV. 107. Jolie patine vert-foncé. Très rare. T. B.
1285	3.47	Æ 20	Même droit. R. PROVIDENTIA DEORVM · La Providence debout à g., tenant une baguette et une corne d'abondance. C. IV. 108. F. D. C.
*1286	3.41	Æ 20	Son buste lauré et cuirassé à dr. R. SALVS PVBLICA · La Santé assise à g. sur un siège à dossier très élevé, nourrissant un serpent enroulé autour d'un autel. C. IV. 114. F. D. C.
1287	2.54	Æ 19	Un deuxième exemplaire. F. D. C.
1288	—	Æ 20-23	Son buste radié ou lauré à dr. R. La Santé assise à g. et nourrissant un serpent. C. IV. 115 (*Antoninien*, Frs. 12.—) et 116. T. B. (2)
*1289	3.51	Æ 19	Son buste lauré et cuirassé à dr. R. SECVRITAS TEMPORVM · La Sécurité debout à g., tenant un sceptre et appuyée sur une colonne. C. IV. 122. F. D. C.
1290	3.71	Æ 19	Un deuxième exemplaire. F. D. C.
1291	5.14	Æ 22	Son buste radié et cuirassé à dr. R. La Sécurité assise à g., tenant un sceptre et soutenant sa tête; à ses pieds, un autel. C. IV. 126 (Frs. 12.—). *Antoninien.* Rare. T. B.
*1292	22.66	G.B. 31	IMP · CAES · M · OPEL · SEV · MACRINVS AVG · Son buste lauré et cuirassé à dr. R. VICTORIA PARTHICA S · C · Victoire assise à dr. sur une cuirasse, se disposant à écrire sur un bouclier qu'elle tient sur son genou g.; derrière elle, un bouclier et des armes. C. IV. 133. Jolie patine brun-foncé. Rare. T. B.
1293	3.36	Æ 30	Même buste. R. VICTORIA PARTHICA · Victoire marchant à dr., tenant une couronne et une palme. C. IV. 135. F. D. C.
*1294	8.59	M.B. 25	Son buste lauré et cuirassé à dr. R. VICT · PART · P · M · TR · P · II · COS · II · P · P · S · C · Victoire assise à dr. et disposant à écrire sur un bouclier, qu'elle tient sur son genou. C. IV. 140. Patine verte. B.
*1295	3.18	Æ 19	Même buste. R. VOTA PVBL · P · M · TR · P · Jupiter nu, debout à g. tenant un foudre et un sceptre; à g., Macrin debout. C. IV. 142 Var. F. D. C.

Diaduménien. † *en 217.*
(Marcus Opelius Diadumenianus.)

No.	Poids	Métal et Mod.	
*1296	3.58	Æ 30	Son buste nu et drapé à dr. R. PRINC · IVVENTVTIS · Diaduménien debout de face, regardant à dr., tenant une enseigne militaire et un sceptre; à dr., deux enseignes. C. IV. 3. Rare. Superbe.
*1297	3.43	Æ 30	Un deuxième exemplaire. Superbe.
1298	3.84	Æ 30	Un troisième exemplaire. Superbe.
*1299	22.77	G.B. 32	M · OPEL · ANTONINVS DIADVMENIANVS CAES · Son buste nu, drapé et cuirassé à dr. R. PRINC · IVVENTVTIS S · C · Le même revers. C. IV. 7 (Frs. 80.—). Jolie patine verte. Très rare. B.
*1300	10.26	M.B. 27	Même type en M. B. C. IV. 8. Belle patine verte. Rare. T. B.

No.	Poids	Metal et Mill.	
*1301	4.89	Æ 22	Son buste radié, drapé et cuirassé à dr. ℞. PRINC · IVVENTVTIS · Diaduménien debout à g., tenant une baguette et un sceptre; derrière lui, deux enseignes. C. IV. 11 (Frs. 80.—). *Antoninien.* Très rare. T. B.
*1302	3.64	Æ 19	Son buste nu, drapé et cuirassé à dr. ℞. SPES PVBLICA · L'Espérance marchant à g., tenant une fleur et relevant sa robe. C. IV. 21 Var. F. D. C.
*1303	3.06	Æ 20	Son buste nu et drapé à dr. ℞. Le même revers. C. IV. 21. F. D. C.

Elagabale. *218—222.*
(Varius Avitus Bassianus.)

No.	Poids	Metal et Mill.	
*1304	26.03	G.B. 32	IMP · CAES · M · AVR · ANTONINVS PIVS AVG · Son buste lauré, drapé et cuirassé à dr. ℞. ADVENTVS AVGVSTI S · C · Elagabale à cheval à g., levant la main dr. et tenant une haste. C. IV. 6. Patine vert-foncé. Rare. T. B.
1305	—	Æ 18—20	Son buste lauré à dr. ℞. L'Abondance debout à g.; la Fidélité assise à g.; la Fidélité debout de face. C. IV. 1, 30, 32 et 38. F. D. C. (4)
1306	...	Æ 22	Son buste radié, drapé et cuirassé à dr. ℞. La Fidélité assise à g.; la Fidélité debout de face. C. IV. 31 et 39. *Antoniniens.* F. D. C. et T. B. (2)
*1307	9.29	M.B. 24	Son buste lauré, drapé et cuirassé à dr. ℞. FORTVNAE REDVCI S · C · La Fortune debout à g., tenant un gouvernail posé sur un globe et une corne d'abondance. C. IV. 53. Belle patine verte. B.
*1308	3.09	Æ 19	Son buste lauré, cornu et drapé à dr. ℞. INVICTVS SACERDOS AVG · Elagabale cornu debout à g., tenant une patère et un rameau; à g., un autel; à dr., à terre, une corne; dans le champ, une étoile. C. IV. 58 (Frs. 50.—). Très rare. F. D. C.
1309	...	Æ 19—20	Son buste lauré à dr. ℞. Aigle légionnaire entre deux enseignes; la Fortune debout à g.; Elagabale debout, sacrifiant à g. C. IV. 43, 48, 50 et 61 (Frs. 5.—). F. D. C. (3) et B. (1)
1310	—	Æ 22	Son buste radié à dr. ℞. Jupiter nu, debout à g.; à ses pieds, un aigle; à dr., deux enseignes. — La Joie debout à g. C. IV. 66 et 72. *Antoniniens.* F. D. C. (2)
*1311	25.72	G.B. 33	IMP · CAES · M · AVR · ANTONINVS PIVS AVG · Son buste lauré, drapé et cuirassé à dr. ℞. LIBERAL · AVG · II · P · M · TR · P · II · COS · II · P · P · S · C · Elagabale assis à g. sur une estrade, tenant un sceptre; devant lui, la Libéralité debout, tenant une tessère et une corne d'abondance; au pied de l'estrade, on voit un citoyen qui en monte les degrés. C. IV. 76. Belle patine brune. Très rare. T. B.
*1312	28.55	G.B. 33	Le même droit. ℞. LIBERALITAS AVGVSTI II · S · C · La Libéralité debout à g., tenant une tessère et une corne d'abondance. C. IV. 84. Jolie patine vert-rouge. Rare. T. B.
1313	—	Æ 18—20	Son buste lauré à dr. ℞. Jupiter debout à g., derrière lui, une enseigne; la Joie debout à g.; la Libéralité debout à g.; la Liberté debout à g. C. IV. 68, 70, 80 et 92. F. D. C. (2) et T. B. (2)
*1314	1.19	Æ 14	IMP · ANTONINVS PIVS AVG · Son buste lauré et drapé à g. ℞. LIBERTAS AVG · La Liberté debout à g., tenant un bonnet et un sceptre; dans le champ, une étoile. C. IV. 94. Æ-Quinaire. Très rare. F. D. C.
1315	20.50	G.B. 32	Son buste lauré, drapé et cuirassé à dr. ℞. LIBERTAS AVGVSTI S · C · Le même type. C. IV. 104. Jolie patine verte. Rare. B.
*1316	10.02	M.B. 21	Son buste lauré et drapé à dr. ℞. MARS VICTOR S · C · Mars nu, marchant à dr., portant une haste et un trophée. C. IV. 115. Patine verte. B.

No.	Poids	Métal et Mill.	
1317	—	Ƀ 22	Son buste radié et drapé à dr. R. Mars nu, marchant à dr.; Rome assise à g. C. IV. 111, 112, 125 et 138. *Antoniniens.* F. D. C. (2) et T. B. (2)
1318	—	Ƀ 18–20	Son buste lauré à dr. R. Mars nu, marchant à dr.; le Soleil debout à g.; Rome assise à g.; la Paix marchant à g.; la Providence debout à g. C. IV. 112 Var., 134, 136, 143 et 144. F. D. C. (5)
*1319	21.20	G.B. 30	Son buste lauré, drapé et cuirassé à dr. R. P·M·TR·P·III·COS·III·P·P·S·C· Le Soleil radié marchant à g., levant la main dr. et tenant un fouet. Dans le champ, une étoile. C. IV. 156. Jolie patine brun-foncé. Rare. Superbe.
1320	22.70	G.B. 32	Un deuxième exemplaire. Jolie patine vert-foncé. B.
*1321	11.05	M.B. 23	Le même type avec son buste radié, drapé et cuirassé à dr. C. IV. 159. Superbe patine verte. Superbe.
*1322	6.25	N 21	IMP·ANTONINVS PIVS AVG· Son buste lauré, drapé et cuirassé à dr. R. P·M·TR·P·III·COS·III·P·P· Elagabale lauré assis à g. sur une chaise curule, tenant un globe et un sceptre; dans le champ, une étoile. C. IV. 166. F. D. C. — Collection Montagu 1896, Nr. 546. —
1323	9.90	M.B. 26	Même buste. R. P·M·TR·P·III·COS·III·P·P·S·C· Elagabale dans un quadrige au pas à g., tenant un rameau et un sceptre. C. IV. 174. Patine verte. Rare. B.
1324	10.92	M.B. 25	Même buste. R. P·M·TR·P·III·COS·III·P·P·S·C· Le Soleil debout à g. et tenant un fouet. C. IV. 183 Var. Jolie patine verte. Rare. B.
*1325	9.92	M.B. 25	Son buste radié, drapé et cuirassé à dr. R. P·M·TR·P·IIII·COS·III·P·P·S·C· Le Soleil radié, à demi nu, le manteau flottant, marchant à g., levant la main dr. et tenant un fouet; dans le champ, une étoile. C. IV. 188. Belle patine verte. T. B.
1326	—	Ƀ 18–20	Son buste lauré à dr. R. Le Soleil marchant à g.; Elagabale debout, sacrifiant à g.; Rome assise à g. C. IV. 164, 184, 196 (Frs. 6.—), 205 et 222. F. D. C. (4) et T. B. (1)
*1327	6.30	N 20	IMP·CAES ANTONINVS AVG· Son buste lauré, drapé et cuirassé à dr. R. PONTIF·MAX·TR·P·II·COS·II·P·P· Rome assise à g., tenant une Victoire et un sceptre; derrière elle, un bouclier. C. IV. 229. T. B.
*1328	26.38	G.B. 32	Type pareil au précédent en G. B. C. IV. 231. Jolie patine vert-foncé. Rare. B.
*1329	12.30	M.B. 26	Type semblable en M. B. C. IV. 232 Var. Belle patine verte. B.
1330	—	Ƀ 18–20	Son buste lauré à dr. R. Victoire volant à g.; la Providence debout à g.; Elagabale sacrifiant à dr.; la Santé debout à dr. C. IV. 195, 244, 246 (2) et 256. F. D. C. (5)
*1331	24.52	G.B. 31	IMP·CAES·M·AVR·ANTONINVS PIVS AVG· Son buste lauré, drapé et cuirassé à dr. R. SALVS ANTONINI AVG·S·C· La Santé debout à dr., nourrissant un serpent qu'elle tient dans ses bras. C. IV. 262. Magnifique patine verte. De toute beauté.
1332	—	Ƀ 19	Son buste lauré à dr. avec ou sans corne. R. La Sécurité assise à dr.; Elagabale sacrifiant à g. C. IV. 271, 276 (2) et 276 Var. F. D. C. (3) et Superbe (1)
*1333	7.16	N 21	IMP·CAES·M·AVR·ANTONINVS AVG· Son buste lauré, drapé et cuirassé à dr. R. VICTOR·ANTONINI AVG· Victoire courant à dr., tenant une couronne et une palme. C. IV. 288. F. D. C.
*1334	6.21 (sic?)	N 21	Un deuxième exemplaire. F. D. C.

No.	Poids	Métal et Mill.	
1335	—	Æ 21	Son buste radié à dr. ℞. La Fortune assise à g.; la Santé debout à dr.; Victoire courant à dr. C. IV. 148, 255 et 291. *Antoniniens.* F. D. C. (2) et T. B. (1)
*1336	20.23	G.B. 32	Son buste lauré, drapé et cuirassé à dr. ℞. VICTORIA ANTONINI AVG · S · C · Victoire courant à dr., tenant une couronne et une palme. C. IV. 297. Belle patine vert clair. Rare. T. B.
1337	..	Æ 18 20	Son buste lauré à dr. ℞. La Félicité debout à g.; Victoire courant à dr.; Victoire s'élevant en l'air à g. C. IV. 282, 289, 293 et 300. F. D. C. (4)

Julia Paula. *Femme d'Elagabale.*
(Julia Cornelia Paula.)

No.	Poids	Métal et Mill.	
*1338	6.09	A 20	IVLIA PAVLA AVG · Son buste à dr. ℞. CONCORDIA · La Concorde assise à g., tenant une patère et une corne d'abondance; dans le champ, une étoile. C. IV. 4 (Frs. 1000. —). Aureus de la plus grande rareté. Superbe.
1339	3.44	Æ 19	Son buste à dr. ℞. CONCORDIA · La Concorde assise à g., tenant une patère. C. IV. 6. F. D. C.
1340	3.60	Æ 19	Un deuxième exemplaire. F. D. C.
*1341	18.29	G.B. 25	IVLIA PAVLA AVG · Son buste diadémé à dr. ℞. CONCORDIA S · C · La Concorde assise à g., tenant une patère et une double corne d'abondance; dans le champ, une étoile. C. IV. 8. Belle patine brun-foncé. Très rare. T. B.
*1342	19.06	G.B. 30	Un deuxième exemplaire. Belle patine brun-foncé. T. B.
*1343	9.55	M.B. 21	Son buste à dr. ℞. Le même type. C. IV. 11. Jolie patine brun-foncé. T. B.
*1344	3.66	Æ 20	Son buste à dr. ℞. CONCORDIA · Elagabale et Julia Paula debout, se donnant la main. C. IV. 12. F. D. C.
1345	2.88	Æ 20	Un deuxième exemplaire. Superbe.
1346	10.62	M.B. 25	Son buste à dr. ℞. CONCORDIA AETERNA S · C · Elagabale et Julia Paula debout, se donnant la main; entre eux, la Concorde debout de face. C. IV. 15. (Frs. 30. —). Patine verte. Rare. B.
1347	3.46	Æ 19	Son buste à dr. ℞. CONCORDIA AVGG · La Concorde assise à g., tenant une patère et une double corne d'abondance. C. IV. 16. F. D. C.
1348	2.77	Æ 18	Son buste à dr. ℞. VENVS GENETRIX · Vénus assise à g., tenant un globe et un sceptre. C. IV. 21. F. D. C.

Aquilia Severa. *Femme d'Elagabale.*
(Julia Aquilia Severa.)

No.	Poids	Métal et Mill.	
*1349	3.44	Æ 20	Son buste à dr. ℞. CONCORDIA · La Concorde debout à g., sacrifiant et tenant une double corne d'abondance; dans le champ, une étoile. C. IV. 2. Rare. Superbe.
*1350	10.20	M.B. 28	Type semblable avec S · C · C. IV. 3. Magnifique patine vert-foncé. Rare. Superbe.
*1351	11.96	M.B. 28	Son buste diadémé à dr. ℞. Le même revers. C. IV. 5. Jolie patine vert-foncé. Rare. B.

Soémias. *Mère d'Elagabale. † en 222.*
(Julia Soaemias.)

No.	Poids	Métal et Mill.	
*1352	23.76	G.B. 32	Son buste à dr. ℞. MATER DEVM S · C · Cybèle tourelée assise à g. entre deux lions, tenant un rameau et accoudée au tympanon. C. IV. 4. (Frs. 60. —). Patine brune. Très rare. B.
1353	—	Æ 19 20	Son buste à dr. ℞. Junon debout à dr.; Vénus debout à g. C. IV. 3 et 8 (2). F. D. C. (3)

No.	Poids	Metal et Mill.	
*1354	20.87	G.B. 30	Son buste diadémé à dr. ℞. VENVS CAELESTIS S·C· Vénus debout à g., tenant une pomme et un sceptre; dans le champ, une étoile. C. IV. 11. Patine brune. B.
1355	3.15	Æ 19	Son buste à dr. ℞. VENVS CAELESTIS · Vénus assise à g., tenant une pomme et un sceptre; à ses pieds, un enfant. C. IV. 14. F. D. C.

Julia Maesa. *Soeur de Julie Domne et grand'mère d'Elagabale. † 223.*

No.	Poids	Metal et Mill.	
1356	—	Æ 19—20	Son buste à dr. ℞. La Fécondité debout à g.; Junon debout à g. C. IV. 8 et 16. F. D. C. (2)
1357	---	Æ 19	Son buste à dr. ℞. Junon debout à g. et sacrifiant; la Piété debout à g. C. IV. 20 et 29. F. D. C. (2)
1358	4.09	Æ 22	Son buste diadémé à dr. avec le croissant. ℞. PIETAS AVG · La Piété debout à g. auprès d'un autel, levant la main dr. et tenant une boîte à parfums. C. IV. 30. *Antoninien.* F. D. C.
*1359	24.46	G.B. 31	Type semblable avec S·C· C. IV. 31. Jolie patine verte. B.
*1360	23.12	G.B. 33	IVLIA MAESA AVG · Son buste diadémé à dr. ℞. PVDICITIA S·C· La Pudeur voilée assise à g., levant son voile et tenant un sceptre. C. IV. 40. Magnifique patine brune. Superbe.
1361	---	Æ 19—20	Son buste à dr. ℞. La Pudeur assise à g.; la Félicité debout à g. C. IV. 36 et 45. (2) F. D. C. (3)
*1362	1.30	Æ 14	IVLIA MAESA AVG · Son buste à dr. ℞. SAECVLI FELICITAS · La Félicité debout à g., tenant un caducée de la main g. et sacrifiant sur un autel paré et allumé; dans le champ, une étoile. C. IV. 46. Æ-Quinaire. D'une grande rareté. F. D. C.
*1363	26.70	G.B. 31	Même type avec S·C· C. IV. 47. Jolie patine brun foncé. Superbe.

Alexandre Sévère. *222—235.*
(Marcus Aurelius Severus Alexander.)

No.	Poids	Metal et Mill.	
*1364	6.55	N 21	IMP·C·M·AVR·SEV·ALEXAND·AVG· Son buste lauré et drapé à dr. ℞. AEQVITAS AVG· L'Équité debout à g., tenant une balance et une corne d'abondance. C. IV. 8. F. D. C.
*1365	1.36	Æ 15	Son buste lauré et drapé à dr. ℞. ANNONA AVG· L'Abondance debout à g., tenant des épis et la corne d'Amalthée; à ses pieds, le modius rempli d'épis. C. IV. 24. Æ-Quinaire. Rare. T. B.
*1366	6.95	N 21	IMP·ALEXANDER PIVS AVG· Son buste lauré, drapé et cuirassé à dr. ℞. IOVI PROPVGNATORI· Jupiter nu, le manteau flottant, marchant à g. et regardant en arrière, tenant un foudre. C. IV. 75. F. D. C.
*1367	6.45	N 21	Un deuxième exemplaire. Superbe.
1368	—	Æ 19—20	Son buste lauré à dr. ℞. L'Abondance debout à dr.; l'Équité debout à g.; l'Abondance debout à g.; Jupiter marchant à g. C. IV. 1, 9, 23, 27 et 83. F. D. C. (5)
1369	11.12	M.B. 25	Son buste lauré à dr. ℞. LIBERALITAS AVGVSTI IIII·S·C· La Libéralité debout à g., tenant une tessère et une corne d'abondance. C. IV. 137. Patine verte. B.
*1370	6.89	N 22	IMP·ALEXANDER PIVS AVG· Son buste lauré à dr. ℞. LIBERALITAS AVG·V· La Libéralité debout à g., tenant une tessère et une corne d'abondance. C. IV. 141 Var. Rare. F. D. C.
*1371	6.64	N 21	IMP·ALEXANDER PIVS AVG· Son buste lauré et drapé à dr. ℞. MARS VLTOR· Mars marchant à dr., tenant une haste et un bouclier. C. IV. 160. Rare. F. D. C.

No.	Poids	Métal et Mill.	
1372	—	Æ 19-21	Son buste lauré à dr. R⁄. Jupiter debout de face; Jupiter assis à g.; la Liberté debout à g.; Mars marchant à dr. C. IV. 92, 95, 149 et 161. F. D. C. et T. B. (4)
1373	25.24	G.B. 32	Son buste lauré et drapé à dr. R⁄. MARS VLTOR S·C· Mars marchant à dr., tenant une haste et un bouclier. C. IV. 163. Jolie patine vert-olive. T. B.
1374	19.58	G.B. 31	Une monnaie semblable. C. IV. 163 Var. Patine verte. B.
*1375	6.91	A 20	IMP·C·M·AVR·SEV·ALEXAND·AVG· Son buste lauré et drapé à dr. R⁄. MARTI PACIFERO· Mars debout à g., tenant une branche d'olivier et une haste renversée. C. IV. 172. F. D. C.
1376	22.87	G.B. 33	Son buste lauré, drapé et cuirassé à dr. R⁄. PAX AVGVSTI S·C· La Paix courant à g., tenant une branche d'olivier et un sceptre. C. IV. 189 Var. Jolie patine verte. T. B.
1377	—	Æ 19 21	Son buste lauré à dr. R⁄. La Paix debout à g.; la Paix courant à g.; la Sécurité debout à g. C. IV. 183, 187, 191 (Frs. 5.—) et 192 (Frs. 5.—). F. D. C. (4)
*1378	3.28	Æ 20	Son buste nu et drapé à dr. R⁄. PIETAS AVG· Bâton d'augure, couteau, vase, simpule et aspersoir. C. IV. 198 (Frs. 30.—). Très rare. F. D. C.
1379	—	Æ 19—20	Son buste lauré à dr. R⁄. La Santé assise à g.; Jupiter debout à g.; Mars debout à g.; la Paix debout à g. C. IV. 218, 229, 231 et 236. F. D. C. (4)
*1380	6.25	A 21	IMP·C·M·AVR·SEV·ALEXAND·AVG· Son buste lauré et drapé à dr. R⁄. P·M·TR·P·IIII·COS·P·P· Alexandre debout à g. en habit militaire, tenant un globe et une haste renversée. C. IV. 268. F. D. C.
*1381	11.77	M.B. 26	Même buste. R⁄. P·M·TR·P·V·COS·II·P·P·S·C· Mars marchant à dr., portant une haste et un trophée. C. IV. 283. Jolie patine verte. Superbe.
*1382	10.39	M.B. 26	Son buste lauré, drapé et cuirassé à dr. R⁄. P·M·TR·P·V·COS·II·P·P·S·C· La Paix courant à g. et tenant une branche d'olivier et un sceptre. C. IV. 286. Belle patine verte. T. B.
1383	—	Æ 19—20	Son buste lauré à dr. R⁄. Alexandre debout à g.; Mars marchant à dr.; Alexandre debout, sacrifiant à g.; la Paix courant à g.; Alexandre debout, sacrifiant à g. C. IV. 256, 260, 276, 319 et 325. F. D. C. (5)
1384	12.91	M.B. 28	Sa tête laurée à dr. R⁄. P·M·TR·P·VIII·COS·III·P·P·S·C· Alexandre dans un quadrige au pas à dr., tenant un sceptre. C. IV. 379 (Frs. 12.—). Patine brune. Rare. B.
1385	—	Æ 18—20	Son buste lauré à dr. R⁄. Mars debout à dr.; Romulus marchant à dr.; Mars debout à dr.; le Soleil debout à g.; Alexandre debout à dr.; le Soleil debout à g. C. IV. 337, 351, 364, 388, 401 et 427. F. D. C. (6)
1386	23.68	G.B. 30	Son buste lauré et drapé à dr. R⁄. P·M·TR·P·XIII·COS·III·P·P·S·C· Le Soleil marchant à g., levant la main dr. et tenant un fouet. C. IV. 449. Belle patine verte. T. B.
1387	13.30	M.B. 26	Son buste radié à dr. R⁄. P·M·TR·P·XIIII·COS·III·P·P·S·C· Le même type. C. IV. 456. Belle patine vert-olive. B.
*1388	19.84	G.B. 28	Son buste lauré à dr. R⁄. PROVIDENTIA AVG·S·C· La Prévoyance debout à g., tenant deux épis et une corne d'abondance; auprès d'elle, le modius rempli d'épis. C. IV. 503. Belle patine verte. Superbe.
*1389	17.50	G.B. 30	Son buste lauré, drapé et cuirassé à dr. R⁄. PROVIDENTIA DEORVM S·C· La Providence debout à g., tenant une baguette et une corne d'abondance et appuyée sur une colonne; à ses pieds, un globe. C. IV. 513. Superbe patine gris-vert. T. B.

No.	Poids	Métal et Mill.	
*1390	12.53	M.B. 25	Son buste radié à dr. ℞. RESTITVTOR MON · S · C · Alexandre debout à g. en habit militaire, tenant un sceptre. C. IV. 517. Jolie patine vert-olive. Rare. B.
*1391	19.99	G.B. 30	IMP·ALEXANDER PIVS AVG· Sa tête laurée à dr. ℞. SPES PVBLICA S·C· L'Espérance marchant à g., tenant une fleur et relevant sa robe. C. IV. 547. Superbe patine brun-foncé. Superbe.
*1392	22.17	G.B. 31	Son buste lauré à dr. ℞. VICTORIA AVGVSTI S·C· Victoire debout à dr., écrivant VOT·X· sur un bouclier attaché à un palmier. C. IV. 567. Belle patine vert-clair. Superbe.
1393	—	ℛ 18-20	Sa tête laurée à dr. ℞. La Prévoyance debout à g.; Victoire marchant à dr.; la Valeur debout à dr.; Romulus marchant à dr. C. IV. 501, 508, 559, 578 et 584. F. D. C. (5)
*1394	19.84	G.B. 31	Son buste lauré à dr. ℞. VIRTVS AVGVSTI S·C· Romulus nu-tête marchant à dr., portant une haste et un trophée. C. IV. 591. Belle patine verte. T. B.
1395	—	ℛ 22	Son buste radié à dr. ℞. CONSECRATIO · Autel ou aigle debout. C IV. 598 et 599. *Antoniniens.* T. B. et B. (2)

Orbiane. *Femme d'Alexandre Sévère.*
(Sallustia Barbia Orbiana.)

No.	Poids	Métal et Mill.	
*1396	2.52	ℛ 19	Son buste diadémé à dr. ℞. CONCORDIA AVGG· La Concorde assise à g., tenant une patère et une double corne d'abondance. C. IV. 1. Rare. F.D.C.
1397	2.43	ℛ 20	Un deuxième exemplaire. F. D. C.
*1398	19.19	G.B. 30	SALL·BARBIA ORBIANA AVG· Son buste diadémé à dr. ℞. CONCORDIA AVGVSTORVM S·C· Même type. C. IV. 4· Superbe patine vert-émeraude. Très rare. T. B.
*1399	11.22	M.B. 26	Même type en M. B. C. IV. 5. Belle patine vert-foncé. Rare. Superbe.
*1400	11.37	M.B. 25	Un deuxième exemplaire. Belle patine bleu-foncé. B.
*1401	20.21	G.B. 31	Même buste. ℞. CONCORDIA AVGVSTORVM S·C· Alexandre debout à dr., tenant un livre et donnant la main à Orbiane debout. C. IV. 6. Jolie patine verte. Rare. B.

Mamée. *Mère d'Alexandre Sévère.* † *en 235.*
(Julia Mamaea.)

No.	Poids	Métal et Mill.	
*1402	20.87	M.B. 25	Son buste diadémé à dr. ℞. FECVNDITAS AVGVSTAE S·C· La Fécondité debout à g., tendant la main à un enfant et tenant une corne d'abondance. C. IV. 9. Jolie patine vert-olive. T. B.
*1403	24.77	G.B. 31	Son buste à dr. ℞. FELICITAS PVBLICA S·C· La Félicité debout de face, regardant à g., les jambes croisées, tenant un caducée et appuyée sur une colonne. C. IV. 21. Magnifique patine vert-clair. T. B.
*1404	10.20	M.B. 26	Même type en M. B. C. IV. 22. Jolie patine verte. T. B.
1405	20.99	G.B. 31	Son buste à dr. ℞. IVNO AVGVSTAE S·C· Junon assise à g., tenant une fleur et un enfant. C. IV. 33. Patine verte. B.
1406	—	ℛ 30	Son buste à dr. ℞. La Félicité debout de face; Junon debout à g. C. IV. 17 et 35. F. D. C. (2)
*1407	22.01	G.B. 30	Son buste à dr. ℞. VENVS FELIX S · C · Vénus assise à g., tenant une statuette et un sceptre. C. IV. 69. Belle patine vert-foncé. T. B.
1408	7.84	M.B. 23	Même type en M. B. C. IV. 70. Jolie patine vert-olive. T. B.

No.	Poids	Métal et Mill.	
1409	—	Æ 19	Son buste à dr. R⁄. Vénus debout à g. C. IV. 72 et 76. F. D. C. et T. B. (2)
*1410	21.63	G.B. 33	Son buste diadémé à dr. R⁄. VESTA · S · C · Vesta voilée debout à g., tenant le palladium et un sceptre. C. IV. 83. Patine verte. T. B.
1411	—	Æ 18—19	Son buste à dr. R⁄. Vesta debout à g. C. IV. 81 et 85. F. D. C. (2)

Maximin I. 235—238.
(Caius Julius Verus Maximinus.)

No.	Poids	Métal et Mill.	
*1412	20.82	G.B. 31	Son buste lauré, drapé et cuirassé à dr. R⁄. FIDES MILITVM S · C · La Fidélité militaire debout à g., tenant deux enseignes. C. IV. 13. Belle patine verte. Superbe.
*1413	24.02	G.B. 30	Même buste. R⁄. PAX AVGVSTI S · C · La Paix debout à g., tenant une branche d'olivier et un sceptre. C. IV. 34. Jolie patine vert-olive. T. B.
1414	—	Æ 20	Son buste lauré à dr. R⁄. La Fidélité militaire debout à g.; la Paix debout à g.; Maximin debout à g. C. IV. 7, 31, 37, 46 et 55. F. D. C. (5)
1415	19.80	M.B. 26	Son buste lauré, drapé et cuirassé à dr. R⁄. P · M · TR · P · III · COS · P · P · S · C · Maximin debout à g. entre trois enseignes, tenant un sceptre. C. IV. 68. Jolie patine verte. T. B.
1416	24.52	G.B. 31	Même buste. R⁄. P · M · TR · P · IIII · COS · P · P · S · C · Type semblable. C. IV. 71. Jolie patine verte. B.
1417	16.32	G.B. 29	Même buste. R⁄. PROVIDENTIA AVG · S · C · La Providence debout à g., tenant une baguette et une corne d'abondance. C. IV. 80. Jolie patine brun-foncé. T. B.
*1418	11.08	M.B. 25	Type semblable en M. B. Superbe patine brun-foncé. Superbe.
*1419	24.90	G.B. 31	Son buste lauré et drapé à dr. R⁄. SALVS AVGVSTI S · C · La Santé assise à g., nourrissant un serpent qui s'élance d'un autel. C. IV. 88. Belle patine vert-foncé. T. B.
*1420	18.62	G.B. 29	Un deuxième exemplaire. Magnifique patine vert-clair. Superbe.
1421	23.94	G.B. 31	Type semblable. C. IV. 92. Patine verte. T. B.
1422	16.81	G.B. 29	Un deuxième exemplaire. Jolie patine verte. T. B.
*1423	14.50	M.B. 27	Son buste radié, drapé et cuirassé à dr. R⁄. Même type. C.IV.94. Jolie patine vert-olive. T. B.
1424	—	Æ 29	Son buste lauré à dr. R⁄. Maximin debout à g.; la Providence debout à g.; la Santé assise à g.; Victoire courant à dr.; Victoire debout à g. C. IV. 56, 70, 75, 85, 99 et 107. F. D. C. (6)
*1425	24.10	G.B. 31	Son buste lauré, drapé et cuirassé à dr. R⁄. VICTORIA GERMANICA S · C · Victoire debout à g., tenant une couronne et une palme; à ses pieds, un Germain assis. C. IV. 109. Jolie patine vert noir. T. B.
*1426	14.07	M.B. 26	Son buste radié, drapé et cuirassé à dr. R⁄. Même type. C. IV. 111. Jolie patine verte. Superbe.
*1427	18.71	G.B. 31	Son buste lauré, drapé et cuirassé à dr. R⁄. VOTIS|DECENNA|LIBVS S · C · dans une couronne de laurier. C. IV. 118. Jolie patine verte. Rare. T. B.

Pauline. Femme de Maximin Ier.
(Paulina.)

No.	Poids	Métal et Mill.	
*1428	3.49	Æ 19	DIVA PAVLINA · Son buste voilé à dr. R⁄. CONSECRATIO · Paon de face, faisant la roue. C. IV. 1 (Frs. 50.—). Superbe.
*1429	21.24	G.B. 31	Même buste. R⁄. CONSECRATIO S · C · Pauline tenant un sceptre, assise à g. sur un paon qui l'enlève au ciel. C. IV. 3. Jolie patine verte. Rare. T. B.

No.	Poids	Métal et Mill.	

Maxime. *† en 238.*
(Caius Julius Verus Maximus.)

No.	Poids	Métal et Mill.	
*1430	3.36	Æ 21	Son buste nu et drapé à dr. R⁄. PIETAS AVG · Bâton d'augure, couteau de sacrificateur, vase à sacrifice, simpule et aspersoir. C. IV. 1. Rare. F. D. C.
*1431	23.01	G.B. 32	Type semblable avec S · C · C. IV. 5. Patine verte. T. B.
*1432	12.09	M.B. 26	Type semblable en M. B. C. IV. 7/8 Var. Patine verte. B.
1433	2.90	Æ 19	Même buste. R⁄. PRINC · IVVENTVTIS · Maxime debout à g., tenant une baguette et une haste; derrière lui, deux enseignes. C. IV. 10 (Frs. 20 —). Rare. B.
*1434	22.86	G.B. 31	Même buste. R⁄. PRINCIPI IVVENTVTIS S · C · Même type. C. IV. 14. Belle patine vert-foncé. T. B.
*1435	26.68	G.B. 33	Un deuxième exemplaire. Jolie patine verte. T. B.
1436	21.18	G.B. 30	Un troisième exemplaire. Jolie patine verte. T. B.
*1437	12.04	M.B. 24	Type semblable en M. B. C. IV. 15. Jolie patine verte. T. B.

Gordien d'Afrique père. *† en 238.*
(Marcus Antonius Gordianus Africanus.)

No.	Poids	Métal et Mill.	
*1438	3.01	Æ 19	IMP · M · ANT · GORDIANVS AFR · AVG · Son buste lauré et drapé à dr. R⁄. P · M · TR · P . COS · P · P · Gordien debout à g., tenant un rameau et un sceptre. C. V. 2 (Frs. 120.—). Très rare. F. D. C.
*1439	17.56	G.B. 30	IMP · CAES · M · ANT · GORDIANVS AFR · AVG · Son buste lauré, drapé et cuirassé à dr. R⁄. Même revers avec S · C · C. V. 3. Superbe patine vert-rougeâtre. Très rare. Superbe.
*1440	19.58	G.B. 31	Son buste lauré et drapé à dr. R⁄. PROVIDENTIA AVGG · S · C · La Providence debout à g., les jambes croisées, tenant une baguette et appuyée sur une colonne; à ses pieds, un globe. C. V. 6 Var. Patine brun-rouge. Rare. B.
*1441	2.77	Æ 20	Son buste lauré, drapé et cuirassé à dr. R⁄. ROMAE AETERNAE · Rome-Nicéphore assise à g. sur un bouclier, tenant une Victoire et un sceptre. C. V. 8 (Frs. 120.—). Très rare. T. B.
*1442	19.82	G.B. 30	IMP · CAES · M · ANT · GORDIANVS AFR · AVG · Son buste lauré, drapé et cuirassé à dr. R⁄. ROMAE AETERNAE S · C · Rome assise à g. sur un bouclier, tenant une Victoire et un sceptre. C. V. 9. Jolie patine vert-rouge. Rare. Superbe.
*1443	19.28	G.B. 29	Un deuxième exemplaire. Jolie patine vert olive. Rare. B.
*1444	2.69	Æ 20	Son buste lauré et drapé à dr. R⁄. SECVRITAS AVGG · La Sécurité assise à g., tenant un sceptre. C. V. 10 (Frs. 120.—). Rare. T. B.

Gordien d'Afrique Fils. *† en 238.*

No.	Poids	Métal et Mill.	
*1445	3.55	Æ 19	Son buste lauré et drapé à dr. R⁄. VICTORIA AVGG · Victoire marchant à g., tenant une couronne et une palme. C. V. 12 (Frs. 120.—). Rare. Superbe.
*1446	2.56	Æ 21	Même buste. R⁄. VIRTVS AVGG · La Valeur casquée debout à g., appuyée sur un bouclier et tenant une haste renversée. C. V. 14 (Frs. 120.—). Rare. T. B.
*1447	23.04	G.B. 33	IMP · CAES · M · ANT · GORDIANVS AFR · AVG · Son buste lauré, drapé et cuirassé à dr. R⁄. Pareil au précédent. C. V. 15. Patine brun-rougeâtre. T. B.

No.	Poids	Métal et Mill.	
			Balbin. † *en 238.* (Decimus Caelius Balbinus.)
*1448	19.87	G.B.32	Son buste lauré, drapé et cuirassé à dr. R⟁. CONCORDIA AVGG · S · C · La Concorde assise à g., tenant une patère et une double corne d'abondance. C. V. 4. Jolie patine verte. T. B.
1449	....	Æ22	Son buste radié à dr. R⟁. Deux mains jointes. C. V. 3 (Frs. 10.—) et 6 (Frs. 10.—). *Antoniniens.* T. B. (2)
1450	3.86	Æ19	Son buste lauré à dr. R⟁. LIBERALITAS AVGVSTORVM · La Libéralité debout à g., tenant une tessère et une corne d'abondance. C. V. 10. Rare. Superbe.
1451	5.02	Æ24	Son buste radié à dr. R⟁. PIETAS MVTVA AVGG · Deux mains jointes. C. V. 17. *Antoninien.* Rare. F. D. C.
1452	2.95	Æ20	Son buste lauré à dr. R⟁. P · M · TR · P · COS · II · P · P · Balbin debout à g., tenant un rameau et un sceptre. C. V. 20. Rare. Superbe.
1453	18.07	G.B.30	Type semblable avec S · C · C. V. 21. Patine vert-foncé. B.
*1454	3.01	Æ19	Son buste lauré, drapé et cuirassé à dr. R⟁. PROVIDENTIA DEORVM · La Providence debout à g., indiquant avec une baguette, un globe qui est à ses pieds et tenant une corne d'abondance. C. V. 23. Rare. F. D. C.
*1455	23.66	G.B.30	Type semblable avec S · C · C. V. 24. Superbe patine vert-foncé. Superbe.
1456	3.01	Æ20	Son buste lauré à dr. R⟁. VICTORIA AVGG · Victoire debout à g., tenant une couronne et une palme. C. V. 27. Rare. Superbe.
*1457	24.05	G.B.32	IMP · CAES · D · CAEL · BALBINVS AVG · Son buste lauré, drapé et cuirassé à dr. R⟁. VICTORIA AVGG S · C · Victoire debout de face, regardant à g., tenant une couronne et une palme. C. V. 29. Superbe patine brun-foncé. De toute beauté.
			Pupien. † *en 238.* (Marcus Clodius Pupienus Maximus.)
1458	3.93	Æ22	Son buste radié et drapé à dr. R⟁. AMOR MVTVVS AVGG · Deux mains jointes. C. V. 1. *Antoninien.* T. B.
1459	4.82	Æ24	Même buste. R⟁. CARITAS MVTVA AVGG · Deux mains jointes. C. V. 3. *Antoninien.* F. D. C.
1460	2.68	Æ20	Son buste lauré à dr. R⟁. CONCORDIA AVGG · La Concorde assise à g., tenant une patère et une double corne d'abondance. C. V. 6. F. D. C.
*1461	19.52	G.B.30	Son buste lauré, drapé et cuirassé à dr. R⟁. Même revers avec S · C · C. V. 7. Jolie patine vert-foncé. T. B.
*1462	10.24	M.B.26	IMP · CAES · PVPIEN · MAXIMVS AVG · Même buste. R⟁. Même revers. C. V. 9 (Frs. 80.—). Patine vert-olive. Rare. B.
*1463	23.80	G.B.33	Même buste. R⟁. LIBERALITAS AVGVSTORVM S · C · La Libéralité debout à g., tenant une tessère et une corne d'abondance. C. V. 15. Jolie patine vert-foncé. Rare. T. B.
1464	5.05	Æ23	Son buste radié à dr. R⟁. PATRES SENATVS · Deux mains jointes. C. V. 21. *Antoninien.* T. B.
1465	3.39	Æ19	Son buste lauré à dr. R⟁. PAX PVBLICA · La Paix assise à g., tenant une branche d'olivier et un sceptre. C. V. 22. F. D. C.
*1466	20.95	G.B.30	Son buste lauré, drapé et cuirassé à dr. R⟁. Même revers avec S · C · C. V. 23. Jolie patine brun-foncé. Rare. Superbe.

No.	Poids	Métal et Mill.	
1467	3.03	AR 20	Même buste. ꝶ. P · M · TR · P · COS · II · P · P · La Paix debout à g., tenant un caducée et un sceptre. C. V. 26. *Superbe.*
1468	17.26	G.B. 30	Même buste. ꝶ. P · M · TR · COS · II · P · P · S · C · Pupien debout à g., tenant un rameau et un sceptre. C. V. 30. Patine verte. B.
*1469	21.05	G.B. 31	IMP · CAES · M · CLOD · PVPIENVS AVG · Son buste lauré, drapé et cuirassé à dr. ꝶ. PROVIDENTIA DEORVM S · C · La Providence debout à g., indiquant avec une baguette un globe qui est à ses pieds, et tenant une corne d'abondance. C. V. 34. Belle patine vert-foncé. Rare. Superbe.
*1470	21.64	G.B. 29	Même buste. ꝶ. VICTORIA AVGG S · C · Victoire debout à g., tenant une couronne et une palme. C. V. 38. Jolie patine vert-foncé. B.
1471	23.89	G.B. 32	Un deuxième exemplaire. Jolie patine brun-foncé. B.
*1472	21.36	G.B. 32	Son buste lauré, drapé et cuirassé à dr. ꝶ. VOTIS | DECENNA | LIBVS S · C · dans une couronne de laurier. C. V. 44. Belle patine vert-clair. Rare. T.B.

Gordien III le Pieux. *238 — 243.*
(Marcus Antonius Gordianus.)

No.	Poids	Métal et Mill.	
1473	9.56	M.B. 25	Son buste radié à dr. ꝶ. ABVNDANTIA AVG S · C · L'Abondance debout à dr., vidant sa corne. C. V. 3. Patine noire. B.
*1474	5.28	AV 20	IMP · GORDIANVS PIVS FEL · AVG · Son buste lauré à dr. ꝶ. AETERNITATI AVG · Le Soleil debout à g., radié, à demi-nu, levant la main dr. et tenant un globe. C. V. 37. *Superbe.*
1475	22.24	G.B. 30	Type semblable avec S · C · en G. B. C. V. 43. Belle patine verte. T. B.
1476	17.92	G.B. 31	Un deuxième exemplaire. Belle patine verte. T. B.
1477	11.68	M.B. 25	Type semblable en M. B. C. V. 44. Belle patine verte. B.
*1478	13.99	G.B. 33	Son buste lauré à dr. ꝶ. IOVI STATORI S · C · Jupiter debout de face, regardant à dr., tenant un sceptre et un foudre. C. V. 111. Belle patine verte. T. B.
*1479	22.40	G.B. 31	Un deuxième exemplaire. Belle patine verte. T. B.
1480	—	AR 19—21	Son buste lauré à dr. ꝶ. Le Soleil debout à g.; Diane debout à dr.; Jupiter debout de face. C. V. 39, 69 et 113. F. D. C. (3)
1481	18.46	G.B. 30	Même buste. ꝶ. LAETITIA AVG · N · S · C · La Joie debout à g., tenant une couronne et une ancre. C. V. 122. Superbe patine vert-clair. T. B.
1482	21.45	G.B. 32	Son buste lauré à dr. ꝶ. MARS PROPVGNAT · S · C · Mars marchant à dr. et tenant une haste et un bouclier. C. V. 157. Jolie patine verte. T. B.
1483	19.80	G.B. 31	Son buste lauré à dr. ꝶ. PAX AETERNA S · C · La Paix marchant à g., tenant une branche et un sceptre. C. V. 169. Patine vert-olive. B.
*1484	5.02	AV 20	IMP · CAES · M · ANT · GORDIANVS AVG · Son buste lauré et drapé à dr. ꝶ. PAX AVGVSTI · La Paix debout à g., tenant une branche d'olivier et un sceptre transversal. Manque à Cohen. Rare. T. B.
*1485	2.84	AR 20	Son buste nu et drapé à dr. ꝶ. PIETAS AVGG · Bâton d'augure, couteau, vase, simpule et aspersoir. C. V. 182 (Frs. 20.—). F. D. C.
*1486	19.39	G.B. 31	Type semblable avec S · C · C. V. 183. Belle patine noire. Rare. B.
1487	22.27	G.B. 31	Son buste lauré à dr. ꝶ. P · M · TR · P · II · COS · P · P · S · C · Gordien debout à g., sacrifiant sur un trépied et tenant un sceptre. C. V. 213. Jolie patine verte. T. B.
1488	17.31	G.B. 30	Type semblable. C. V. 217. Belle patine vert-clair. T. B.

No.	Poids	Métal et Mill.	
1489	20.66	*G.B.*29	Même buste. ℞. P · M · TR · P · III · COS · P · P · S · C · Gordien assis à g., tenant un globe et un sceptre. C. V. 231. Superbe patine verte. B.
*1490	5.06	*N* 21	IMP · GORDIANVS PIVS FEL · AVG · Son buste lauré à dr. ℞. P · M · TR · P · IIII · COS · II · P · P · Apollon à demi-nu assis à g., tenant une branche de laurier et accoudé à une lyre. C. V. 249. T. B.
1491	18.71	*G.B.*30	Type semblable avec S · C · C. V. 251. Jolie patine brune. T. B.
*1492	16.66	*G.B.*28	Son buste lauré à dr. ℞. P · M · TR · P · IIII · COS · II · P · P · S · C · Gordien debout à dr., tenant une haste et un globe. C. V. 254. Jolie patine verte. T. B.
1493	18.06	*G.B.*30	Même buste. ℞. P · M · TR · P · V · COS · II · P · P · S · C · Apollon assis à g., tenant une branche d'olivier. C. V. 262. Belle patine gris-noir. T. B.
1494	20.00	*G.B.*30	Même buste. ℞. P · M · TR · P · VI · COS · II · P · P · S · C · Gordien debout à dr., tenant une haste et un globe. C. V. 277. Belle patine vert-clair. B.
1495	—	*Æ* 20 - 22	Son buste radié ou lauré à dr. ℞. Jupiter debout à g.; Gordien debout, sacrifiant à g.; Vénus debout à g.; Mars debout à g. C. V. 189, 210, 347 et 383. *(3 Antoniniens.)* F. D. C. — B. (4)
1496	21.96	*G.B.*29	Son buste lauré à dr. ℞. VIRTVS AVG · S · C · Mars debout à g. C. V. 390. Jolie patine brune. B.

Philippe Père. *244—249.*
(Marcus Julius Philippus.)

No.	Poids	Métal et Mill.	
*1497	15.08	*G.B.*30	IMP · IVL · PHILIPPVS AVG · Son buste lauré à dr. ℞. ADVENTVS AVGG · S · C · Philippe à cheval à g. en habit militaire, levant la main dr. et tenant une haste. C. V. 6. Superbe patine noire. De toute beauté.
1498	15.89	*G.B.*30	Un deuxième exemplaire. Belle patine vert-clair. T. B.
*1499	20.38	*G.B.*31	IMP · M · IVL · PHILIPPVS AVG · Son buste lauré à dr. ℞. AEQVITAS AVG · S · C · L'Équité debout à g., tenant une balance et une corne d'abondance. C. V. 10. Magnifique patine verte. De toute beauté.
*1500	19.63	*G.B.*32	Même buste. ℞. AETERNITAS AVGG · S · C · Éléphant marchant à g., monté par un cornac qui tient un javelot et une baguette. C. V. 18. Jolie patine verte. Superbe.
*1501	20.38	*M.B.*20	Type semblable avec son buste radié à dr. C. V. 20. Jolie patine vert-olive. T. B.
*1502	20.37	*G.B.*31	Son buste lauré à dr. ℞. ANNONA AVGG · S · C · L'Abondance debout à g., tenant trois épis et une corne d'abondance; auprès d'elle, le modius. C. V. 26. Superbe patine verte. T. B.
1503	19.81	*G.B.*30	Même buste. ℞. FIDES EXERCITVS S · C · Quatre enseignes militaires. C. V. 51. Patine brune. B.
1504	10.48	*M.B.*25	Même buste. ℞. MILIARIVM SAECVLVM S · C · Cippe sur lequel on lit COS · III · C. V. 96. Patine vert-foncé. B.
1505	17.96	*G.B.*29	Même buste. ℞. PAX AETERNA S · C · La Paix debout à g., tenant une branche d'olivier et un sceptre. C. V. 105. Patine vert-olive. T. B.
*1506	27.45	*G.B.*31	Son buste lauré à dr. ℞. P · M · TR · P · II · COS · P · P · Philippe assis à g. sur une chaise curule, tenant un globe et un sceptre. C. V. 121. Sur flan très large. Superbe patine vert-clair. T. B.
*1507	19.05	*G.B.*31	Même buste. ℞. P · M · TR · P · III · COS · P · P · S · C · La Paix debout à g., tenant un caducée et une corne d'abondance. C. V. 125. Superbe patine vert-foncé. Superbe.

No.	Poids	Métal et Mill.	
1508	—	Æ 22-23	Son buste radié à dr. R⸿. Philippe à cheval à g.; quatre enseignes; la louve à dr., allaitant Rémus et Romulus; cerf marchant à dr. C. V. 3, 50, 177 et 182. *Antoniniens.* F. D. C.—T. B. (4)
*1509	21.76	G.B.30	Son buste lauré à dr. R⸿. SAECVLARES AVGG · S · C · Cerf à dr. C. V. 183. Jolie patine verte. B.
1510	17.90	G.B.29	Son buste lauré à dr. R⸿. SAECVLARES AVGG · S · C · Antilope marchant à g. C. V. 190. Patine brune. B.
1511	22.01	G.B.32	Même buste. R⸿. SAECVLARES AVGG · S · C · Cippe sur lequel on lit COS · III · C. V. 195. Patine verte. B.
1512	22.58	G.B.31	Son buste lauré à dr. R⸿. SAECVLVM NOVVM S · C · Temple à huit colonnes, au milieu, la statue de Jupiter. C. V. 201. Jolie patine brune. B.
*1513	9.68	M.B.26	Type semblable avec son buste radié à dr. C. V. 204. Belle patine verte. T. B.
*1514	22.81	G.B.32	Son buste lauré à dr. R⸿. SALVS AVG · S · C · La Santé debout à g., nourrissant un serpent enlacé autour d'un autel et tenant un gouvernail. C. V. 206. Belle patine vert-foncé. T. B.
1515	15.49	G.B.30	Même buste. R⸿. SECVRIT · ORBIS S · C · La Sécurité assise à g., tenant un sceptre. C. V. 216. Jolie patine verte. T. B.
1516	14.38	G.B.28	Même buste. R⸿. VICTORIA AVG · S · C · Victoire marchant à g., tenant une couronne et une palme. C. V. 232. Superbe patine verte. T. B.
1517	—	Æ 21	Son buste radié à dr. R⸿. Antilope à g.; cippe; Victoire debout à g.; Philippe et son fils galopant à dr. C. V. 189, 193, 235 et 241. *Antoniniens.* F. D. C. et B. (4)

Otacilie. *Femme de Philippe père.* † en 249.
(Marcia Otacilia Severa.)

No.	Poids	Métal et Mill.	
*1518	24.91	G.B.32	Son buste diadémé à dr. R⸿. CONCORDIA AVGG · S · C · La Concorde assise à g., tenant une patère et une double corne d'abondance. C. V. 10. Belle patine verte. B.
*1519	18.76	G.B.30	Un deuxième exemplaire. Belle patine vert-olive. Superbe.
*1520	13.00	M.B.26	Type semblable en M. B. C. V. 11. Jolie patine brun-foncé. B.
1521	17.15	G.B.31	Même buste. R⸿. PIETAS AVGVSTAE S · C · La Piété debout à g., tenant une boîte à parfums. C. V. 46. Belle patine vert-olive. B.
*1522	20.76	G.B.33	Son buste diadémé à dr. R⸿. PVDICITIA AVG · S · C · La Pudeur assise à g., se couvrant le visage de son voile et tenant un sceptre. C. V. 55. Superbe patine verte. T. B.
1523	—	Æ 22-23	Même buste. R⸿. La Concorde assise à g.; hippopotame à dr. C. V. 4 et 64. *Antoniniens.* F. D. C. (2)
*1524	17.96	G.B.29	Son buste diadémé à dr. R⸿. SAECVLARES AVGG · S · C · Hippopotame à dr., regardant en l'air. C. V. 65. Belle patine verte. De toute beauté.
*1525	11.47	M.B.29	Même buste. R⸿. SAECVLARES AVGG · S · C · Cippe. C. V. 69. Jolie patine vert clair. T. B.

Philippe Fils. † en 249.
(Marcus Julius Severus Philippus.)

No.	Poids	Métal et Mill.	
1526	3.98	Æ 21	Son buste radié à dr. R⸿. LIBERALITAS AVGG · III · Philippe père et son fils assis à g. C. V. 17. F. D. C.
*1527	18.48	G.B.30	Son buste lauré à dr. R⸿. Le même revers avec S · C · C. V. 18. Belle patine verte. Superbe.

No.	Poids	Metal et Mill.	
*1528	18.51	G.B.29	Même buste. R̸. PAX AETERNA S·C· La Paix debout à g., tenant une branche d'olivier et un sceptre. C. V. 27. Belle patine vert-clair. T. B.
*1529	19.19	G.B.30	Son buste nu et drapé à dr. R̸. PRINCIPI IVVENT·S·C· Philippe en habit militaire debout à g., tenant un globe et une haste. C. V. 49. Belle patine verte. T. B.
*1530	3.53	Æ 22	Type semblable en argent. C. V. 53 Var. (Frs. 60.—). *Antoninien.* Très rare. T. B.
*1531	16.32	G.B.30	Son buste nu et drapé à dr. R̸. PRINCIPI IVVENT·S·C· Philippe marchant à dr. et tenant une haste et un globe. C. V. 55. Superbe patine vert-clair. Superbe.
*1532	17.84	G.B.31	Même buste. R̸. PRINCIPI IVVENTVTIS S·C· Philippe debout à g., tenant une enseigne et une haste. C. V. 62. Belle patine noire. Sur flan de médaillon. T. B.
*1533	16.00	G.B.28	Son buste lauré, drapé et cuirassé à dr. R̸. SAECVLARES AVGG·S·C· Chèvre marchant à g. C. V. 73. Belle patine vert-olive. Superbe.
*1534	9.77	M.B.26	Même buste. R̸. SAECVLARES AVGG·S·C· Cippe sur lequel on lit COS·II· C. V. 79. Belle patine verte. T. B.

Trajan Dèce. *249—251.*
(Calus Messius Quintus Trajanus Declus.)

No.	Poids	Metal et Mill.	
1535	13.08	G.B.30	Son buste lauré et cuirassé à dr. R̸. DACIA S·C· La Dacie debout à g., tenant un bâton surmonté d'une tête d'âne. C. V. 18. Patine vert-clair. B.
*1536	10.23	M.B.25	Type semblable. C. V. 21 Var. Jolie patine verte. B.
1537	20.71	G.B.28	Même buste. R̸. DACIA FELIX S·C· La Dacie debout à g., tenant une enseigne. C. V. 35. Patine verte. B.
*1538	40.77	Æ 38	Son buste radié et cuirassé à dr. R̸. FELICITAS SAECVLI S·C· La Félicité debout à g., tenant un caducée et une corne d'abondance. C. V. 39. Æ-Médaillon. Belle patine vert-clair. T. B.
*1539	13.35	M.B.27	Son buste lauré, drapé et cuirassé à dr. R̸. GENIVS EXERC·ILLYRICIANI S·C· Génie debout à g., coiffé du modius, tenant une patère et une corne d'abondance; à dr., une enseigne. C. V. 54. Jolie patine vert-foncé. T. B.
1540	19.23	G.B.29	Son buste lauré à dr. R̸. GENIVS EXERCITVS ILLYRICIANI S·C· Même type. C. V. 66. Jolie patine vert-olive. B.
1541	10.35	M.B.25	Son buste radié à dr. R̸. LIBERALITAS AVG·S·C· La Libéralité debout à g., tenant une tessère et une corne d'abondance. C. V. 72. Belle patine verte. T. B.
1542	11.73	M.B.26	Un deuxième exemplaire. Patine brun-foncé. B.
*1543	4.48	N 20	IMP·C·M·Q·TRAIANVS DECIVS AVG· Son buste lauré et cuirassé à dr. R̸. PANNONIAE· Les deux Pannonies voilées debout, en femmes, se tournant le dos et tenant chacune une enseigne militaire. C. V. 85. F. D. C.
1544	21.69	G.B.30	Type semblable avec S·C· C. V. 87. Patine verte. B.
*1545	4.33	P.B.20	Même buste. R̸. S·C· Mars debout à g., appuyé sur un bouclier et tenant une haste. C. V. 102. Patine brune. T. B.
1546	·	Æ 21 23	Son buste radié à dr. R̸. L'Abondance debout à dr.; Trajan Dèce à cheval à g.; la Dacie debout à g.; la Paix debout à g.; Victoire marchant à g. C. V. 2, 6, 13, 91 et 111. *Antoniniens.* F. D. C. — B. (5)

No.	Poids	Metal et Mill.	
*1547	37.93	Æ.37	IMP·C·M·Q·TRAIANVS DECIVS AVG· Son buste radié et cuirassé à dr. R⁄. VICTORIA AVG·S·C· Victoire marchant à pas précipités à g., tenant une couronne et une palme. C. V. 115. Æ-Médaillon. Belle patine verte. Superbe.

Etruscille. *Femme de Trajan Dèce.*

(Herennia Etruscilla.)

No.	Poids	Metal et Mill.	
*1548	18.12	G.B.29	Son buste diadémé à dr. R⁄. CONCORDIA AVG·S·C· La Concorde assise à g., tenant une patère et une corne d'abondance. C. V. 4 (Frs. 20.—). Patine verte. B.
1549	—	Æ21	Même buste. R⁄. La Fécondité debout à g.; la Pudeur assise à g. C. V. 8 et 19. T. B. (2)
*1550	39.69	Æ35	HERENNIA ETRVSCILLA AVG· Son buste diadémé à dr. avec le croissant. R⁄. PVDICITIA AVG·S·C· La Pudeur assise à g., ramenant son voile sur sa figure et tenant un sceptre transversal. C. V. 21. Æ-Médaillon. Belle patine brun-rouge. Très rare. T. B.
*1551	20.02	G.B.31	Type semblable. C. V. 22. Belle patine verte. T. B.
*1552	11.42	M.B.26	Type semblable avec le buste orné du croissant. C. V. 24. Superbe patine vert-clair. B.

Hérennius. *Fils d'Etruscille.* † en 251.

(Quintus Herennius Etruscus.)

No.	Poids	Metal et Mill.	
*1553	19.40	G.B.30	Son buste nu et drapé à dr. R⁄. PIETAS AVGG·S·C· Mercure debout à g., tenant une bourse et un caducée. C.V.12. Belle patine brun-vert. Très rare. B.
1554	14.06	G.B.27	Même buste. R⁄. PRINCIPI IVVENTVTIS S·C· Hérennius debout à g., tenant une baguette et une haste. C. V. 28 (Frs. 15.—). Patine verte. B.
1555	—	Æ 21-22	Son buste radié à dr. R⁄. Deux mains jointes; Mercure debout à g.; Hérennius debout à g.; l'Espérance marchant à g. C. V. 4, 11, 26 et 38. F. D. C. — B. (4)

Hostilien. † en 250.

(Caius Valens Hostilianus Messius Quintus.)

No.	Poids	Metal et Mill.	
1556	4.61	Æ21	Son buste radié à dr. R⁄. MARTI PROPVGNATORI· Mars marchant à dr., tenant une haste et un bouclier. C. V. 15. T. B.
*1557	16.43	G.B.29	Son buste nu et drapé à dr. R⁄. PRINCIPI IVVENTVTIS S·C· Apollon assis à g., tenant une branche de laurier et accoudé à sa lyre. C. V. 31. Patine verte. Rare. B.

Trébonien Galle. *251—253.*

(Caius Vibius Trebonianus Gallus.)

No.	Poids	Metal et Mill.	
1558	20.72	G.B.31	Son buste lauré à dr. R⁄. LIBERALITAS AVGG·S·C· La Libéralité debout à g., tenant une tessère et une corne d'abondance. C. V. 57. Belle patine verte. T. B.
1559	—	Æ 20-22	Son buste radié à dr. R⁄. L'Abondance debout à dr.; la Félicité debout à g.; la Liberté debout à g.; Mars marchant à g. C. V. 17, 37, 63 et 71. T. B. et B. (4)
*1560	19.77	G.B.31	Son buste lauré à dr. R⁄. PAX AVGG·S·C· La Paix debout à g., tenant une branche d'olivier et un sceptre. C. V. 78. Belle patine vert-olive. Superbe.
*1561	14.60	G.B.29	Même buste. R⁄. PIETAS AVGG·S·C· La Piété voilée debout à g., levant les deux mains. C. V. 86. Belle patine brun-foncé. T. B.

Volusien. *251—254.*

(Caius Vibius Volusianus.)

No.	Poids	Metal et Mill.	
1562	18.34	G.B.29	Son buste lauré à dr. R⁄. FELICITAS PVBLICA S·C· La Félicité debout à g., tenant un caducée et un sceptre, et appuyée sur une colonne. C. V. 35. Patine brun-foncé. T. B.

No.	Poids	Métal et Mill.	
*1563	20.78	G.B.31	Même buste. ℞. IVNONI MARTIALI S·C· Junon assise de face dans un temple rond à deux colonnes, tenant une patère et un sceptre. C. V. 46. Patine verte. **T. B.**
*1564	15.10	G.B.28	Son buste lauré à dr. ℞. PAX AVGG·S·C· La Paix debout à g., tenant une branche d'olivier et un sceptre. C. V. 74. Belle patine vert-olive. **T. B.**
*1565	7.75	M.B.24	Type semblable. C. V. 76. Patine verte. **B.**
1566	—	Æ 21	Son buste radié à dr. ℞. La Concorde assise à g.; Junon assise de face dans un temple rond; la Piété debout à g.; Volusien debout à g. C. V. 25, 43, 88 et 92. **F. D. C. — T. B. (4)**

Emilien. *† en 253.*
(Marcus Aemilius Aemilianus.)

No.	Poids	Métal et Mill.	
*1567	20.70	G.B.30	IMP·CAES·AEMILIANVS P·F·AVG· Son buste lauré à dr. ℞.VICTORIA AVG·S·C· Victoire marchant à g., tenant une couronne et une palme. C. V. 56 (Frs. 100.—). Belle patine vert-brun. **Rare. T. B.**
1568	3.72	Æ 21	Son buste radié à dr. ℞. VIRTVS AVG· La Valeur debout à g., tenant un rameau et une haste. C. V. 59. **T. B.**

Valérien père. *253—260.*
(Caius Publius Licinius Valerianus.)

No.	Poids	Métal et Mill.	
1569	—	Bill. 20—22	Son buste radié à dr. ℞. Apollon debout à dr.; la Foi debout à g.; la Foi debout à dr. C. V. 25, 65 et 71. **F. D. C. et T. B. (3)**
*1570	2.47	N 18	IMP·C·P·LIC·VALERIANVS P·F·AVG· Son buste lauré et drapé à dr. ℞. ORIENS AVGG· Le Soleil radié debout à g., levant la main dr. et tenant un fouet. C. V. 133 (Frs. 350.—). **Très rare et T. B.**
1571	11.69	G.B.29	Son buste lauré à dr. ℞. VICTORIA AVGG·S·C· Victoire marchant à g., tenant une couronne et une palme. C. V. 219. Patine verte. **B.**
1572	—	Bill.21	Son buste radié à dr. ℞. Le Soleil debout à g.; la Providence debout à g.; Mars debout à g.; Vulcain debout à g. dans un temple; le Soleil marchant à g. C. V. 135, 173, 265 et C. V. 2 et 6 (comme Valérien jeune). **T. B. et B. (5)**

Mariniane. *Femme de Valérien père. † en 254.*
(Mariniana.)

No.	Poids	Métal et Mill.	
1573	3.85	Bill.23	Son buste voilé à dr. ℞. CONSECRATIO· Paon de face avec la queue éployée, regardant à g. C. V. 3 (Frs. 8.—). **B.**
*1574	9.34	M.B.22	Type semblable en M. B. C. V. 8 (Frs. 30.—). Patine verte. **Rare. B.**
1575	9.19	M.B.24	Un deuxième exemplaire. Patine verte. **A. B.**
1576	3.35	Bill.22	Son buste voilé à dr. avec le croissant. ℞. CONSECRATIO· Paon volant à dr. et enlevant Mariniane au ciel. C. V. 16. **T. B.**

Gallien. *253—268.*
(Publius Licinius Egnatius Gallienus.)

No.	Poids	Métal et Mill.	
*1577	4.00	N 20	GALLIENVS AVG· Son buste lauré à dr. ℞. AEQVITAS AVG· L'Équité debout à g., tenant une balance et une corne d'abondance. C. V. 21 (Frs. 200.—). **T. B.**
*1578	20.28	G.B.31	Son buste lauré et cuirassé à dr. ℞. CONCORDIA EXERCIT·S·C· La Concorde debout à g., tenant une patère et une double corne d'abondance. C. V. 132. Jolie patine vert-olive. **B.**
1579	20.07	G.B.31	Un deuxième exemplaire. Belle patine brun-foncé. **B.**

No.	Poids	Metal et Mill.	
*1580	1.72	N 18	IMP · GALLIENVS AVG · Son buste lauré à dr. ℞. FORTVNA REDVX · La Fortune debout à g., tenant un gouvernail et une corne d'abondance; à dr. S · C. V. 268 Var. · T. B.
*1581	13.76	G.B.30	Tête radiée et tourelée du Génie de Rome à dr. sous les traits de Gallien. ℞. INT · VRB · S · C · dans une couronne de laurier. C. V. 334. Patine verte. R a r e. B.
1582	19.51	G.B.28	Son buste lauré à dr. ℞. RESTITVTOR ORBIS S · C · Gallien debout à g., relevant une femme et tenant une haste. C. V. 913 (Frs. 50.—). R a r e. B.
1583	—	Bill. 20 · 22	Sa tête radiée à dr. ou à g. ℞. Centaure marchant à g.; antilope marchant à g.; trophée; Jupiter debout sur un cippe; Gallien sacrifiant à g.; Valérien et Gallien debout de face; le Soleil marchant à g.; la Santé debout à g. C. V. 73, 165, 310, 397, 788, 792, 806 et 940. F. D. C. — B. (8)

Salonine. *Femme de Gallien.*
(Cornelia Salonina.)

No.	Poids	Metal et Mill.	
1584	19.83	G.B.28	Son buste à dr. ℞. IVNO REGINA S · C · Junon debout à g., tenant une patère et un sceptre. C. V. 62. Patine verte. A. B.
*1585	7.76	M.B.28	Même type en M. B. C. V. 63. Belle patine bleu-vert. T. B.
*1586	1.15	Æ 15	Son buste diadémé à dr. ℞. PIETAS AVGG · La Piété assise à g., tendant la main à deux enfants et tenant un sceptre; à côté de son siège, un troisième enfant. C. V. 85. Æ Quinaire. Très rare. B.
*1587	11.52	M.B.25	Même buste. ℞. VENVS GENETRIX S · C · Vénus debout à g., tenant une pomme et un sceptre; à ses pieds, Cupidon debout. C. V. 123. Patine vert-jaune. B.
1588	—	Bill. 19 — 21	Son buste à dr. ℞. Biche marchant à g.; Gallien debout en face de Rome assise; Vénus assise à g.; Vénus debout à g. C. V. 70, 103, 115 et 130. F. D. C. — B. (4)

Salonin. † *en 266.*
(Publius Licinius Cornelius Valerianus Saloninus.)

No.	Poids	Metal et Mill.	
1589	—	Bill. 21 23	Son buste radié à dr. ℞. Aigle volant à dr. et enlevant Salonin; Jupiter assis de face sur la chèvre Amalthée à dr.; objets de sacrifice; Salonin debout à g., à dr., un trophée; l'Espérance marchant à g. C.V. 5, 26, 41, 87 et 93. F.D.C.—B. (5)

Macrien jeune. † *en 262.*
(Fulvius Julius Macrianus.)

No.	Poids	Metal et Mill.	
*1590	4.12	Bill.22	Son buste radié et cuirassé à dr. ℞. SOL · INVICTO · Le Soleil radié debout à g., levant la main dr. et tenant un globe. C. VI. 12 (Frs. 30.—). T. B.

Quiétus. † *vers 264.*
(Fulvius Julius Quietus.)

No.	Poids	Metal et Mill.	
*1591	3.65	Bill.23	Son buste radié et drapé à dr. ℞. APOLINI CONSERVA · Apollon debout à g., tenant une branche de laurier et appuyé sur la lyre. C. VI. 4 (Frs. 30.—). B.
*1592	4.82	Bill.21	Même buste. ℞. SPES PVBLICA · L'Espérance marchant à g., tenant une fleur et relevant sa robe; dans le champ, une étoile. C. VI. 14 (Frs. 30.—). B.

Postume. *255—267.*
(Marcus Cassianius Latinus Postumus.)

No.	Poids	Metal et Mill.	
1593	—	Bill. 22 28	Son buste radié à dr. ℞. Hercule debout à g.; Jupiter marchant à g. C. VI. 101 et 153. T. B. (2)

No.	Poids	Métal et Mill.	
*1594	3.24	P.B. 21	IMP·C·POSTVMVS P·F·AVG· Son buste radié et drapé à dr. R̸. IOVI VICTORI· Jupiter nu marchant à g. et se retournant, tenant un foudre et un sceptre transversal; dans le champ, C·A· *(Colonia Agrippina)*. C. VI. 163 Var. (Frs. 100 —). Superbe patine noire. De la plus grande rareté. Superbe.
*1595	31.22	G.B. 34	Même buste. R̸. LAETITIA AVG·S·C· Vaisseau allant à g. C. VI. 177. Patine verte. B.
*1596	15.47	M.B. 30	Une monnaie semblable. C. VI. 183. Patine brun-foncé. B.
1597	—	Bill. 20 21	Son buste radié à dr. R̸. Neptune debout à g.; le Soleil marchant à g.; buste du Soleil à dr.; la Paix debout à g. C. VI. 205, 213, 214 et 215. F. D. C. et T. B. (4)
*1598	21.21	G.B. 31	Son buste lauré et drapé à g., levant la main dr. R̸. P·M·TR.P·COS·II· P·P·S·C· Postume casqué en habit militaire debout à g., tenant un globe et une haste. C. VI. 253 (Frs. 20.—). Patine vert-olive. B.
1599	—	Bill. 21 22	Son buste radié à dr. R̸. La Providence debout à g.; Postume debout à dr. et relevant une femme; Sérapis debout à g. C. VI. 295, 323 et 360. F. D. C. et T. B. (3)
*1600	15.01	M.B. 30	Son buste radié et drapé à dr. R̸. VICTORIA AVG·S·C· Victoire marchant à g., tenant une couronne et une palme; devant elle, un captif assis à terre. C. VI. 379. Jolie patine gris-vert. B.
*1601	21.38	G.B. 31	Même buste. R̸. VICTORIAE AVG·S·C· Deux Victoires debout, attachant un bouclier à un palmier au bas duquel sont deux captifs assis. C. VI. 407. Belle patine verte. B.
*1602	21.11	G.B. 31	Une monnaie semblable. C. VI. 409 (Frs. 20.—). Jolie patine vert-foncé. Rare. B.

Lélien. † *en 267.*
(Ulpius Cornelius Laelianus.)

No.	Poids	Métal et Mill.	
*1603	3.20	P.B. 20	Son buste radié et cuirassé à dr. R̸. VICTORIA AVG· Victoire courant à dr., tenant une couronne et une palme. C. VI. 4 (Frs. 15.—). Jolie patine noire. T. B.
1604	2.89	P.B. 20	Un deuxième exemplaire. Jolie patine brune. T. B.

Victorin père. *265—267.*
(Piauvonius Victorinus.)

No.	Poids	Métal et Mill.	
*1605	4.83	N 20	IMP·VICTORINVS P·F·AVG· Son buste lauré à dr. R̸. LEG·II·TRAIANA· Hercule nu debout de face, regardant à dr., appuyé sur sa massue et tenant un arc; la peau de lion est posée sur son bras g.; dans le champ P—F· C. VI. 59. Deuxième exemplaire connu. De la plus grande rareté et de toute beauté.
1606	—	P.B. 19 - 22	Son buste radié à dr. ou à g. R̸. La Paix debout à g.; la Santé debout à dr. C. VI. 83, 112 et 113 (Frs. 6.—). Superbe. (3)

Marius. † *en 268.*
(Caius Marcus Aurelius Marius.)

No.	Poids	Métal et Mill.	
1607	—	P.B. 19 20	Son buste radié à dr. R̸. CONCORDIA MILITVM ou CONCORD·MILIT· Deux mains jointes. C. VI. 4 (Frs. 10.—) et 8 (Frs. 10.—). Patine brune. T. B. (2)
*1608	3.33	P.B. 21	Même buste. R̸. SAEC·FELICITAS· La Félicité debout à g., tenant un caducée et une corne d'abondance. C. VI. 13. Superbe.

No.	Poids	Métal et Mill.	
*1609	2.72	P.B. 20	Même buste. R℔. VICTORIA AVG · Victoire marchant à g., tenant une palme et une couronne. C. VI. 21 (Frs. 20.—). Patine brune. **Rare. T. B.**
1610	—	P.B. 20	Même buste. R℔. Victoire debout à g.; soldat casqué debout à g. C. VI. 19 (Frs. 10.-), 20 (Frs. 10.—) et 22 (Frs. 15.—). Pat. **T. B. et B. (3)**

Tétricus père. *268—273.*
(Caius Pius Esuvius Tetricus.)

1611	—	P.B. 19—20	Son buste radié à dr. R℔. L'Allégresse debout à g.; la Paix debout à g.; la Santé debout à g. C. VI. 56 (2), 95 et 154. **T. B. et B. (4)**

Tétricus fils.
(Caius Pius Esuvius Tetricus.)

1612	—	P.B. 17—21	Son buste radié à dr. R℔. Objets de sacrifice; l'Espérance marchant à g. C. VI. 55 et 88 (2). Pat. **B. (3)**

Claude II. *268—270.*
(Marcus Aurelius Valerius Claudius.)

1613	—	P.B. 17—22	Son buste radié à dr. R℔. Claude à cheval à g.; l'Équité debout à g.; l'Abondance debout à g.; la Concorde debout à g.; aigle debout à g. C. VI. 3, 6, 21, 35 et 43. **Superbe — B. (5)**
1614	2.29	P.B. 17	Son buste lauré et voilé à dr. R℔. MEMORIAE AETERNAE · Aigle debout, regardant à g. C. VI. 174. P. B. Quinaire. **T. B.**
1615	—	P.B. 19—23	Son buste radié à dr. R℔. La Foi debout à g.; Génie debout à g.; Victoire debout à g.; Victoire courant à dr. C. VI. 88, 114, 293 et 302. **T. B. et B. (4)**

Quintille. *† en 270.*
(Marcus Aurelius Claudius Quintillus.)

1616	—	P.B. 19—23	Son buste radié à dr. R℔. La Foi debout à g.; la Fortune debout à g.; la Joie debout à g.; la Valeur debout à g.; soldat casqué debout à g. C. VI. 25, 32, 39, 47 et 73. Pat. **T. B. et B. (5)**

Aurélien. *270—275.*
(Lucius Domitius Aurelianus.)

*1617	8.41	M.B. 26	Son buste lauré à dr. R℔. CONCORDIA AVG · Sévérine debout à dr., donnant la main à Aurélien debout. C. VI. 35 (Frs. 12.—). Jolie patine vert-clair. **B.**
1618	5.85	M.B. 23	Un deuxième exemplaire. Jolie patine vert-clair. **B.**
1619	7.10	M.B. 24	Un troisième exemplaire. Jolie patine vert-clair. **B.**
1620	6.85	M.B. 25	Son buste lauré et drapé à g. à mi-corps, la main dr. levée. R℔. Même revers. C. VI. 36 (Frs. 30.—). Patine verte. **Rare. B.**
1621	—	Bill. 21—23	Son buste radié à dr. R℔. Le Soleil debout à g.; la Foi militaire debout à dr. en face du Soleil debout à g. C. VI. 142, 143 et 183. **F. D. C. (3)**
1622	3.05	Bill. 19	Son buste lauré à dr. R℔. VICTORIA AVG · Victoire marchant à g., tenant une palme et une couronne; à ses pieds, un captif assis. C. VI. 255. **F. D. C.**
1623	—	P.B. 22—24	Son buste radié à dr. R℔. La Fortune assise à g.; Aurélien debout en face de Jupiter debout; le Soleil debout à g.; Aurélien debout en face d'un soldat. C. VI. 95, 105, 154, 276 et 286. Pat. **Superbe. (5)**

Aurélien et Sévérine.

*1624	11.47	G.B. 26	Buste radié et cuirassé d'Aurélien à dr. R℔. SEVERINA AVG · Buste diadémé de Sévérine à dr. avec le croissant. C. VI. 1 (Frs. 30.—). Patine verte. **B.**

No.	Poids	Métal et Mill.	
			Sévérine. *Femme d'Aurélien.*
			(Ulpia Severina.)
*1625	7.88	*M.B.*26	Son buste diadémé avec le croissant. R⸕. IVNO REGINA · Junon debout à g., tenant une patère et un sceptre; à ses pieds, un paon. C. VI. 9. Jolie patine verte. T. B.
1626	----	*P.B.* 18—22	Son buste à dr. R⸕. La Foi debout à dr. en face du Soleil debout à g.; Vénus debout à g. C. VI. 12 et 14. Superbe. (2)
			Vabalathe et Aurélien.
*1627	3.66	*P.B.*20	Buste de Vabalathe lauré et drapé à dr. R⸕. Buste d'Aurélien radié et cuirassé à dr. C. VI. 1 (Frs. 12.—). B.
			Tacite. *275—276.*
			(Caius Marcus Claudius Tacitus.)
1628	—	*Bill.* 22—23	Son buste radié à dr. R⸕. La Providence debout à g.; la Santé debout à dr.; l'Espérance marchant à g. C. VI. 90, 100, 126 et 138. Superbe et T. B. (4)
			Florien. † *en 276.*
			(Marcus Annius Florianus.)
1629	—	*P.B.* 21—22	Son buste radié à dr. R⸕. La Joie debout à g.; la Providence debout à g. C. VI. 38 et 64. B. (2)
			Probus. *276—282.*
			(Marcus Aurelius Probus.)
1630	—	*P.B.* 22—21	Son buste radié à dr. ou casqué à g. R⸕. Probus à cheval à g.; Probus donnant la main à la Concorde; le Soleil debout de face; la Fidélité assise à g.; Probus debout en face de Jupiter. C. VI. 37, 137, 179, 199, 262 (Frs. 10.—) et 317. F. D. C. — B. (6)
*1631	6.08	*N* 21	IMP · C · PROBVS INVICTVS AVG · Son buste lauré, drapé et cuirassé à dr. R⸕. MARS VICTOR · Mars nu avec le manteau flottant, marchant à dr., portant une haste et un trophée; à ses pieds, un captif. Cohen —, cf. C. VI. 331. T. B.
*1632	17.85	*Æ* 53	IMP · PROBVS P · F · AVG · Son buste lauré et cuirassé à g. vu de dos, tenant une haste dirigée à g. et un bouclier sur lequel est représenté l'empereur à cheval, la Victoire et un soldat. R⸕. MONETA AVG · Les trois Monnaies debout à g., tenant chacune une balance; à leurs pieds, des monceaux de métal. C. VI. 376. Æ-Médaillon. Belle patine brun-foncé. Très rare. T. B.
1633	—	*P.B.* 23—21	Son buste radié à dr., radié à g., ou casqué et radié à g. R⸕. Mars marchant à dr.; Mars marchant à g.; la Paix debout à g. C. VI. 337, 358, vedi 358, 427 et 427 Var. Superbe et T. B. (5)
1634	—	*P.B.* 21—23	Son buste radié à dr. R⸕. Lion marchant à g. ou à dr. C. VI. 447 (Frs. 4.—) et 458 (Frs. 4.—). T. B. et B. (2)
1635	---	*P.B.* 22—21	Son buste radié à dr. ou à g., ou casqué et radié à g. R⸕. Probus debout à g.; la Providence debout à g. C. VI. 440, 481, 486 et 488 (Frs. 6.—). Superbe. (4)
1636	3.67	*P.B.*23	Son buste radié à g. avec le manteau impérial, tenant un sceptre surmonté d'un aigle. R⸕. PROVIDENT · AVG · La Providence debout à g., tenant un globe et un sceptre. C. VI. 491 (Frs. 10.—). Superbe.
1637	4.24	*P.B.*24	Son buste radié à dr. R⸕. RESTITVTOR EXERCITI · Probus debout à g. en face d'un soldat casqué. C. VI. 514 (Frs. 10.—). B.

No.	Poids	Métal et Mod.	
1638	—	P.B. 22—23	Son buste radié à dr., à g., ou casqué et radié à g. R&. La Providence debout à g.; temple à six colonnes. C. VI. 493, 528 et 532. T. B. (3)
1639	—	P.B. 22—23	Son buste casqué et radié à g. R&. La Santé debout à dr.; la Sécurité debout à g. C. VI. 584 (2) et 617. Superbe. (3)
1640	—	P.B. 22—24	Son buste radié à g., ou casqué et radié à g. R&. La Sécurité debout à g.; le Soleil dans un quadrige à g.; la Félicité debout à g. C. VI. 619 (Frs. 10.—), 644 et 724. Superbe et T. B. (3)
1641	2.04	Æ 15	Son buste lauré à dr. R&. VICTORIA GER · Victoire marchant à dr., tenant une couronne et un trophée, entre deux captifs assis. C. VI. 754. P. B. Quinaire. B.
*1642	1.76	Æ 15	Même buste. R&. VICTORIA GER · Trophée entre deux captifs assis à terre. C. VI 756. P. B. Quinaire. T. B.
*1643	5.88	N 21	IMP · C · M · AVR · PROBVS AVG · Son buste casqué à g. avec l'égide, tenant une haste et un bouclier. R&. VICTORIAE AVG · Victoire debout dans un quadrige au pas à g., tenant une couronne et une palme. C. VI. 781. Troué. T. B.
*1644	6.36	N 21	IMP · C · M · AVR · PROBVS AVG · Son buste lauré et drapé à dr. R&. Le même revers; à l'exergue, A · C. VI. 783. Superbe.
1645	—	P.B. 22—24	Son buste casqué et radié à g., ou radié à g. R&. Mars marchant à dr.; Probus à cheval à g. C. VI. 807, 900 et 926. Superbe. (3)

Carus. *282—283.*
(Marcus Aurellus Carus.)

No.	Poids	Métal et Mod.	
1646	3.78	P.B. 22	Sa tête radiée à dr. R&. CONSECRATIO · Autel allumé. C. VI. 23 (Frs. 10.—). T. B.
*1647	3.92	P.B. 22	Son buste cuirassé à dr. avec le casque radié. R&. PAX AVGG · La Paix debout à g., tenant une branche d'olivier et un sceptre. C. VI. 49. Superbe.
1648	—	P.B. 22—23	Son buste lauré à dr. R&. La Paix marchant à g.; la Paix debout à g.; l'Espérance marchant à g. C. VI. 54, 56 et 79. Superbe et T. B. (3)
*1649	4.18	N 19	IMP · C · M · AVR · CARVS P · F · AVG · Son buste lauré, drapé et cuirassé à dr. R&. VCTORIA AVG · Victoire debout à g. sur un globe, tenant une couronne et une palme. C. VI. 84. Superbe.

Numérien. *282—284.*
(Marcus Aurellus Numerianus.)

No.	Poids	Métal et Mod.	
1650	—	P.B. 21—22	Son buste radié à dr. R&. La Félicité debout à g.; Jupiter debout à g.; Mars marchant à dr. C. VI. 14, 16 et 18. T. B. et B. (3)
1651	—	P.B. 21—23	Son buste radié à dr. R&. La Paix debout à g.; Mercure debout à g.; la Piété debout à dr.; la Providence debout à g. C. VI. 43, 57, 61 et 82 (2). T. B. et B (5)

Carin. *283—285.*
(Marcus Aurellus Carinus.)

No.	Poids	Métal et Mod.	
1652	—	P.B. 21—23	Son buste radié à dr. R&. La Fidélité debout à g.; Génie debout à g.; objets de sacrifice; Carin debout à g. C. VI. 28, 37, 74 et 92. Superbe et T. B. (4)

Magnia Urbica. *Femme de Carin.*

No.	Poids	Métal et Mod.	
*1653	3.62	P.B. 21	Son buste diadémé à dr. avec le croissant. R&. VENVS GENETRIX · Vénus debout à g., tenant une pomme et un sceptre. C. VI. 11 (Frs. 20.—). Superbe patine vert·olive. Superbe.
1654	3.11	P.B. 22	Même buste. R&. VENVS VICTRIX · Vénus debout à g., tenant un casque et un sceptre et appuyée sur un bouclier. C. VI. 15 (Frs. 10.—). T. B.

No.	Poids	Metal et Mill.	
*1655	2.70	P.B. 21	Même buste. ℞. VENVS VICTRIX · Vénus debout à g., tenant un casque et un sceptre; à côté d'elle, un bouclier. C. VI. 17. Belle patine vert-olive. T. B.

Nigrinien.
(Nigrinianus.)

No.	Poids	Metal et Mill.	
*1656	3.58	P.B. 22	DIVO NIGRINIANO · Sa tête radiée à dr. ℞. CONSECRATIO · Aigle éployé, debout de face, regardant à g. C. VI. 2 (Frs. 50.—). Patine verte. Très rare. T. B.
*1657	3.44	P.B. 23	Un deuxième exemplaire. Belle patine brun-foncé. T. B.

Dioclétien. *284—305.*
Caius Valerius Diocletianus.

No.	Poids	Metal et Mill.	
*1658	3.09	Æ 18	DIOCLETIANVS AVG · Sa tête laurée à dr. ℞. FEL · ADVENT · AVGG · NN · L'Afrique debout à g., coiffée de la trompe d'éléphant, tenant un étendard et une défense d'éléphant; à ses pieds, à g., un lion couché; à l'exergue, P · C. VI. 65. Rare. T. B.
1659	—	M.B. 27—30	Sa tête laurée à dr. ℞. Génie debout à g., tenant une patère et une corne d'abondance. C. VI. 106, 111 et 119. Belles patines brune et verte. Superbe et T. B. (3)
1660	—	M.B. 27	Type semblable, mais la tête ou le buste à g. C. VI. 120 et 123. Belles patines verte ou brune. Superbe. (2)
1661	4.13	P.B. 21	Son buste radié à dr. ℞. IOVI CONSERVAT AVGG · Jupiter debout à g., tenant le foudre et un sceptre. C. VI. 234. Superbe.
*1662	4.61	N 20	IMP · C · C · VAL · DIOCLETIANVS P · F · AVG · Son buste lauré, drapé et cuirassé à dr. ℞. IOVI CONSERVATORI ORBIS · Jupiter nu debout à g., le manteau déployé derrière lui, tenant un globe surmonté d'une Victoire et un sceptre. C. VI. 283. F. D. C.
*1663	4.66	N 20	IMP · C · C · VAL · DIOCLETIANVS P · F · AVG · Son buste lauré et drapé à dr. ℞. MARTI VLTORI · Mars en habit militaire, marchant à dr. en posture de combattant, tenant une haste et un bouclier. C. V. 319. Superbe.
*1664	10.93	M.B. 28	Son buste lauré et cuirassé à dr. ℞. SACRA · MON · VRB · AVGG · ET CAESS · N · N · La Monnaie debout à g., tenant une balance et une corne d'abondance. C. VI. 434 Var. Superbe patine verte. Superbe.
1665	11.50	M.B. 27	Sa tête laurée à dr. ℞. SALVIS AVGG · ET CAESS · FEL · KART · Femme debout de face, tenant dans chacune de ses mains des fruits. C. VI. 438. Superbe.
*1666	4.68	N 20	IMP · C · C · VAL · DIOCLETIANVS P · F · AVG · Son buste lauré, drapé et cuirassé à dr. ℞. VICTORIA AVG · Victoire marchant à dr., tenant une couronne et une palme; dans le champ, o; à l'exergue, SMA · C. VI. 469. F. D. C.
*1667	3.34	Æ 19	Sa tête laurée à dr. ℞. VICTORIA SARMAT · Quatre soldats sacrifiant sur un trépied devant la porte d'un camp. C. VI. 488 Var. Superbe.
*1668	3.06	Æ 19	Même buste. ℞. VICTORIAE SARMATICAE · Même type; à l'exergue, HA · C. VI. 491. Superbe.
1669	3.16	Æ 19	Même buste. ℞. VIRTVS MILITUM · Même type. C. VI. 517 Var. Superbe.
*1670	2.99	Æ 19	Sa tête laurée à dr. ℞. XCVI | AQ · Dans une couronne de laurier. C. VI. 548 (Frs. 20.—). T. B.
*1671	3.37	Æ 18	Même tête. ℞. X · C | VI · dans une couronne de laurier. C. VI. 548 Var. F. D. C.
*1672	5.36	N 20	DIOCLETIANVS AVGVSTVS · Sa tête laurée à dr. ℞. XX | DIOCL | ETIAN | IAVG · | SMAQ · au milieu d'une couronne de laurier. C. VI. 549. F. D. C.

No.	Poids	Métal et Mill.	
			Maximien Hercule. *286—305.* **(Marcus Aurelius Valerius Maximianus.)**
*1673	5.41	M.B. 21	Sa tête voilée à dr. R). AETERNA MEMORIA · Temple à six colonnes à coupole ronde. C. VI. 14. Belle patine noire. T. B.
*1674	5.40	N 20	MAXIMIANVS AVGVSTVS · Sa tête laurée à g. R). CONSVL·III·P·P· PRO·COS· Maximien assis à g. sur une chaise curule, tenant une Victoire et un sceptre. C. VI. 79 (Frs. 200.—). F. D. C.
1675	—	M.B. 27—28	Son buste lauré à dr. ou casqué à g. R). Génie debout à g. C. VI. 141. 155 et 159. Pat. T. B. (3)
1676	—	M.B. 27—28	Sa tête ou son buste lauré à dr. R). Génie debout à g. C. VI. 179, 184 et 198. Belles patines. Superbe. (3)
1677	6.58	M.B. 26	Son buste lauré et cuirassé à dr. R). HERCVLI CONSERVATORI · Hercule debout à g., tenant la massue et un arc. C. VI. 251 (Frs. 10.—). Belle patine. Superbe.
1678	6.54	M.B. 25	Même buste. R). MARTI PATRI CONSERVATORI · Mars debout à dr., appuyé sur un bouclier et tenant une haste. Manque à Cohen. Belle patine. T. B.
1679	—	P.B. 16—17	Son buste lauré et voilé à dr. R). Aigle debout, regardant à dr. ou à g. C. VI. 396/97 Var. et 397. Superbe et T. B. (2)
1680	—	M.B. 28—29	Son buste lauré à g. ou à dr. R). Génie debout à g.; la Providence debout en face d'une femme debout (le Repos). C. VI. 200 et 489. Belles patines. Superbe. (2)
1681	· ·	M.B. 28—30	Sa tête laurée à dr. R). La Monnaie debout à g.; femme debout à g. C. VI. 503 et 510. Pat. T. B. (2)
1682	9.94	M.B. 28	IMP·MAXIMIANVS AVG· Sa tête laurée à dr. R). Le même type incus. Pat. T. B.
*1683	3.93 (sic!)	N 21	IMP·C·M·AVR·VAL·MAXIMIANVS AVG· Son buste lauré, drapé et cuirassé à dr. R). VIRTVS AVGG· Hercule nu debout à dr., posant la main dr. sur son flanc et appuyé sur sa massue enveloppée de la peau de lion et placée sur un rocher. C. VI. 561. T. B.
*1684	2.54	Æ 18	Sa tête laurée à dr. R). VIRTVS MILITVM · Quatre soldats sacrifiant sur un trépied, à la porte d'un camp. C. VI. 622. F. D. C.
*1685	3.47	Æ 20	Même tête. R). VIRTVS MILITVM · Porte de camp ouverte, surmontée de trois tourelles; à l'exergue, TSA· C. VI. 627 Var. T. B.
*1686	3.78	Æ 19	Même tête. R). Type semblable; à l'exergue, RS· C. VI. 629 Var. Superbe.
*1687	3.18	Æ 15	Même tête. R). VIRTVS MILITVM · Porte de camp, les battants ouverts, surmontée de quatre tourelles; à l'exergue, PTR· C. VI. 631 Var. Superbe.
1688	—	P.B. 22—23	Son buste radié ou casqué à dr. R). Maximien debout en face de Jupiter; Minerve debout à g.; la Paix debout à g.; la Santé debout à dr.; Hercule debout à dr. et étouffant un lion. C. VI. 54, 427. 438, 516 et 647. T. B. et B. (5)
*1689	3.64	Æ 18	MAXIMIANVS AVG· Sa tête laurée à dr. R). XC	VI· dans une couronne de laurier. C. VI. 696. Rare. Superbe.
*1690	2.66	Æ 19	Même tête. R). XCVI	T· dans une couronne de laurier. C. VI. 698. Rare. Superbe.
		·	**Carausius.** *287—293.*
*1691	3.77	P.B. 25	Son buste radié, drapé et cuirassé à dr. R). COMES AVG · Victoire debout à g., tenant une couronne et une palme. C. VII. 25 (Frs. 20.—). Pat. T. B.

No.	Poids	Métal et Mill.	
1692	4.65	*P.B.*24	Même buste. ℞. PAX AVG · La Paix debout à g., tenant une branche et un sceptre. C. VII. 209. **B.**
1693	4.46	*P.B.*25	Type semblable. C. VII. 215. **T. B.**
*1694	3.96	*P.B.*22	Son buste radié et drapé à g. ℞. PAX AVGGG · La Paix debout à g., tenant une branche d'olivier et un sceptre. C. VII. 240 Var. (Frs. 25.—). Belle patine vert-olive. **T. B.**
1695	3.68	*P.B.*24	Même buste. ℞. PROVID · AVG · La Providence debout à g., tenant un globe et un sceptre. C. VII. 259. **B.**

Allectus. *293—297.*

No.	Poids	Métal et Mill.	
*1696	4.11	*P.B.*23	Son buste radié et cuirassé à dr. ℞. LAETITIA AVG · La Joie debout à g., tenant une couronne et une ancre. C. VII. 15. Belle patine vert-olive. **T. B.**

Constance I, Chlore. *292—306.*
(Flavius Valerius Constantius.)

No.	Poids	Métal et Mill.	
1697	—	*M.B.* 27—28	Son buste lauré à dr. ℞. GENIO POPVLI ROMANI · Génie coiffé du modius debout à g., tenant une patère et une corne d'abondance. C. VII. 61 et 70/71 Var. Belles patines verte et brune. **T. B. (2)**
1698	—	*M.B.* 26—29	Son buste casqué à g. ou lauré à dr. ℞. Même revers. C. VII. 78, 89 et 95. Belles patines. **Superbe et T. B. (3)**
1699	—	*M.B.* 29—31	Son buste lauré à dr. ou à g. ℞. Le même revers. C. VII. 120, 121 et 141. Belles patines vertes. **Superbe. (3)**
1700	3.54	*P.B.*23	Son buste radié à dr. ℞. IOVI ET HERCVLI CONS · CAES · Jupiter debout à dr. en face de Hercule. C. VII. 164 (Frs. 6.—). Belle patine noire. **T. B.**
*1701	3.22	Æ 19	Sa tête laurée à dr. ℞. PROVIDENTIA AVGG · Porte de camp avec les battants ouverts, surmontée de quatre tourelles; à l'exergue SMNΓ · C. VII. 240. **Rare et superbe.**
1702	—	*M.B.* 26—28	Son buste voilé et lauré ou lauré à dr. ℞. Autel allumé; la Monnaie debout à g. C. VII. 179, 204 et 267. Belles patines. **Superbe et T. B. (3)**
1703	3.63	Æ 19	Sa tête laurée à dr. ℞. VICTORIA SARMAT · Quatre soldats sacrifiant sur un trépied devant la porte d'un camp. C. VII. 286 (Frs. 12.—). **Superbe.**
*1704	3.52	Æ 20	Même tête ℞. VIRTVS MILITVM · Même type; à l'exergue, C · C. VII. 312. **Superbe.**
*1705	3.21	Æ 20	Sa tête laurée à dr. ℞. VIRTVS MILITVM · Porte de camp, surmontée de trois tourelles; à l'exergue, ANTH entre deux étoiles. C. VII. 318. **T. B.**

Hélène. *Femme de Constance Chlore.* † *en 328.*
(Flavia Julia Helena.)

No.	Poids	Métal et Mill.	
1706	1.88	*P.B.*16	Son buste diadémé à dr. ℞. PAX PVBLICA · La Paix debout à g., tenant une branche et un sceptre. C. VII. 4. P. B. Quinaire. Belle patine verte. **Superbe.**
1707	2.97	*P.B.*19	Même buste. ℞. SECVRITAS REIPVBLICE · La Sécurité debout à g., tenant un rameau et soutenant sa robe. C. VII. 12. **Superbe.**
1708	—	*P.B.*19	Deux autres exemplaires. **Superbe. (2)**
*1709	3.02	*P.B.*20	Son buste à dr. coiffé en cheveux. ℞. Étoile dans une couronne. C. VII. 14 (Frs. 100.—). **Très rare. B.**

No.	Poids	Métal et Mill.	

Théodora. *Femme de Constance Chlore.*
(Flavia Maximiana Theodora.)

| 1710 | — | P.B. 14—16 | Son buste lauré à dr. ℞. La Piété debout de face, tenant un enfant dans ses bras. C. VII. 4 (Frs. 4.—) et 5 (Frs. 10.—). P. B. Quinaires. T. B. (2) |

Galère Maximien. *292—311.*
(Galerius Valerius Maximianus.)

1711	2.73	P.B. 21	Son buste radié, drapé et cuirassé à dr. ℞. CONCORDIA MILITVM· Galère debout à dr. en face de Jupiter, soutenant une Victoire. C. VII. 22. Belle patine vert olive. Superbe.
1712	—	M.B. 24—29	Sa tête laurée à dr. ℞. Génie debout à g., tenant une patère et une corne d'abondance. C. VII. 39 (Frs. 6.—) et 48 (3). Superbe et T. B. (4)
1713	—	M.B. 26—30	Même tête. ℞. Génie debout à g.; la Monnaie debout à g. C. VII. 78, 83, 89 et 188. Belles patines. Superbe. (4)
*1714	2.82	Æ 18	Sa tête laurée à dr. ℞. VIRTVS MILITVM· Quatre soldats sacrifiant sur un trépied devant la porte d'un camp. C. VII. 219. F. D. C.
*1715	3.19	Æ 18	MAXIMIANVS CAES· Même tête. ℞. XC | VI dans une couronne de laurier. C. VII. 249. Rare. F. D. C.
*1716	3.24	Æ 18	Un deuxième exemplaire. Superbe.

Valérie. *Femme de Galère Maximien. † en 315.*
(Galeria Valeria.)

*1717	6.80	M.B. 23	Son buste diadémé à dr. ℞. VENERI VICTRICI· Vénus debout à g., tenant une pomme et soulevant son voile. C. VII. 2 (Frs. 8.—). Belle patine brune. Superbe.
1718	7.40	M.B. 25	Un deuxième exemplaire. T. B.
1719	—	M.B. 24—26	Deux autres exemplaires. T. B. (2)

Sévère II. *305—307.*
(Flavius Valerius Severus.)

| 1720 | — | M.B. 28—29 | Son buste lauré à dr. ℞. Génie debout à g.; la Monnaie debout à g.; Mars marchant à dr.; Sévère galopant à dr., perçant de sa haste un ennemi. C. VII. 36, 62, 69 et 74 (Frs. 5.—). Belles patines. Superbe et T. B. (4) |
| *1721 | 1.12 | P.B. 13 | Sa tête laurée à dr. ℞. VOT· \| X· \| CAESS· dans une couronne de laurier. C. VII. 78 (Frs. 15.—). P. B. Quinaire. Patine brune. B. |

Maximin II Daza. *308—313.*
(Caius Galerius Valerius Maximinus.)

*1722	4.74	N 17	MAXIMINVS P·F·AVG· Sa tête laurée à dr. ℞. PRINCIPI IVVENTVTIS· Maximin debout à dr., tenant une haste et un globe; à l'exergue POST· C. VII. 147 Var. (frappé à Ostie). De toute rareté. B.
*1723	2.81	Bill. 19	IMP·MAXIMVS AVG· Son buste radié, drapé et cuirassé à g., levant la main dr. et tenant un globe. ℞. SOLI INVICTO COMITI· Le Soleil radié debout à g. dans un quadrige de face, levant la main dr. et tenant un globe et un fouet; à l'exergue, PTR· C. VII. 174 (Frs. 100.—). Très rare. T. B.
1724	—	M.B. 22—27	Sa tête laurée à dr. ℞. Génie debout à g.; Mars marchant à dr. C. VII. 20, 40 (2), 52 et 191. Belles patines. Superbe. (5)

No.	Poids	Métal et Mill.	

Maxence. *306—312.*
(Marcus Aurelius Valerius Maxentius.)

1725 — *M.B.* 25—28 — Sa tête ou son buste lauré à dr. R̸. Castor et Pollux en face l'un de l'autre, tenant leurs chevaux; Rome assise dans un temple à six colonnes. C. VII. 5, 21 et 28. **Superbe. (3)**

1726 6.98 *M.B.*25 — Son buste lauré à dr. avec le manteau impérial, tenant un sceptre surmonté d'un aigle. R̸. CONSER · VRB · SVAE · Rome assise de face dans un temple à six colonnes. C. VII. 31 Var. (Frs. 10.—). Belle patine verte. **T. B.**

Romulus. *† en 309.*

***1727** 2.16 *P.B.*18 — Sa tête nue à dr. R̸. AETERNAE MEMORIAE · Temple à coupole ronde avec les portes entr'ouvertes. C. VII. 7. **T. B.**

***1728** 6.03 *M.B.*21 — Type semblable. C. VII. 10 (Frs. 20.—). Patine vert-foncé. **Rare. B.**

Licinius Père. *307—323.*
(Flavius Valerius Licinianus Licinius.)

***1729** 3.57 *Bill.*19 — Son buste lauré, drapé et cuirassé à. g., tenant un foudre et un sceptre. R̸. IOVI CONSERVATORI AVG · Aigle emportant à dr. Jupiter qui tient un foudre et un sceptre; à l'exergue, PTR · C. VII. 99. **T. B.**

1730 — *M.B.*24 — Sa tête laurée à dr. R̸. Génie debout à g. C. VII. 43 et 123. **Superbe et T.B.(2)**

1731 — *P.B.* 18—20 — Sa tête laurée à g. ou à dr.; son buste radié à g.; son buste casqué à dr. R̸. Couronne de laurier; Jupiter debout à g.; aigle emportant Jupiter; Jupiter debout à g.; étendard entre deux captifs. C. VII. 19, 74, 101, 116 et 188. **Superbe et T. B. (5)**

Licinius Père et Licinius Fils.

***1732** 3.84 *M.B.*24 — DD · NN · IOVII LICINII INVICT · AVG · ET CAES · Bustes laurés et drapés en regard des deux Licinius, soutenant une statue de la Fortune. R̸. I · O · M · ET VICT · CONSER · DD · NN · AVG · ET CAES · La Victoire debout à dr., tenant de la main g. une palme et présentant une couronne à Jupiter nu debout à g., appuyé sur son sceptre; à l'exergue SMKΓ · C. VII. p 211. 2 (Frs. 50.—). Patine noire. **Rare. B.**

Licinius Fils. *† en 326.*
(Flavius Valerius Constantinus Licinianus Licinius.)

1733 — *P.B.* 18—20 — Son buste lauré à dr. ou à g.; son buste casqué à g.; son buste radié à dr. R̸. Couronne; Jupiter debout à g.; trophée entre deux captifs. C. VII. 9, 21 (2), 30 Var. et 60. **Superbe et T. B. (5)**

Valens.
Aurelius Valerius Valens.

***1734** 2.87 *P.B.*19 — IMP · C · AVR · VAL · VALENS P · F · AVG · Sa tête laurée à dr. R̸. IOVI CONSERVATORI AVGG · Jupiter debout à g., tenant une Victoire et un sceptre; à ses pieds, un aigle tenant une couronne en son bec; dans le champ à g., K; à dr. une couronne et XA; à l'exergue, ALE · C. VII. p. 224. 2 (Frs. 500.—). **De toute rareté. B.**

No.	Poids	Métal et Mill.	
			Martinien. *† en 323.* **(Marcus Martinianus.)**
*1735	2.59	P.B.20	D · N · M · MARTINIANO P · F · AVG · Son buste radié, drapé et cuirassé à dr. R⸲. IOVI CONSERVATORI · Jupiter nu debout à g., tenant une Victoire sur un globe et un sceptre; à ses pieds, à g., un aigle qui tient une couronne en son bec; à dr., un captif assis; dans le champ X | IIΓ; à l'exergue SMNΓ · C. VII. p. 225. 4 (Frs. 200.—) Belle patine brune. D'une grande rareté. Superbe.
			Constantin Ier le Grand. *306—337.* **(Flavius Valerius Constantinus.)**
1736	—	P.B. 18—20	Son buste lauré à dr. ou à g. R⸲. Constantin à cheval à g.; autel. C. VII. 8, 17 et 18. Superbe. (3)
1737	—	M.B. 24—25	Sa tête laurée à dr. R⸲. Femme debout dans un temple à six colonnes; Rome assise dans un temple à six colonnes. C. VII. 73 (Frs. 6.—) et 77. Superbe. (2)
1738	7.26	M.B.25	Son buste lauré et drapé à dr. R⸲. CONSTANTINO P · AVG · B · R · P · NAT · Constantin debout à g., tenant un globe et un sceptre; dans le champ à g. CI, à dr. H | S; à l'exergue, PLC · C. VII. 93 (Frs. 10.—). Belle patine vert olive. T. B.
*1739	3.15	Æ 19	Sans légende. Buste diadémé de Constantin à dr. R⸲. CONSTANTINVS AVG · Victoire marchant à g, tenant une palme et une couronne; devant sa tête, un croissant; à l'exergue SIS · C. VII. 97 (Frs. 60.—). B.
*1740	4.32	N 17	CONSTANTINVS P · F · AVG · Sa tête laurée à dr. R⸲. FELICITAS REI-PVBLICAE · Constantin assis à g. sur une estrade, ayant avec lui le préfet du prétoire et une autre figure debout; au pied de l'estrade, trois hommes suppliant à genoux; à l'exergue PTR · C. VII. 148 (Frs. 300.—). Rare. B.
1741	—	P.B. 20—23	Son buste casqué à dr. ou à g.; son buste lauré à g. R⸲. Autel; le Soleil debout à g.; buste cuirassé de Mars à dr. C. VII. 20 (2), 49 et 325. Superbe. (4)
1742	—	M.B. 27—29	Son buste lauré à dr. R⸲. Génie debout à g.; Mars debout à dr.; Mars marchant à dr. C. VII. 230, 359, 366 et 368. Superbe et T. B. (4)
1743	—	M.B. 26—28	Son buste ou sa tête laurée à dr. R⸲. Mars marchant à dr.; Rome assise à g., tenant une Victoire et une haste. C. VII. 371, 385 (Frs. 5.—) et 389 (Frs. 10 —). Belles patines. Superbe. (3)
*1744	4.34	N 19	CONSTANTINVS P · F · AVG · Sa tête laurée à dr. R⸲. P · M · TRIB · P · COS · IIII · P · P · PRO · COS · Constantin assis à g. sur une chaise curule, tenant un globe et un sceptre; à l'exergue, SMT · C. VII. 398. Superbe.
1745	—	P.B. 19—24	Sa tête ou son buste lauré à dr. R⸲. Porte de camp; Victoire marchant à dr.; le Soleil marchant à g. C. VII. 454, 487 et 546 (Frs 6. —) (2). Superbe et T. B. (4)
*1746	1.68	N 17	CONSTANTINVS MAX · AVG · Son buste diadémé et drapé à dr. R⸲. VIC-TORIA CONSTANTINI AVG · Victoire assise à dr. sur une cuirasse et un bouclier et écrivant VOT · XXX · sur un bouclier que lui présente un génie; à l'exergue, SMN · C. VII. 616 Var. N 1½ scrupule. Très rare. F.D.C.
*1747	4.50	N 21	Sans légende. Sa tête diadémée à dr. R⸲. Le même revers; à l'exergue, SMNM · C. VII. 617. T. B.
*1748	4.09	R 20	CONSTANTINVS NOB C · Sa tête laurée à dr. R⸲. VIRTVS MILITVM · Porte de camp sans battants, surmontée de trois tourelles; à l'exergue, RT · C. VII. 705 (Frs. 40.—). F. D. C.
*1749	2.81	R 19	Le même type, mais quatre tourelles dans le revers, et à l'exergue, PTR · C. VII. 706 (Frs. 40.—). Superbe.

No.	Poids	Métal et Mill.	
*1750	1.32	Æ 15	Son buste lauré et cuirassé à dr. ℞. Le même revers. C. VII. 707 (Frs. 25.—). Æ-Quinaire. T. B.

Constantin I., Crispe et Constantin II.

*1751	4.52	Æ 22	CONSTANTINVS MAX AVG · Tête nue de Constantin à dr. ℞. CRISPVS ET CONSTANTINVS CC · Têtes nues en regard de Crispe et Constantin II; à l'exergue SIRM · C. VII. p. 320. 3 (Frs. 100.—). Médaillon. Rayé. D'une grande rareté. T. B.

Fauste. *Femme de Constantin le Grand.* † *en 326.*
(Flavia Maxima Fausta.)

1752	—	P.B. 18—19	Son buste à dr. ℞. Fauste debout de face, tenant Constantin II et Constance enfants dans ses bras. C. VII. 6 et 15 (3). Superbe. (4)

Crispe. † *en 337.*
(Flavius Julius Crispus.)

1753	—	P.B. 19—20	Son buste casqué ou lauré à dr. ℞. Autel. C. VII. 13, 21 et 22. Belles patines. Superbe. (3)
1754	—	P.B. 19—20	Son buste lauré à dr. ou à g. ℞. Soldat debout à g.; porte de camp; Victoire marchant à g.; trophée au pied duquel eux captifs. C. VII. 100, 123, 143 et C. —, voir 166. Belles patines. Superbe et T. B. (4)

Delmace. † *en 337.*
(Flavius Julius Delmatius.)

1755	—	P.B. 17	Son buste lauré, drapé et cuirassé à dr. ℞. GLORIA EXERCITVS · Deux soldats debout; entre eux, une ou deux enseignes. C. VII. 9 (Frs. 6.—) et 11. Belles patines. Superbe. (2)

Constantin II le jeune. *335—340.*
(Flavius Claudius Julius Constantinus.)

*1756	2.87	Æ 20	Sans légende. Tête diadémée à dr. ℞. CONSTANTINVS AVGVSTVS · Victoire marchant à g., tenant une couronne et une palme. C. VII. 70 Var. (Frs. 60 —). T. B.
1757	—	P.B. 17—20	Son buste lauré à g. ou à dr. ℞. Autel; couronne de laurier; deux soldats en regard; porte de camp. C. VII. 23, 38, 114 et 165. Belles patines. Superbe et T. B. (4)
*1758	3.14	Æ 20	Sans légende. Buste diadémé de Constantin II à dr. ℞. VOTIS | XX | MVLTIS | XXX dans une couronne de laurier; à l'exergue ANT · C. VII. 280. Rare. B.

Constant I. *337—350.*
(Flavius Julius Constans.)

*1759	5.41	Æ 26	FL · IVL · CONSTANS P · F · AVG · Son buste diadémé et drapé à dr. ℞. GAVDIVM POPVLI ROMANI · Autour d'une couronne de laurier dans laquelle on lit SIC · | X | SIC · | XX · entre deux palmes; à l'exergue, SIS et une couronne. C. VII. 40. Æ-Médaillon. Superbe.
*1760	4.35	Æ 26	FL · IVL · CONSTANS P · F · AVG · Son buste diadémé et drapé à dr. ℞. GAVDIVM ROMANORVM · Étendard entre deux captifs assis à terre; celui qui est à g. est dans l'attitude de la tristesse; celui qui est à dr. a les mains liées derrière le dos; sur l'étendard VOT · X · MVLT · XX; à l'exergue TR · C. VII. 45. Æ-Médaillon. B.

No.	Poids	Metal et Mill.	
*1761	5.29	ℛ 25	Même droit. ℞. TRIVMFATOR GENTIVM BARBARARVM · Constant lauré et en habit militaire debout à g., tenant un étendard et appuyé sur un bouclier; à l'exergue, TES · C. VII. 115. ℛ·Médaillon. T. B.
*1762	4.46	N 21	FL·IVL·CONSTANS PERP·AVG· Son buste diadémé, drapé et cuirassé à dr. ℞. VICTORIA AVGVSTORVM · Victoire assise à dr. sur une cuirasse et un bouclier, écrivant VOT · V ·	MVLT ·	X · sur un bouclier que lui présente un génie; à l'exergue, SMANS · C. VII. 140 Var. (Frs. 80.—). T. B.
*1763	4.48	N 22	CONSTANS AVGVSTVS · Même buste. ℞. VICTORIAE DD·NN·AVGG· Deux Victoires debout, tenant une couronne dans laquelle on lit VOT·· X ·	MVLT ·	XX; à l'exergue, TES · C. VII. 171. T. B.

Constance II. *337—361.*
(Flavius Julius Valerius Constantius.)

No.	Poids	Metal et Mill.	
*1764	3.14	ℛ 20	CONSTANTIVS P·F·AVG· Son buste diadémé et drapé à dr. ℞. CON- STANTIVS AVG· Trois palmes; en haut, une étoile; à l'exergue ·SIS· C. VII. 10. Superbe.
*1765	4.44	N 22	FL·IVL·CONSTANTIVS PERP·AVG· Son buste diadémé à g., tenant un globe et un sceptre. ℞. FELICITAS ROMANORVM· Rome et Cons- tantinople assises, tenant un bouclier sur lequel on lit VOT·|XXXV·| MVLT·XXXX; à l'exergue, RSMQ et une palme. C. VII. 72 Var. Troué. Superbe.
*1766	5.04	ℛ 27	CONSTANTIVS P·F·AVG· Son buste diadémé et drapé à dr. ℞. GAV- DIVM POPVLI ROMANI · Couronne de laurier dans laquelle on lit SIC·X SIC·XX; à l'exergue SIS ◡ C. VII. 83. ℛ·Médaillon. Superbe.
*1767	4.40	N 21	Même légende. Son buste diadémé, drapé et cuirassé à dr. ℞. GLORIA REIPVBLICAE· Même type, mais sur le bouclier VOT ·	XX ·	MVLT · XXX; à l'exergue, SMANE · C. VII. 108. T. B.
*1768	4.66	N 21	Son buste casqué et cuirassé de face, tenant une haste et un bouclier. ℞. GLORIA REIPVBLICAE· Rome et Constantinople assises, tenant un bouclier sur lequel on lit VOT ·	XXX ·	MVLT ·	XXXX; à l'exergue, SMNB· C. VII. 112. F. D. C.
*1769	4.48	N 21	Même type; mais dans le revers on lit sur le bouclier, VOT ·	XXXV · MVLT ·	XXXX; à l'exergue, SIRM et une étoile. C. VII. 123. F. D. C.
*1770	4.38	N 21	Sa tête diadémée à dr. ℞. Même type, avec VOT · XXXX · sur le bouclier; à l'exergue ANTΘ· C. VII. 126. T. B.
1771	—	P.B. 19—21	Son buste diadémé à dr. ou à g. ℞. Soldat debout à g.; deux soldats de face; porte de camp. C. VII. 45, 104, 167 (2) et 172 Var. Belles patines. Superbe et T. B. (5)
*1772	4.43	N 22	Son buste diadémé et drapé à dr. ℞. VICTORIA DD·NN·AVG· Victoire assise à dr., écrivant VOT·X·MVLT·XX· sur un bouclier que lui présente un génie; à l'exergue SIS · C. VII. 260. T. B.
1773	....	M.B. 22—25	Son buste diadémé à dr. ℞. Constance debout de face; Constance debout à g., soldat à g., perçant un ennemi; ⚹ · C. VII. 3, 35, 44 et 176. Belles patines. Superbe. (4)
1774	3.18	ℛ 30	Son buste diadémé et drapé à dr. ℞. VICTORIA DD·NN·AVGG · Victoire marchant à g., tenant une couronne et un trophée; à l'exergue, TES · C. VII. 263. T. B.

No.	Poids	Métal et Mill.	
*1775	4.21	N 21	CONSTANTIVS AVGVSTVS· Son buste diadémé, drapé et cuirassé à dr.; le tout dans une couronne de laurier. R̗. VICTORIAE DD·NN·AVGG· Victoire assise à dr., écrivant VOT·|XX·|MVLT·|XXX· sur un bouclier que lui présente un génie; à l'exergue, SMAQ· Le tout dans une couronne de laurier. C. VII. 288. T. B.
1776	2.22	ÆR 19	Même buste. R̗. VOT·|XXXX· dans une couronne de laurier; à l'exergue, C·A· C. VII. 337 Var. (Frs. 15.—). T. B.
1777	2.96	ÆR 21	Même type. Dans le revers VOTIS|XXV·|MVLTIS|XXX; à l'exergue, SMN· C. VII. 340. F. D. C.
1778	3.40	ÆR 20	Type semblable avec VOTIS|XXX·|MVLTIS|XXXX· C. VII. 342. Superbe.
1779	1.98	ÆR 19	Type semblable; dans le revers, à l'exergue, C·A· C. VII. 343. Superbe.

Vétranion. 350—351.
(Vetranio.)

No.	Poids	Métal et Mill.	
1780	4.87	M.B. 22	D·N·VETRANIO P·F·AVG· Son buste lauré, drapé et cuirassé à dr. R̗. CONCORDIA MILITVM· Vétranion debout à g., tenant deux labarums; sur sa tête, une étoile. C. VIII. 1 (Frs. 25.—). Belle patine verte. T. B.
1781	5.25	M.B. 25	Même buste. R̗. HOC SIGNO VICTOR ERIS· Vétranion debout à g., tenant le labarum et un sceptre; il est couronné par une Victoire debout derrière lui. C. VIII. 4 (Frs. 25.—). Belle patine vert-olive. T. B.
*1782	2.86	ÆR 19	D·N·VETRANIO P·F·AVG· Son buste lauré, drapé et cuirassé à dr. R̗. VICTORIA AVGVSTORVM· Victoire marchant à g., tenant une palme et un trophée; à l'exergue SIS· C. VIII. 8 (Frs. 300.—). D'une grande rareté. T. B.
*1783	5.59	M.B. 23	Même buste. R̗. VIRTVS EXERCITVM (sic). Vétranion debout à g., tenant le labarum et appuyé sur un bouclier. C. VIII. 12 (Frs. 25.—). Belle patine vert-foncé. T. B.

Magnence. 350—353.
(Flavius Magnus Magnentius.)

No.	Poids	Métal et Mill.	
*1784	4.63	N 21	D·N·MAGNENTIVS P·F·AG· (sic). Son buste diadémé et drapé à dr., R̗. GLORIA ET REPARATIO TEMPORVM· Magnence debout à g., tenant une Victoire et une étendard; à l'exergue, PAR· C. VIII. 15 (Frs. 100.—). Rare. T. B.
1785	7.80	G.B. 27	Son buste nu-tête et drapé à dr. R̗. SALVS DD·NN·AVG·ET CAES· Autour du Monogramme du Christ. C. VIII. 30. Belle patine vert-olive. Superbe.
1786	—	G.B. 26-27	Deux autres exemplaires. B. (2)
*1787	3.51	ÆR 22	D·N·MAGNENTIVS P·F·AVG· Son buste nu-tête et drapé à dr. R̗. VICTORIAE DD·NN·AVG·ET CAES· Deux Victoires debout, tenant une couronne dans laquelle on lit VOT·|V·|MVLT·|X; à l'exergue, PTR· C. VIII. 66 (Frs. 200.—). Æ-Médaillon. Très rare. B.
1788	—	M.B. 23-28	Son buste à dr. R̗. Magnence debout à g. sur un vaisseau; Magnence galopant à dr.; Magnence debout à dr.; deux Victoires debout, tenant une couronne. C. VIII. 11, 20, 57 et 68. Belles patines. Superbe. (4)
*1789	3.02	ÆR 21	IM·CAE·MAGNENTIVS AVG· Son buste nu-tête et drapé à dr. R̗. VIRTVS EXERCITI· La Valeur debout de face regardant à g., tenant une haste renversée et appuyée sur un bouclier; à l'exergue, TR· C. VIII. 82. Superbe.

No.	Poids	Métal et Mill.	
			Décence. *351—353.* **(Magnus Decentius.)**
1790	7.28	*G.B.*27	Son buste nu·tête et drapé à dr. R¿. SALVS DD·NN·AVG·ET CAES· autour du ✳P. C. VIII. 9 (Frs. 6.—). Belle patine brune. T. B.
*1791	2.55	*Æ* 19	D·N·DECENTIVS FORT·CAES· Son buste nu-tête et drapé à dr. R¿. VIRTVS EXERCITI· Soldat casqué debout de face, regardant à dr., tenant une haste renversée et appuyé sur un bouclier; à l'exergue TR· C. VIII. 49 (Frs. 300.—). D'une grande rareté. B.
			Constance Galle. *351—353.* **(Flavius Claudius Julius Constantius Gallus.)**
*1792	4.39	*N* 22	D·N·CONSTANTIVS NOB·CAES· Son buste nu-tête et drapé à dr. R¿. GLORIA REIPVBLICAE· Rome assise de face, tenant une haste, et Constantinople assise à g., posant le pied sur un vaisseau et tenant un sceptre; toutes deux soutiennent un bouclier sur lequel on lit VOT· | V· MVLT· | X; à l'exergue, TES entre deux étoiles. C. VIII. 25 (Frs. 200.—). Rare. F.D.C.
*1793	2.67	*Æ* 22	D·N·CONSTANTIVS NOB·CAES· Sa tête nue à dr. R¿. VOTIS | V· MVLTIS | X dans une couronne de laurier; à l'exergue, SIRM·C. VIII. 56 (Frs. 40.—). F. D. C.
*1794	3.29	*Æ* 22	Un deuxième exemplaire. T. B.
			Julien le Philosophe. *355—363.* **(Flavius Claudius Julianus.)**
1795	—	*G.B.*27	Son buste diadémé à dr. R¿. Le boeuf Apis debout à dr. sans ou avec un aigle à dr. C. VIII. 38 et 39 (Frs. 5.—). Belles patines brunes. T. B. (2)
*1796	4.01	*Æ* 21	D·N·IVLIANVS P·F·AVG· Son buste diadémé et drapé à dr. R¿. VIRTVS EXERCITVS· Julien casqué debout à dr. en habit militaire, tenant de la main dr. une haste renversée et s'appuyant sur un bouclier; à l'exergue, SCON· C. VIII. 73 Var. (Frs. 120.—). Æ-Médaillon. Rare. B.
*1797	4.27	*N* 21	FL·CL·IVLIANVS P·P·AVG· Son buste barbu diadémé, drapé et cuirassé à dr. R¿. VIRTVS EXERCITVS ROMANI· Julien casqué marchant à dr. et se retournant; il traîne par les cheveux un captif à genoux et tient un trophée; à l'exergue, SIRM· C. VIII. 78. T. B.
*1798	4.47	*N* 21	Type semblable; au revers à l'exergue, AB· C. VIII. 79 Var. F. D. C.
1799	3.16	*P.B.*20	Son buste casqué à g., vu par derrière. R¿. VOT·X·MVLT XX· dans une couronne. C. VIII. 151. T. B.
1800	—	*Æ* 16—17	Son buste diadémé à dr. R¿. VOT·X·MVLT·XX· ou VOTIS·V·MVLTIS X· dans une couronne. C. VIII. 145 et 163. T. B. et B. (2)
			Hélène. *Femme de Julien. † en 360.* **(Flavia Julia Helena.)**
*1801	1.70	*P.B.*15	ISIS FARIA· Buste d'Isis ou d'Hélène à dr. avec la fleur du lotus sur la tête. R¿. VOTA PVBLICA· Anubis debout à g., tenant un rameau et un caducée. C. VIII. 32 (Frs. 25.—). Superbe patine noire. T. B.
*1802	1.40	*P.B.*15	ISIS FARIA· Buste d'Isis à g. à mi-corps avec la fleur du lotus sur la tête, tenant le sistre. R¿. VOTA PVBLICA· Le Nil couché à g., tenant un vaisseau et un roseau et·accoudé à une urne. Manque à Cohen. Jolie patine verte. B.

No.	Poids	Métal et M.ll.	
			Jovien. *363—364.* (Flavius Jovianus.)
1803	1.92	P.B.18	D · N · IOVIANVS P · F · AVG · Son buste diadémé, drapé et cuirassé à dr. R̷. GLORIA ROMANORVM · Jovien marchant à dr. et traînant par les cheveux un captif à genoux. Manque à Cohen. B.
1804	7.70	G.B.20	Même buste. R̷. VICTORIA ROMANORVM · Jovien debout à dr., tenant un étendard et un globe surmonté d'une Victoire. C. VIII. 22. Jolie patine brun-foncé. B.
			Valentinien I. *364—375.* (Flavius Valentinianus.)
*1805	4.38	N 22	Même buste. R̷. RESTITVTOR REIPVBLICAE · L'empereur debout, tenant un étendard et une Victoire; à l'exergue, SMNI · C. VIII. 28. T. B.
*1806	4.52	N 22	Un deuxième exemplaire. T. B.
*1807	4.55	R 24	D · N · VALENTINIANVS P · F · AVG · Son buste diadémé, drapé et cuirassé à dr. R̷. VIRTVS EXERCITVS · Valentinien en habit militaire et lauré, debout à g., tenant un labarum et appuyé sur un bouclier; à l'exergue, TRPS · C. VIII. 58. Æ · Médaillon. T. B.
1808	2.11	R 16	Même buste. R̷. VRBS ROMA · Rome assise à g., tenant une Victoire et un sceptre. C. VIII. 81. Superbe.
			Valens. *364—378.* (Flavius Valens.)
*1809	4.43	N 22	Son buste diadémé et drapé à dr. R̷. RESTITVTOR REIPVBLICAE · Valens debout de face, tenant un étendard et une Victoire; à l'exergue, ANTE · C. VIII. 35. Superbe.
1810	—	R 19	Son buste diadémé et drapé à dr. R̷. Valens debout de face, tenant le labarum et une Victoire; VOT · V · MVLT · X · dans une couronne. C. VIII. 28 (Frs. 8.—) et 91 (Frs. 6.—). T. B. (2)
1811	—	R 19	Même buste. R̷. Rome assise à g. C. VIII. 109 et 110. T. B. (2)
			Procope. *365—366.* (Procopius.)
*1812	2.00	R 19	D · N · PROCOPIVS P · F · AVG · Son buste diadémé, drapé et cuirassé à dr. R̷. VOT ·	V · dans une couronne de laurier; à l'exergue, C · A · C. VIII. 14 (Frs. 150.—). Rare. T. B.
*1813	2.16	R 19	Un deuxième exemplaire. B.
			Gratien. *367—383.* (Flavius Gratianus.)
1814	2.19	P.B.18	Son buste diadémé à dr. R̷. Gratien marchant à dr., traînant un barbare. C. VIII. 23. Superbe.
*1815	4.47	N 21	Son buste diadémé et drapé à dr. R̷. PRINCIPIVM IVVENTVTIS · Gratien debout à dr., tenant une haste et un globe; à l'exergue, SMTR · C. VIII. 28. T. B.
*1816	4.45	N 21	Même buste. R̷. VICTORIA AVGG · Gratien et Valentinien assis de face, soutenant un globe; entre eux, une Victoire et, plus bas, une palme; à l'exergue, TROBT · C. VIII. 38. T. B.
*1817	4.35	N 21	Même buste. R̷. VICTORIA AVGVSTORVM · Victoire assise à dr., écrivant VOT ·	V ·	MVLT ·	X · sur un bouclier; dans le champ ⳩; à l'exergue, ANOBE · C. VIII. 48. Très légèrement ébréchée. F. D. C.

No.	Poids	Métal et Mill.	
1818	—	Æ 18—19	Même buste. R⁄. VIRTVS ROMANORVM · Rome assise de face, tenant un globe et une haste. C. VIII. 56 (Frs. 8.—) et 87. T. B. et B. (2)
*1819	11.89	Æ 40	D · N · GRATIANVS P · F · AVG · Son buste diadémé, drapé et cuirassé à dr. R⁄. VRBS ROMA · Rome assise à g., tenant un globe et une haste; à côté d'elle, un bouclier; à l'exergue, RQ · C. VIII. 88 (Frs. 80.—). Æ-Médaillon. Belle patine verte. Rare. T. B.

Valentinien II. *371—392.*
(Flavius Valentinianus.)

No.	Poids	Métal et Mill.	
*1820	4.46	N 21	Son buste diadémé et drapé à dr. R⁄. VICTORIA AVGG · Valentinien et Gratien assis de face, soutenant un globe; entre eux, une Victoire; à l'exergue, TROBS · C. VIII. 36. T. B.
*1821	4.45	N 21	Un deuxième exemplaire, mais au revers à l'exergue, TROBC · C. VIII. 36. F. D. C.
*1822	4.48	N 22	Type semblable; au revers à l'exergue COM · C. VIII. 37. Superbe.
*1823	4.58	Æ 24	D · N · VALENTINIANVS IVN · P · F · AVG · Son buste diadémé et drapé à dr. R⁄. VIRTVS EXERCITVS · Valentinien diadémé et en habit militaire, debout à g., tenant un étendard et appuyé sur un bouclier; à l'exergue, TRPS · C. VIII. 58 (Frs. 100.—). Æ-Médaillon. Rare. T. B.
1824	—	Æ 18—19	Son buste diadémé à dr. R⁄. Victoire marchant à g.; Rome assise à g. C. VIII. 40 (Frs. 4.—), 61 Var. (Frs. 6.—) et 76 (Frs. 6.—). Superbe et T. B. (3)

Théodose I. *379—395.*
(Flavius Theodosius.)

No.	Poids	Métal et Mill.	
1825	5.46	M.B. 22	Son buste diadémé à dr. R⁄. Théodose debout de face. C. VIII. 18. Patine brune. B.
*1826	4.52	N 21	Son buste diadémé, drapé et cuirassé à dr. R⁄. VICTORIA AVGG · Deux empereurs assis, soutenant un globe; entre eux, la Victoire de face; à l'exergue. COM · C. VIII. 37. F. D. C.
*1827	4.44	N 22	Même type, mais au revers à l'exergue, TROBC · C. VIII. 37. Superbe.
*1828	1.44	N 15	Même buste. R⁄. VICTORIA AVGVSTORVM · Victoire marchant à g. et tenant une couronne et un globe surmonté d'une croix; à l'exergue, CONOB · C. VIII. 46. N-Triens. T. B.
*1829	3.32	Æ 30	Son buste diadémé et drapé à dr. R⁄. VIRTVS EXERCITVS · Théodose en habit militaire, debout de face, regardant à g., tenant un étendard et appuyé sur un bouclier; à l'exergue, RT · C. VIII. 55 (Frs. 100.—). Æ-Médaillon. Rare. T. B.
1830	—	Æ 19	Son buste diadémé à dr. R⁄. Constantinople assise de face; Rome assise de face. C. VIII. 4 et 56. F. D. C. (2)

Flaccille. *Femme de Théodose I. † en 381.*
(Aelia Flaccilla.)

No.	Poids	Métal et Mill.	
1831	6.11	M.B. 23	Son buste diadémé à dr. R⁄. SALVS REIPVBLICAE · Victoire assise à dr., écrivant ☧ sur un bouclier. C. VIII. 4. Pat. B.

Maxime. *383—388.*
(Magnus Maximus.)

No.	Poids	Métal et Mill.	
*1832	4.37	N 21	Son buste diadémé et drapé à dr. R⁄. VICTORIA AVGG · Maxime et Victor assis de face, soutenant un globe; entre eux, une Victoire; à l'exergue, TROB · C. VIII. 9. T. B.

No.	Poids	Métal et Mill.	
*1833	4.46	Æ 24	D·N·MAG·MAXIMVS P·F·AVG· Son buste diadémé et drapé à dr. R̶. VIRTVS EXERCITVS· Maxime en habit militaire, debout de face, regardant à g., tenant le labarum et appuyé sur un bouclier; à l'exergue, TRPS· C. VIII. 19 (Frs. 300.—). Æ·Médaillon. D'une grande rareté. T. B.
1834	—	Æ 16—18	Même buste. R̶. Rome assise de face, tenant un globe et un sceptre, ou une haste. C. VIII. 20 (Frs. 10.—) et 21 Var. (Frs. 15.—). F. D. C. (2)

Flavius Victor. *388.*

*1835	1.59	Æ 18	Son buste diadémé et drapé à dr. R̶. VIRTVS ROMANORVM· Rome assise de face, tenant un globe et une haste; à l'exergue, MDPS· C. VIII. 6 (Frs. 15.—). T. B.

Eugène. *392—394.*
(Eugenius.)

*1836	1.81	Æ 17	Son buste diadémé et drapé à dr. R̶. VIRTVS ROMANORVM· Rome assise à g. sur une cuirasse, tenant un globe surmonté d'une Victoire et une haste; à l'exergue, TRPS· C. VIII. 14 (Frs. 20.—). T. B.

Honorius. *393—423.*

*1837	4.47	N 21	Son buste casqué et cuirassé de face, tenant une haste et un bouclier. R̶. CONCORDIA AVGGGA· Rome assise de face, tenant une haste et un globe surmonté d'une Victoire; à l'exergue, CONOB· C. VIII. 6. Superbe.
*1838	4.35	N 21	Son buste diadémé et drapé à dr. R̶. CONCORDIA AVGGG· Rome assise de face, tenant une haste et un globe; à l'exergue, COMOB· C. VIII. 7. F. D. C.
1839	5.59	M.B. 32	Même buste. R̶. Honorius debout de face, tenant un étendard et un globe. C. VIII. 20. Pat. T. B.
*1840	4.48	N 20	Même buste. R̶. VICTORIA AVGGG· Honorius debout à dr., tenant un étendard et un globe surmonté d'une Victoire et mettant le pied g. sur un captif.; à l'exergue, COMOB· C. VIII. 44. F. D. C.
*1841	4.33	N 21	Un deuxième exemplaire. T. B.
*1842	2.18	N 17	Même buste. R̶. VICTORIA AVGVSTORVM· Victoire assise à dr., écrivant VOT· | X· | MVLT· | XV· sur un bouclier que lui présente un génie; à l'exergue, COMOB· C. VIII. 51. N-¹/₂ Solidus. T. B.
1843	1.83	Æ 18	Son buste diadémé à dr. R̶. Rome assise à g., tenant un globe surmonté d'une Victoire et une haste. C. VIII. 59. T. B.

Placidie. *Femme de Constance III. † en 450.*
(Aelia Galla Placidia.)

*1844	4.46	N 21	GALLA PLACIDIA AVG· Son buste diadémé à dr., couronné par une main qui vient d'en haut. R̶. IMP·XXXXII·COS·XVII·P·P· Rome assise à g., tenant un globe surmonté d'une croix et un sceptre, le pied dr. sur une proue de vaisseau; dans le champ, une étoile; à l'exergue, COMOB· C. VIII. 2 Var. (Frs. 300.—). Très rare. F. D. C.
*1845	4.47	N 21	D·N·GALLA PLACIDIA P·F·AVG· Son buste diadémé à dr., couronné par une main qui vient d'en haut et portant le ☧ sur l'épaule dr. R̶. VOT· XX·MVLT·XXX· Victoire debout à g, tenant une croix; en haut, une étoile; dans le champ, R-V; à l'exergue, COMOB· C. VIII. 13 Var. (Frs. 150.—). Rare. Superbe.
*1846	4.46	N 21	Un deuxième exemplaire. T. B.

No.	Poids	Métal et Mill.	
			Maxime. *409—411.* (Maximus.)
*1847	1.61	Æ 16	D·N·MAXIMVS P·F·AVG· Son buste diadémé, drapé et cuirassé à dr. R⁄. VICTORIA AAVGGG· Rome assise à g. sur une cuirasse, tenant un globe surmonté d'une Victoire et une haste renversée; à l'exergue, SMB· C. VIII. p. 201. 1 (Frs. 300.—). De toute rareté. B.
			Jean. *423—425.* (Johannes.)
*1848	1.48	N 13	D·N·IOHANNES P·F·AVG· Son buste diadémé et drapé à dr. R⁄. VICTORIA AVGVSTORVM· Victoire marchant à dr., tenant une couronne et un globe surmonté d'une croix; à l'exergue, COMOB· C. VIII. 8 (Frs. 150.—). Triens. Très rare. T. B.
			Valentinien III. *424—455.* (Placidius Valentinianus.)
*1849	4.35	N 22	Son buste diadémé et drapé à dr. R⁄. VICTORIA AVGGG· Valentinien debout de face, tenant une croix et un globe surmonté d'une Victoire; à l'exergue, COMOB· C. VIII. 19. Superbe.
*1850	4.24	N 21	Un deuxième exemplaire. T. B.
*1851	2.19	Æ 21	Type semblable en denier. C. VIII. 20 (Frs. 40.—). B.
*1852	1.47	N 13	Même buste. R⁄. Sans légende. Croix dans une couronne de laurier; à l'exergue, XIIX · et COMOB · C. VIII. 58 (Frs. 50.—). N-Triens. Superbe.
*1853	1.43	N 13	Un deuxième exemplaire. Triens. T. B.
			Majorien. *457—461.* (Julius Maiorianus.)
*1854	3.33	Æ 13	Son buste diadémé à dr. R⁄. Victoire marchant à g. C. VIII. 5 (Frs. 25.—). Quinaire. Sur flan épais. B.
*1855	1.49	N 13	Son buste diadémé, drapé et cuirassé à dr. R⁄. Sans légende. Croix dans une couronne de laurier; à l'exergue, COMOB · C. VIII. 19 (Frs. 40.—). N-Triens. T. B.
*1856	1.44	N 13	Un deuxième exemplaire. N-Triens. T. B.
			Sévère III. *461—465.* (Libius Severus.)
*1857	0.95	Æ 12	Son buste diadémé et drapé à dr. R⁄. Sans légende. ⳨ dans une couronne de laurier; à l'exergue, RM · C. VIII. 16 (Frs. 25.—). Quinaire. T. B.
*1858	1.42	N 14	Même buste. R⁄. Sans légende. Croix dans une couronne de laurier; à l'exergue, COMOB · C. VIII. 19 (Frs. 15.—). N·Triens. T. B.
			Anthème. *467—472.* (Procopius Anthemius.)
*1859	4.45	N 20	D·N·ANTHEMIVS P·F·AVG· Son buste drapé et cuirassé de face, tenant une haste. R⁄. SALVS REIPVBLICAE · Anthème et Léon en habit militaire, debout de face, soutenant un globe surmonté d'une croix et tenant chacun une haste; dans le champ, M; à l'exergue, COMOB · C. VIII. 6. Superbe.

No.	Poids	Metal et Mill.	
			Jules Népos. *474—475. † en 480.* (Flavius Julius Nepos.)
*1860	1.44	A' 13	Son buste diadémé et drapé à dr. R₵. Sans légende. Croix dans une couronne de laurier; à l'exergue, COMOB · C. VIII. 16 (Frs. 40. —). Triens. T. B.
			Romulus Auguste, dit Augustule. *475—476.* (Romulus Augustus.)
*1861	4.41	A' 20	D · N · ROMVLVS AVGVSTVS P · F · AVG · Son buste casqué et cuirassé de face, tenant une haste et un bouclier. R₵. VICTORIA AVGGG · Victoire debout à g., tenant une croix; dans le champ, une étoile; à l'exergue, COMOB · C. VIII. 4 (Frs. 400.—). Très rare. B.
1862	—	Æ	Lot de M. B. et P. B. se composant de **Constance I Chlore,** C. VII. **188.** — **Maxence,** C. **138.** — **Constantin le Grand,** C. **716, 760.** — **Rome,** C. p. 332. 2. — **Constant I,** C. 9, 14. — **Décence,** C. VIII. 33 (2). 43. — **Constance Galle,** C. 8, 10, 18. — **Valentinien I,** C. 12. — **Valens,** C. 11, 29, 47. — **Valentinien II,** C. 57. — **Maxime,** C. 3. Superbe—B. (19)

TESSÈRES.

No.	Poids	Metal et Mill.	
*1863	4.84	Æ 30	**Auguste.** Sa tête laurée à dr. dans un cercle. R₵. II· au milieu d'un grènetis. C. VIII. p. 247. 12. Patine vert-olive. T. B.
*1864	5.58	Æ 30	Sa tête radiée à g. dans un cercle, entouré d'une couronne de myrte. R₵. VI· dans un cercle de grènetis entouré d'une couronne de myrte. C. VIII. 33. Magnifique patine vert-foncé. Superbe.
*1865	3.32	Æ 20	Sa tête radiée à g. dans un cercle. R₵. VIII · comme au n. préc. C. VIII. 45. Belle patine brune. T. B.
*1866	4.80	Æ 21	Sa tête radiée à g. dans un cercle. — XII comme au n. préc. C. VIII. 76. Belle patine brune. Superbe.
*1867	5.47	Æ 23	Sa tête laurée à dr. dans un cercle, entouré d'une couronne de myrte; sous la tête, FEL· R₵. XIII au milieu d'un grènetis et une couronne de laurier. C. VIII. 85. Superbe patine verte. . T. B.
*1868	4.82	Æ 23	**Tibère.** Son buste lauré à g.; devant, lituus; le tout dans un cercle entouré d'une couronne de laurier. R₵. I dans un grènetis entouré d'une couronne de laurier. C. VIII. p. 257. I. Belle patine brun-foncé. B.
*1869	3.42	Æ 30	Sa tête nue à g. dans un cercle et entouré d'une couronne de laurier. R₵. VIII comme au n. préc. C. VIII. 19. Jolie patine brune. T. B.
*1870	3.66	Æ 20	**Caligula.** Sa tête laurée à g. dans un grènetis entouré d'une couronne de myrte. R₵. XI dans un grènetis et entouré d'une couronne de myrte. C. VIII. p. 261. 6. Belle patine verte. T. B.
*1871	4.85	Æ 23	**Tessères mythologiques.** Tête de Méduse de face dans un grènetis, entouré d'une couronne de laurier. R₵. XI dans un grènetis entouré d'une couronne de laurier. C. VIII. p. 265. 2 Var. Belle patine vert-foncé. Superbe.
*1872	2.08	Æ 15	**Médailles avec S·C·** Buste diadémé de femme (Junon? ou Faustine?) à dr. R₵. Colombe à dr. entre S·-C· C. VIII. p. 268. 10. Belle patine verte. T. B.

No.	Poids	Métal et Mill.	
*1873	3.44	Æ 19	Buste casqué, barbu et drapé à dr. (Antonin?). Ŗ. Cuirasse entre S · - C · C. VIII. 26. Jolie patine vert-olive. Superbe.
1874	—	Æ 13–16	Buste casqué de Pallas à dr. Ŗ. Chouette à g. — Tête de Jupiter à dr. Ŗ. Aigle à dr. sur un foudre. — Buste casqué à dr. Ŗ. Cuirasse. C. VIII. 8, 14 et 27. Pat. B. et A. B. (3)
*1875	3.03	Æ 18	Buste d'un enfant à dr., couronné de pampre (Annius Vérus?). Ŗ. S · C · dans une couronne. C. VIII. 31. Belle patine verte. Superbe.
*1876	2.87	Æ 16	Buste de Mercure à dr. Ŗ. Caducée ailé entre S · C · C. VIII. 34. Belle patine verte. Superbe.
*1877	2.43	Æ 16	Griffon accroupi à g., touchant une roue de sa patte dr. de devant. Ŗ. Trépied entre S · C · C. VIII. 38. Jolie patine vert-clair. T. B.
*1878	2.68	Æ 15	Le même type avec le griffon à dr. C. VIII. 39. Jolie patine verte. T. B.

Contorniates.

No.	Poids	Métal et Mill.	
*1879	26.71	Æ 39	IMP · NERO CAESAR AVG · P · MAX · La tête de Néron laurée à dr. Ŗ. Femme assise à dr. dans l'attitude de la douleur, la tête appuyée sur sa main g., les regards fixés sur un homme nu, les mains attachées à un arbre, sous lequel un homme accroupi regarde. (Supplice de Marsyas?) C. VIII. p. 288. 112. Jolie patine verte. B.
*1880	24.38	Æ 38	NERO CLAVDIVS CAESAR AVG · GER · P · M · TR · P · IMP · P · P · La tête de Néron laurée à dr. Ŗ. Scylla dans un bige traîné par des dauphins, saisit par les cheveux le pilote d'un navire, qu'un guerrier vient défendre; dans les flots plusieurs nageurs. C. VIII. 122 Var. Jolie patine brun-foncé. B.
*1881	24.44	Æ 37	IMP · NERO CAESAR AVG · P · MAX · La tête de Néron laurée à dr. Ŗ. Sans légende. L'empereur galopant à dr. et perçant un ennemi; sous le cheval, un autre ennemi mort. C. VIII. 143. Patine brun-foncé. B.
*1882	23.65	Æ 39	NERO CLAVDIVS CAESAR AVG · GER · P · M · TR · P · IMP · P · P · La tête de Néron laurée à dr. Ŗ. Le même type, sans le second ennemi sous le cheval. C. VIII. 145. Jolie patine brun-foncé. B.
*1883	37.17	Æ 44	D · N · PLA · VALENTINIANVS P · F · AVG · Buste de Placide Valentinien diadémé, drapé et cuirassé à dr. Ŗ. Lisse. C. VIII. 358 Var. Traces d'incrustation en argent. Rare. T. B.
*1884	25.16	Æ 39	Buste à mi-corps d'un écuyer barbu à dr., tenant un fouet et conduisant son cheval par la bride. Ŗ. NVSMACCON MONIMVS · Figure laurée en toge, assise sur des rochers. C. VIII. 368. Belle patine rouge. T. B.
*1885	21.73	Æ 39	BABVLIVS · Même type de l'écuyer; derrière, une casque · Ŗ. Lisse. C. VIII. 373 Var. Belle patine brun-foncé. B.
*1886	23.11	Æ 38	Le même buste; mais derrière, un casque et un bouclier oblong. Ŗ. PANNONI NIKA · Vainqueur dans un quadrige à dr. C. VIII. 389. Patine brun-noir. B.

Æ 213
Æ 204
Æ 214
Æ 215
Æ 216
Æ 220
Æ 219
Æ 222
Æ 225
Droit Æ 231
R 229
N 217
AR VII
N 224
N 230
Droit Æ 232
Revers 232
Æ 227
Revers 232

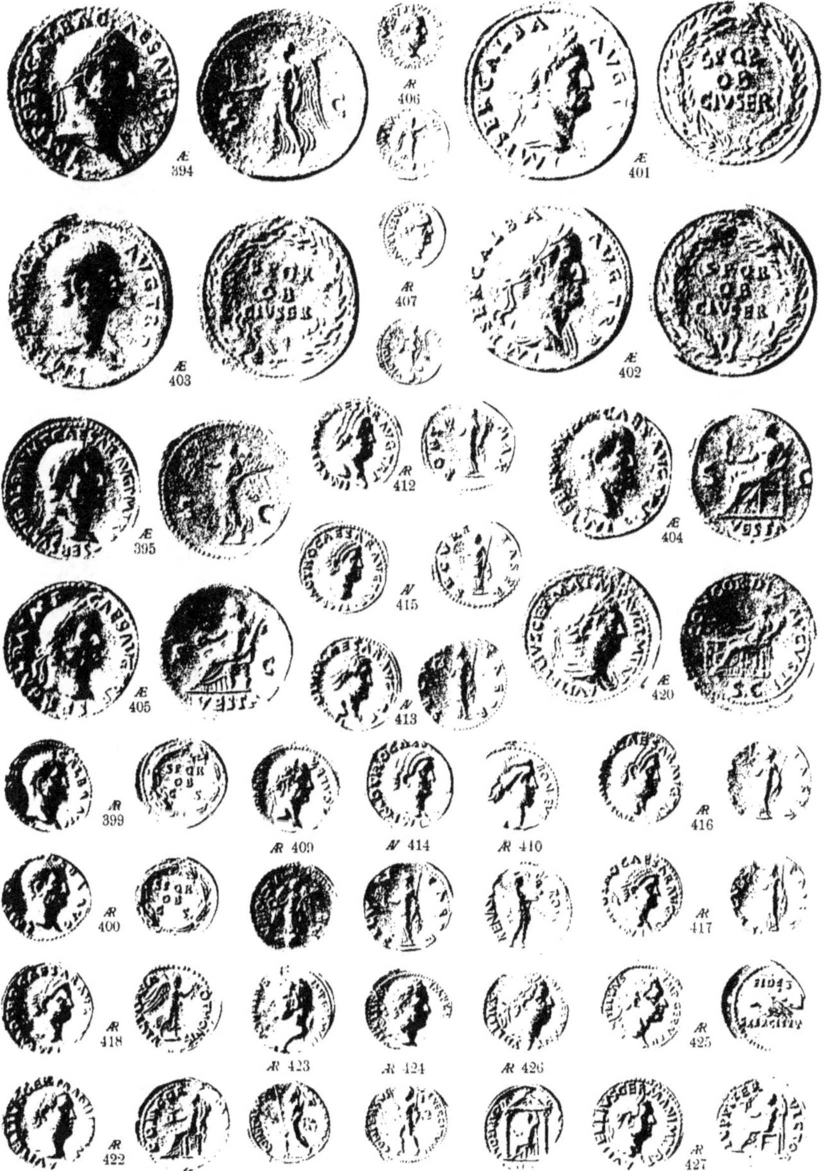
Æ
394
Æ
401
Æ
403
Æ
402
Æ
395
Æ
404
Æ
405
Æ
420
406
407
412
415
413
399
409
414
410
416
400
417
418
423
424
426
425
422
427

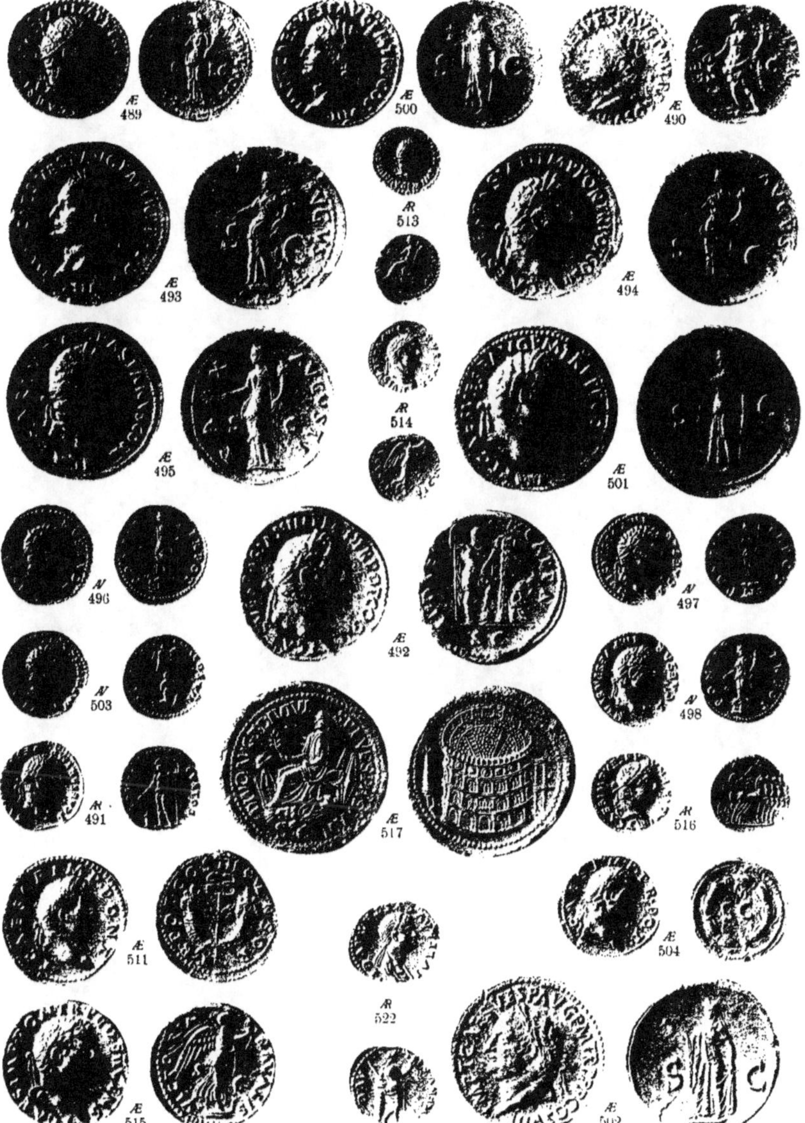

Æ
671
676
Æ
682
Æ
683
N 678
Æ
684
Æ
689
Æ
690
N 677
Æ
693
Æ
691
Æ
672
N
678
N
679
Æ
685
Æ
695
N
680
Æ
675
Æ
688
N
681
Æ
697

Æ
692
Æ
694
N
698
Æ
702
N
699
Æ
703
Æ
704
N
700
Æ
707
Æ
708
N
701
Æ
710
Æ
714
Æ
715
Æ
713
Æ
709
Æ
712
Æ
696
Æ
711

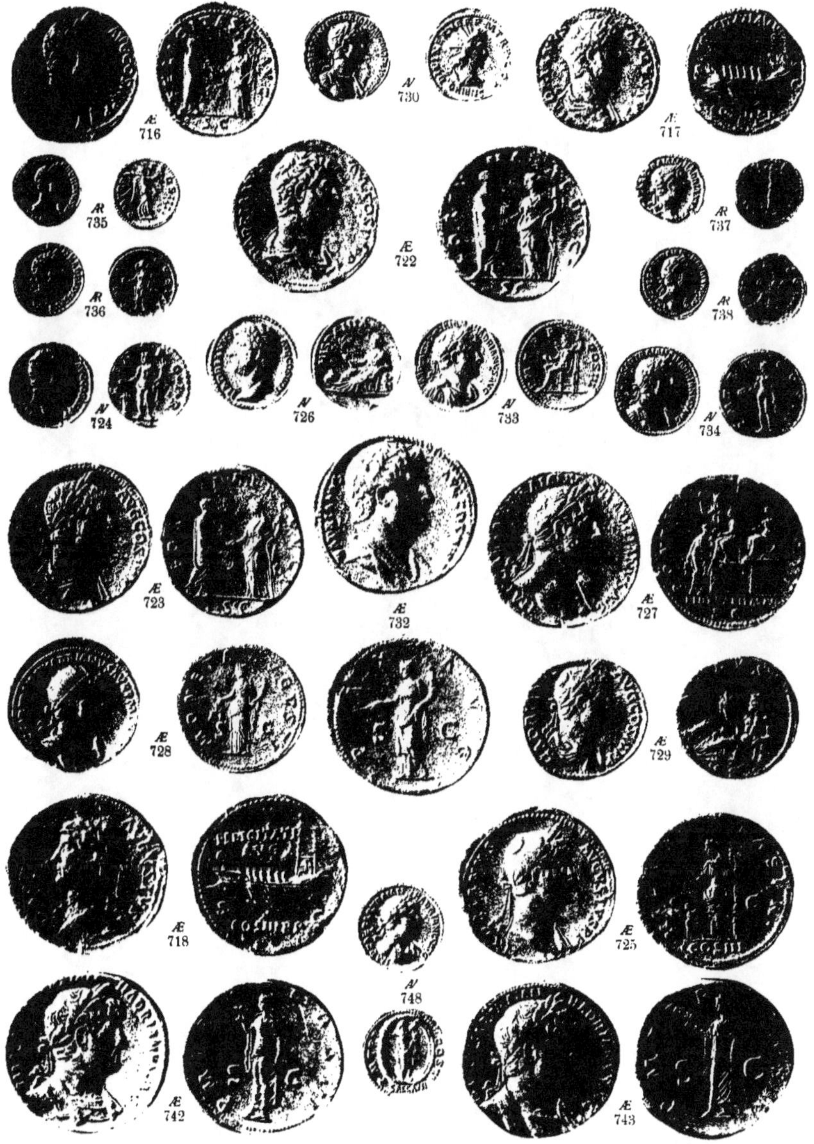

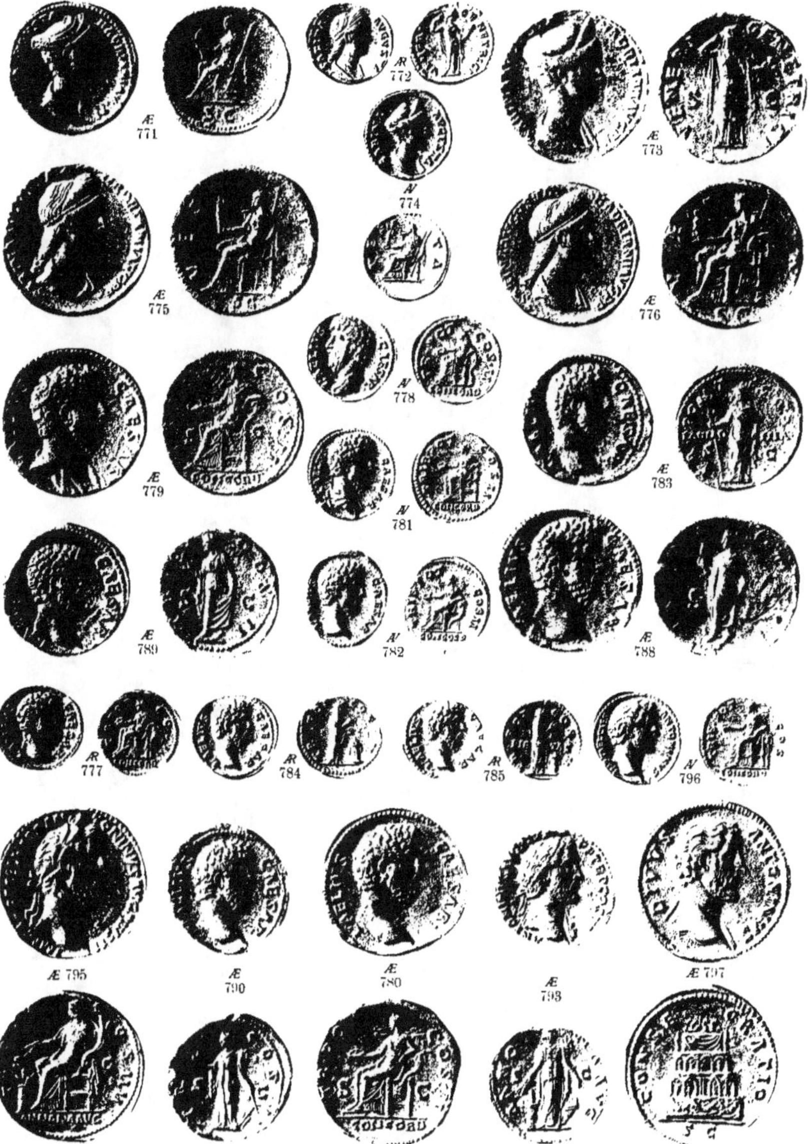
Æ
771
772
N
774
Æ
773
Æ
775
Æ
776
Æ
779
778
N
781
Æ
783
Æ
789
N
782
Æ
788
AR
777
AR
784
AR
785
N
796
Æ 795
Æ
790
Æ
780
Æ
793
Æ 797

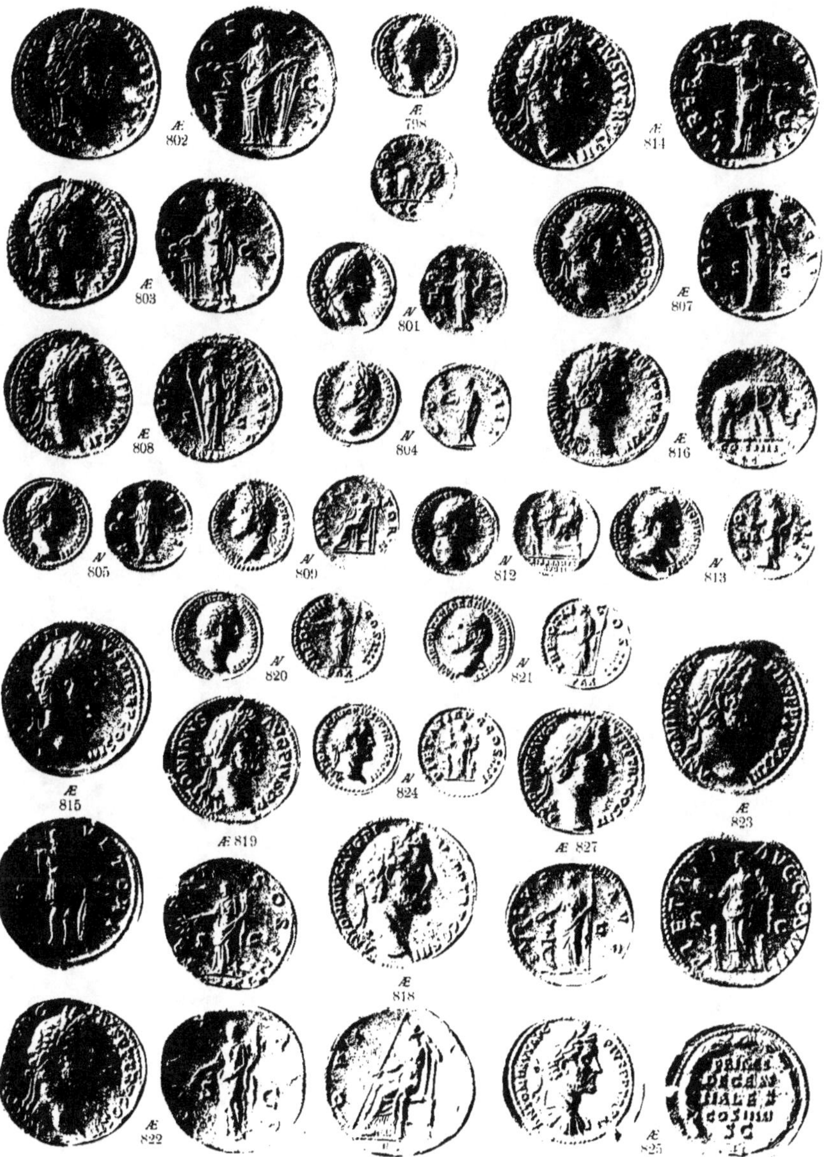

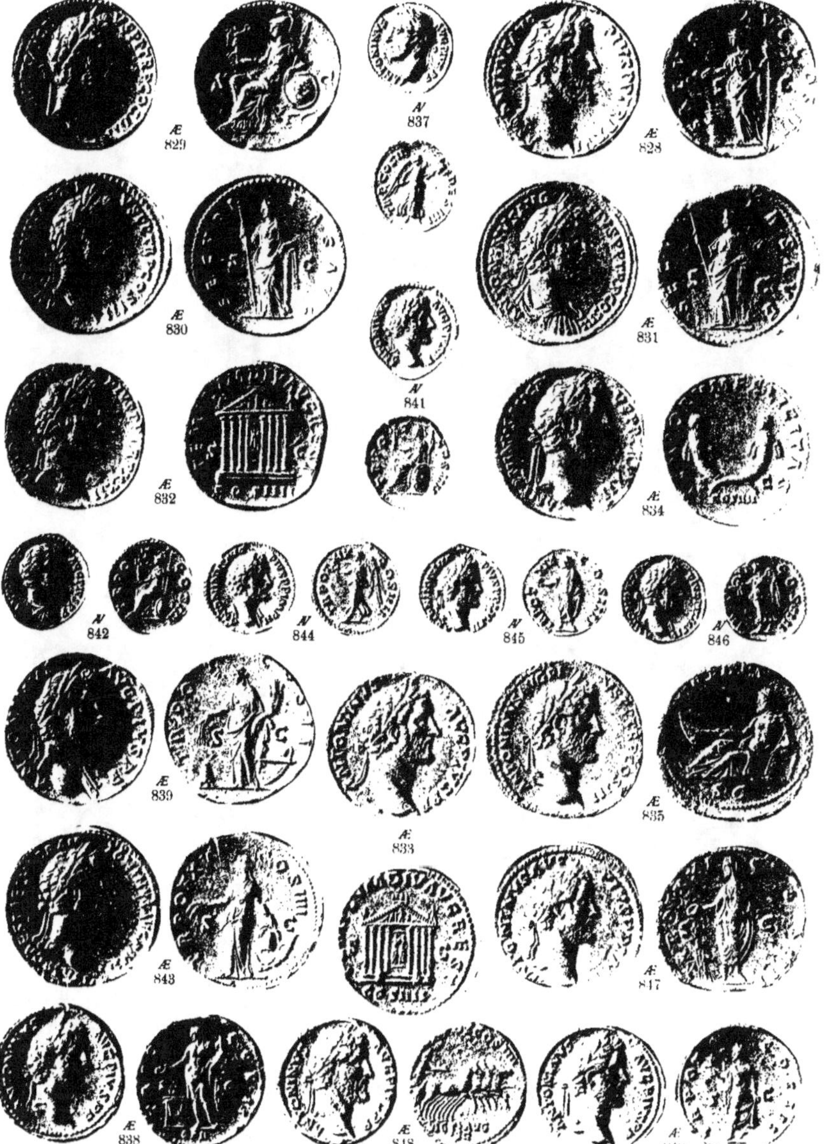

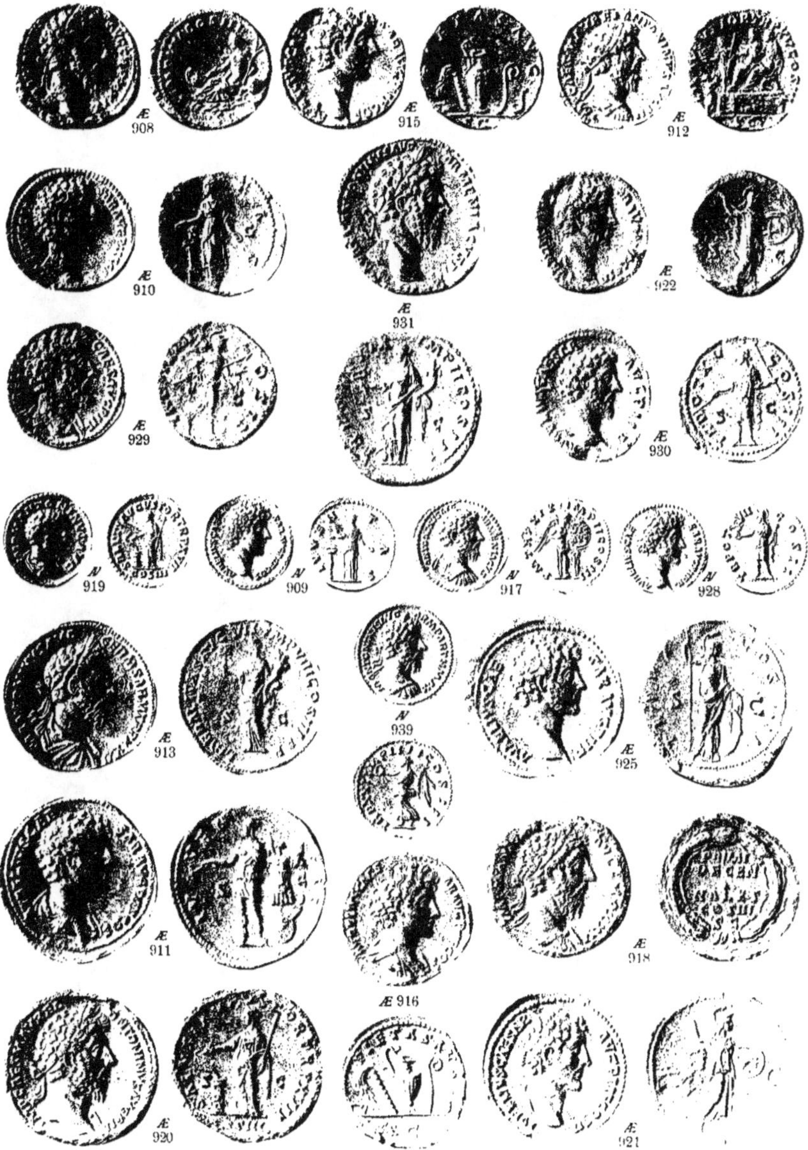

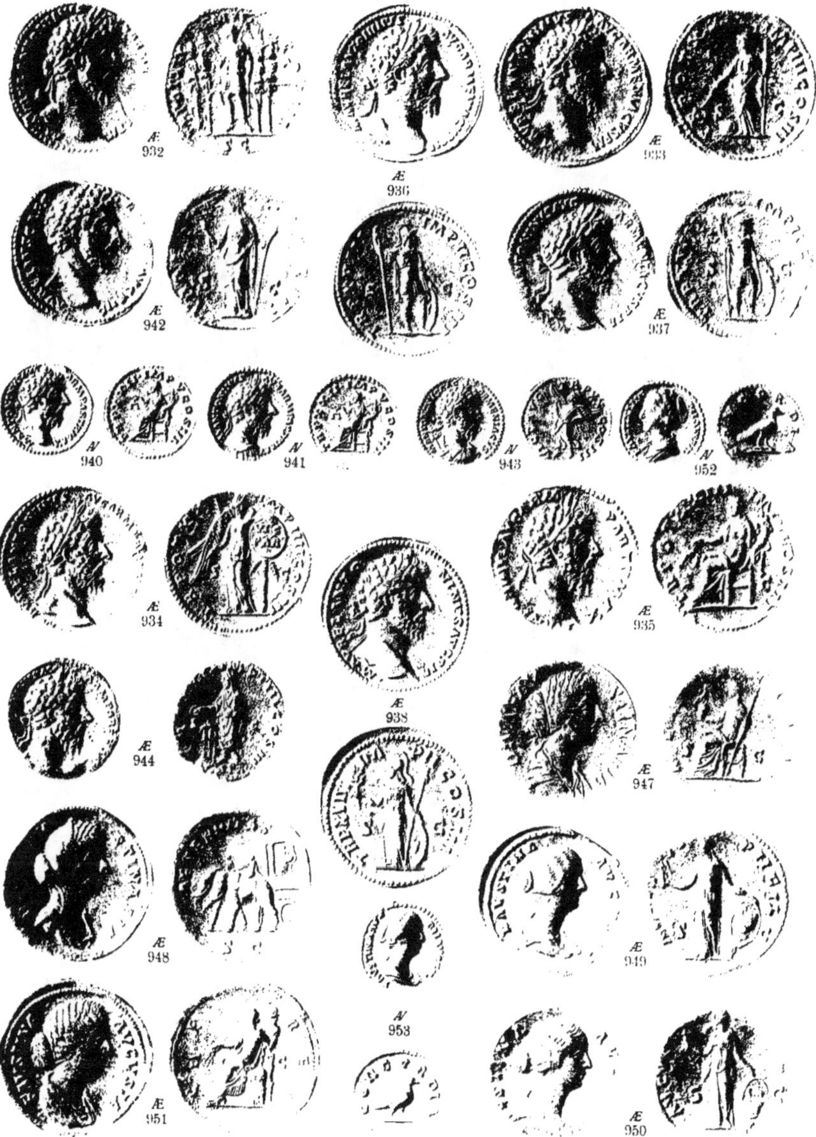

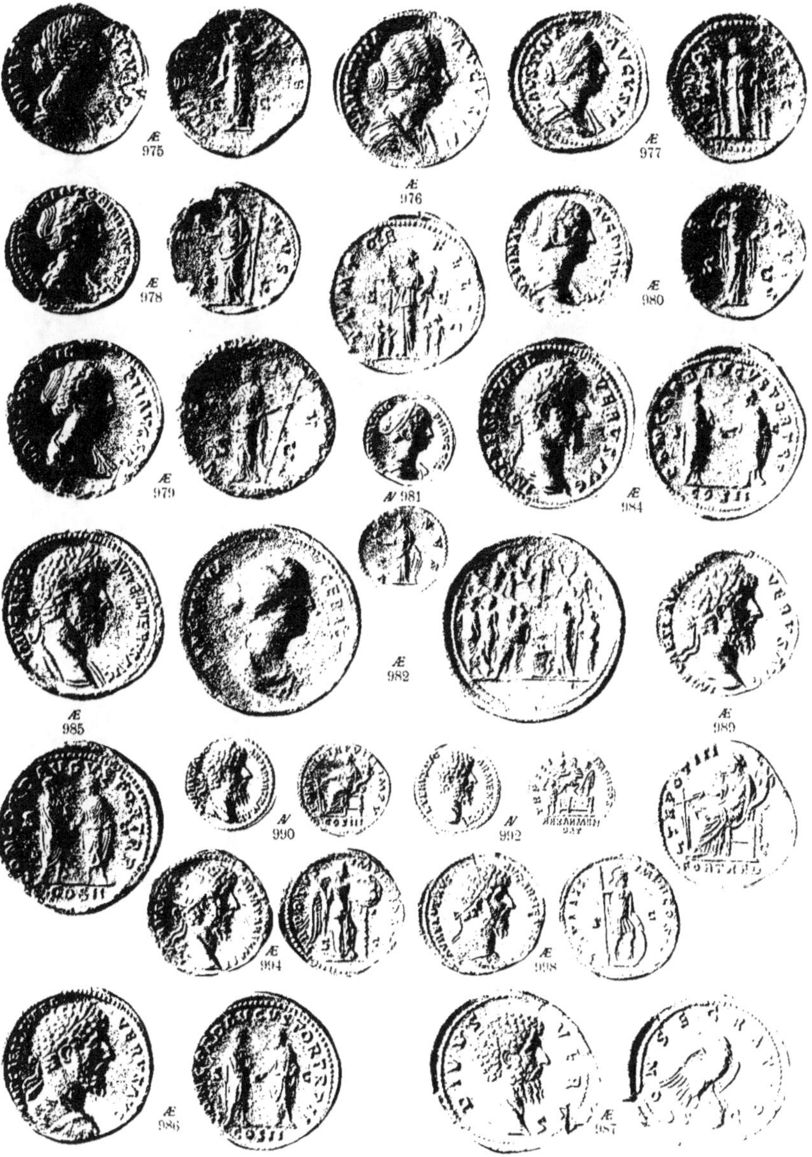

Æ
975
Æ
976
Æ
977
Æ
978
Æ
980
Æ
979
N 981
Æ
984
Æ
982
Æ
985
Æ
989
N
990
N
992
Æ
994
Æ
998
Æ
986
Æ
987

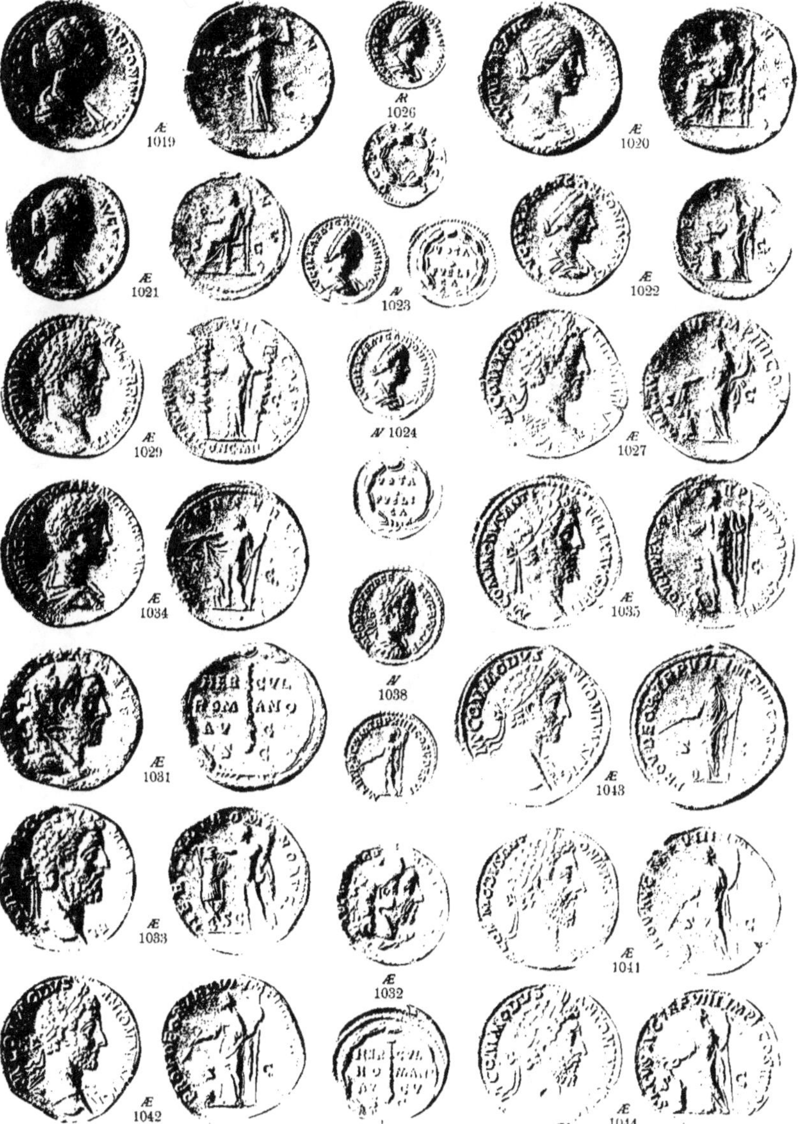

Æ
1045
Æ
1046
Æ
1047
Æ
1053
Æ
1054
Æ
1055
Æ
1052
Æ
1048
Æ
1061
Æ
1051
Æ
1062
Æ
1068
Æ
1063
N
1066
Æ
1064
AR
1065
AR
1067
AR
1069
AR
1071
AR
1072
AR
1074
AR
1070
AR
1075

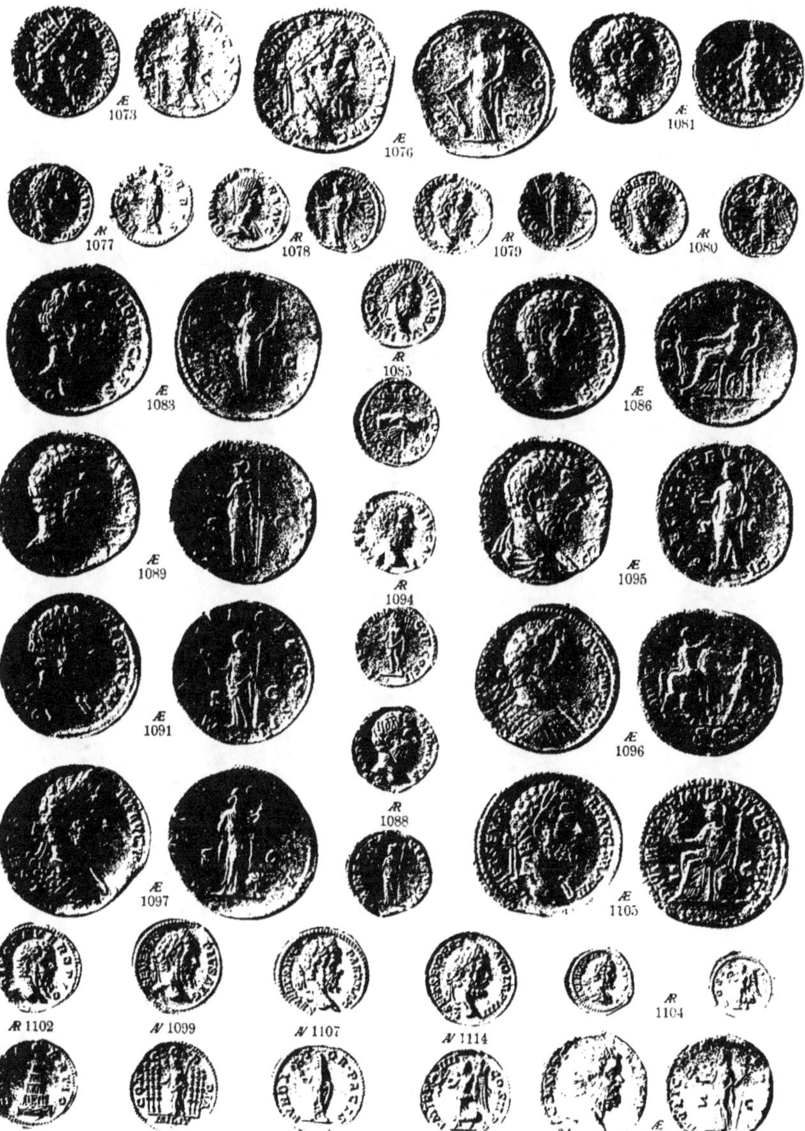

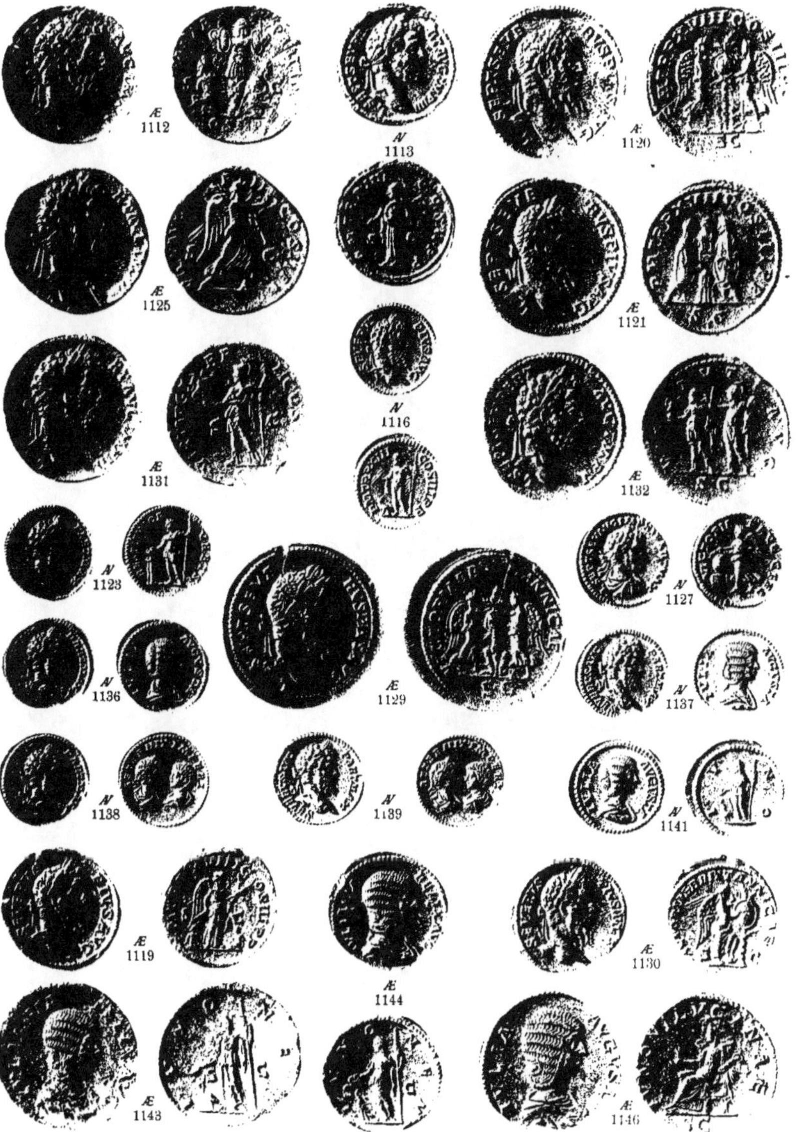

Æ 1150
Æ 1151
N 1164
Æ 1153
Æ 1165
Æ 1157
Æ 1145
Æ 1166
Æ 1167
Æ 1174
N 1169
Æ 1187
Æ 1192
Æ 1183
Æ 1182
Æ 1181
Æ 1195
Æ 1172
Æ 1186

1194
1203
1202
1209
1204
1210
1219
1207
1213
1205
1216
1218
1228
1224
1215
1227
1231
1229
1230
1232
1214
1220
1243
1241
1242

Æ
1252
Æ
1251
AR
1244
AR
1253
N
1246
N
1248
N
1257
AR
1245
N
1255
Æ
1255
N
1268
Æ
1266
AR
1262
AR
1269
AR
1270
AR
1272
AR
1276
AR
1286
AR
1289
AR
1295
Æ 1292
Æ
1284
Æ
1271
Æ
1294
Æ
1290

1296
Æ 1300
1297
1302
1303
1301
Æ 1304
1308
Æ 1319
Æ 1312
1314
Æ 1311
1322
1327
1333
1334
Æ 1321
Æ 1331
Æ 1807
Æ 1316
Æ 1325
Æ 1329
Æ 1328
Æ 1336

Æ
1388
Æ
1391
Æ
1389
Æ
1390
Æ
1392
Æ
1394
AR
1396
Æ
1398
Æ
1399
Æ
1401
Æ
1400
Æ
1402
Æ
1403
Æ
1404
Æ
1407
Æ
1419
Æ
1410
Æ
1413
Æ
1412

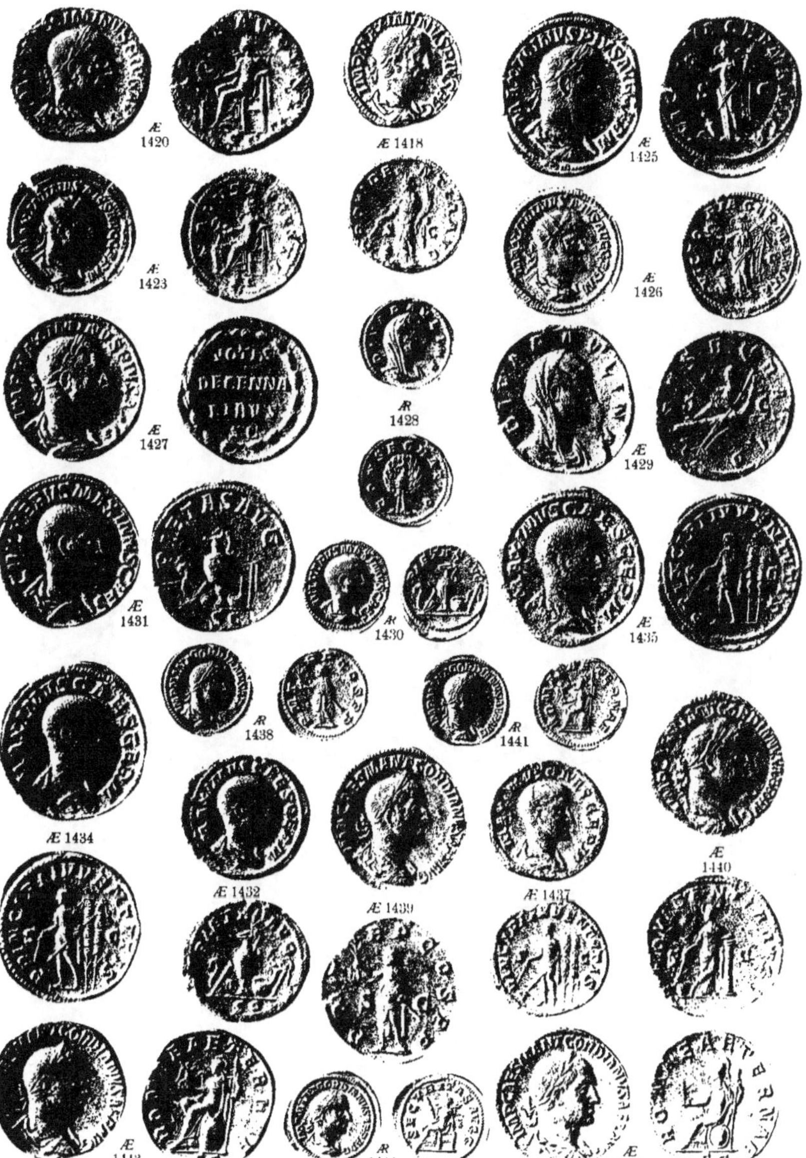

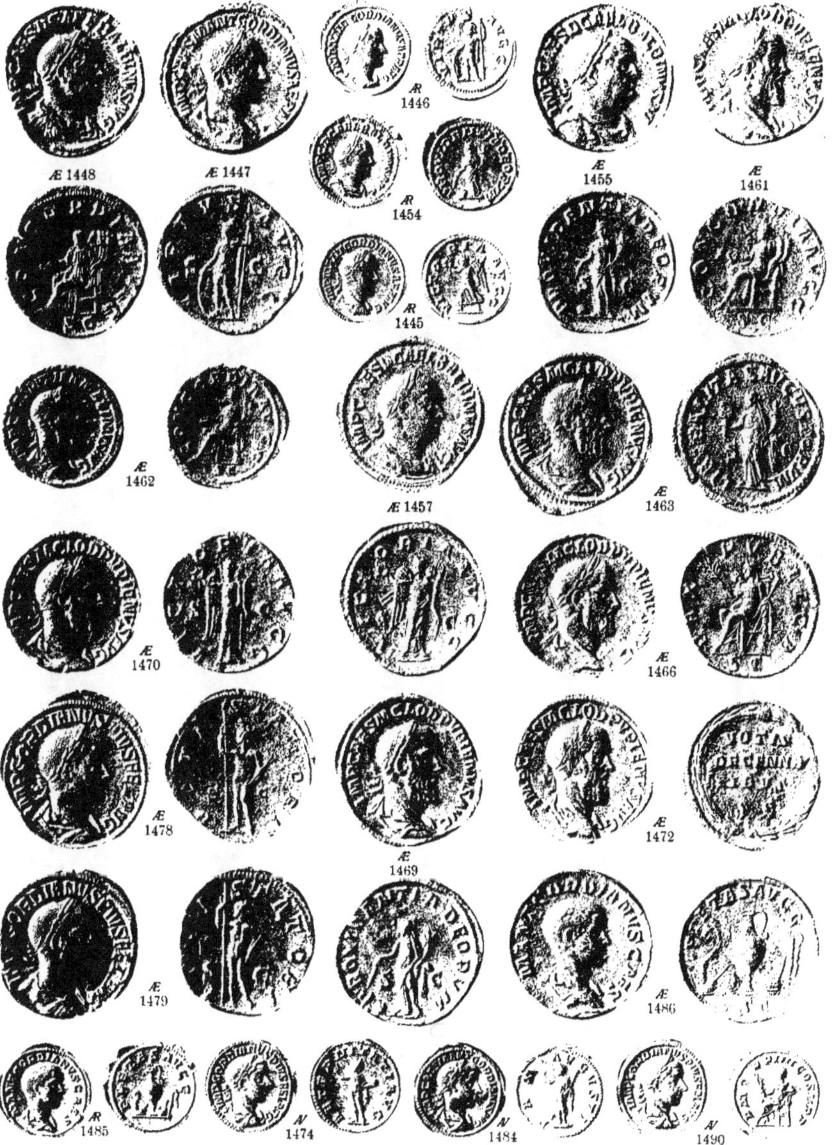

Æ 1448

Æ 1447

Æ 1446

Æ 1455

Æ 1461

Æ 1454

Æ 1445

Æ 1462

Æ 1457

Æ 1463

Æ 1470

Æ 1466

Æ 1478

Æ 1472

Æ 1469

Æ 1479

Æ 1486

Æ 1485

1474

1484

1490

1492

1497

1499

1500

1502

1506

1501

1507

1509

1514

1518

1513

1519

1522

1525

1520

1524

1527

Æ
1560
Æ
1561
Æ
1563
Æ
1564
Æ
1567
Æ
1565
N
1570
Æ
1574
N
1577
Æ
1578
N
1580
Æ
1581
Æ
1585
R
1586
Æ
1587
Æ
1595
R
1590
R
1591
R
1592
Bill.
1594
Æ
1598
Æ
1596

AR 1668
AR 1671
AR 1685
AE 1673
AE 1694
AR 1690
AR 1705
AE 1717
AE 1664
AR 1684
N 1674
AR 1686
N 1683
AE 1734
AE 1735
N 1722
AR 1714
AR 1723
AE 1732
AE 1729
AR 1670
AR 1687
AR 1689
AE 1691
AE 1696
AR 1704
AE 1709
AR 1701
AR 1715
AR 1716
AE 1727
AE 1728
AE 1721

AR
1791
N
1792
AR
1793
AR
1794
AR
1796
N
1797
Æ
1801
N
1798
Æ
1802
N
1805
N
1806
AR
1807
N
1809
AR
1812
AR
1813
N
1815
N
1816
N
1817
N
1820
Æ
1819
N
1821
N
1822
AR
1823
N
1826
N
1827
AR
1829
N
1828

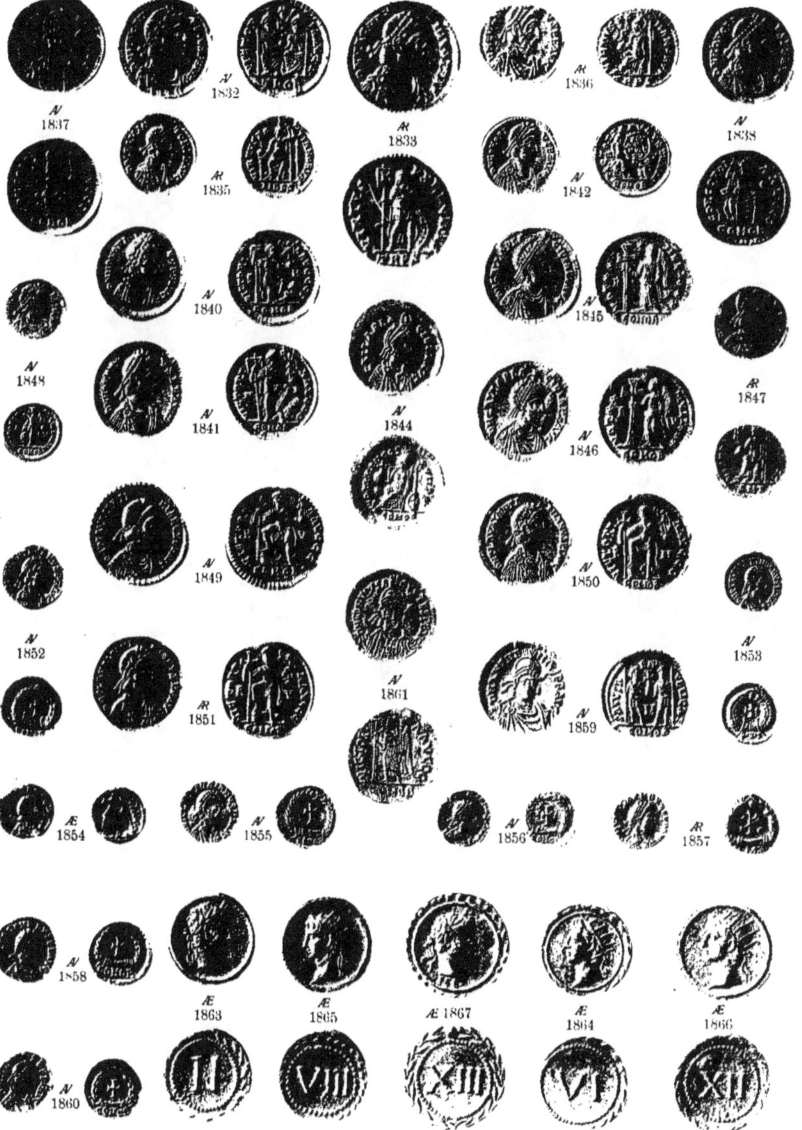

N 1832
AR 1833
AR 1836
N 1837
N 1838
N 1835
N 1842
N 1840
N 1845
N 1848
AR 1847
N 1841
N 1844
N 1846
N 1850
N 1849
N 1852
N 1853
AR 1851
N 1861
N 1859
Æ 1854
N 1855
N 1856
AR 1857
N 1858
Æ 1863
Æ 1865
Æ 1867
Æ 1864
Æ 1866
N 1860
II
VIII
XIII
VI
XII

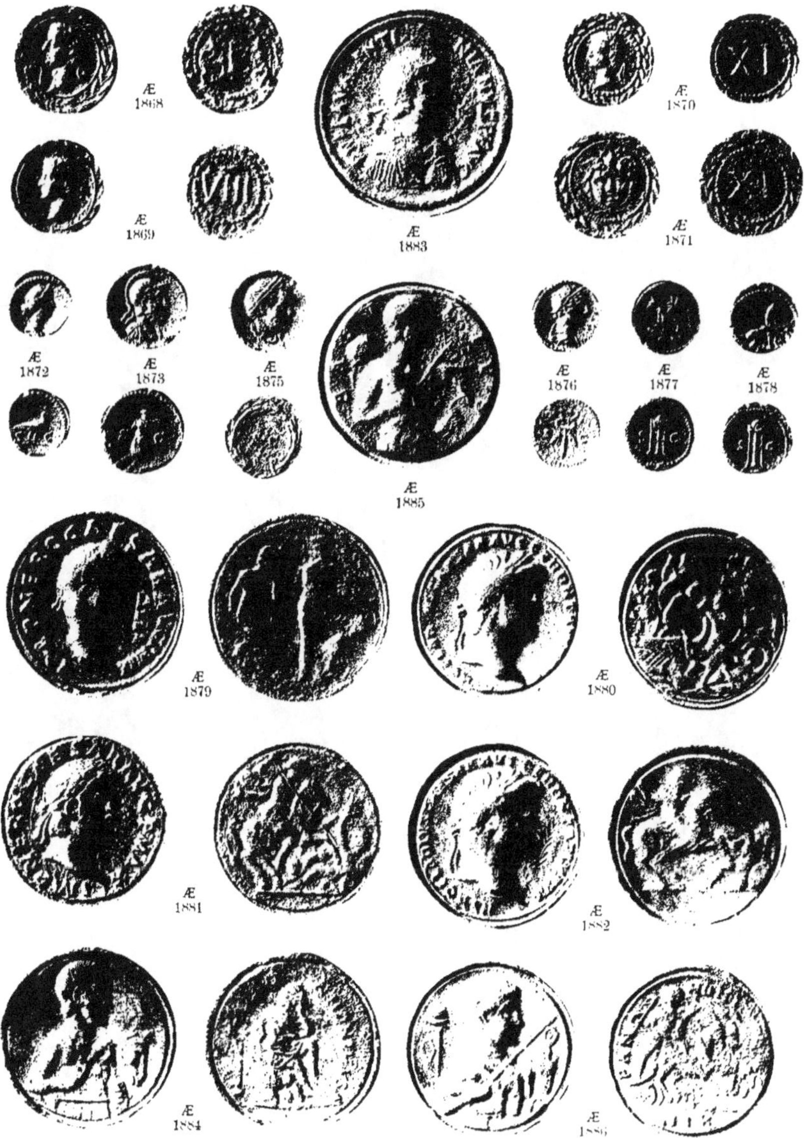

Æ
1868
Æ
1869
Æ
1883
Æ
1870
Æ
1871
Æ
1872
Æ
1873
Æ
1875
Æ
1885
Æ
1876
Æ
1877
Æ
1878
Æ
1879
Æ
1880
Æ
1881
Æ
1882
Æ
1884
Æ
1886